General Aviation Law

通用航空法教程

贾圣真／著

法律出版社
LAW PRESS·CHINA
北京

图书在版编目(CIP)数据

通用航空法教程 / 贾圣真著. -- 北京 : 法律出版社, 2024

ISBN 978 - 7 - 5197 - 8684 - 7

Ⅰ. ①通… Ⅱ. ①贾… Ⅲ. ①航空法-中国 Ⅳ. ①D922.296

中国国家版本馆 CIP 数据核字(2023)第 253258 号

通用航空法教程
TONGYONG HANGKONGFA JIAOCHENG

贾圣真 著

策划编辑 张 颖
责任编辑 张 颖
装帧设计 李 瞻

出版发行 法律出版社
编辑统筹 法律应用出版分社
责任校对 王 丰 郭艳萍
责任印制 刘晓伟
经 销 新华书店

开本 710 毫米 × 1000 毫米 1/16
印张 13.75 **字数** 256 千
版本 2024 年 3 月第 1 版
印次 2024 年 3 月第 1 次印刷
印刷 北京虎彩文化传播有限公司

地址:北京市丰台区莲花池西里 7 号(100073)
网址:www.lawpress.com.cn
投稿邮箱:info@lawpress.com.cn
举报盗版邮箱:jbwq@lawpress.com.cn

销售电话:010 - 83938349
客服电话:010 - 83938350
咨询电话:010 - 63939796

书号:ISBN 978 - 7 - 5197 - 8684 - 7
定价:68.00 元

凡购买本社图书,如有印装错误,我社负责退换。电话:010 - 83938349

目　　录

图表目录

图目录

表目录

第一章　通用航空和通用航空产业

第一节　概　　述

一、通用航空发展简史

民用航空活动，在大众的概念中，主要是执行定期航班的客运和货运飞行。其实，在此之外还存在一个广阔的航空活动领域，就是“通用航空”。关于通用航空的精确法律概念，将在第二章进行详细辨析，本章先简要介绍通用航空活动和通用航空产业的基本情况，使读者形成对通用航空的基本认识。

大体来说，中国语境下的“通用航空”是指除定期航线（客运、货运）等公共航空运输活动之外的民用航空活动。以今天的观点来看，1903 年莱特兄弟制造的第一架飞机就是通用飞机，人类第一次飞行活动就是通用航空活动。只是，当时并没有“通用航空”（General Aviation）这一专有词汇，更没有对它作出明确界定。在飞机发明后最初的一段时间里，航空探索、飞行表演和航空竞技是航空活动的主要内容，展示了航空活动潜在的巨大社会价值。

第一次世界大战结束到第二次世界大战开始的 20 年间，是通用航空发展的第一个高潮期。一方面，飞机的性能在第一次世界大战中得到了极大提高；另一方面，大量战时剩余飞机亟待处理，交战各国的飞行员和航空技术人员急需谋求出路，这就为通用航空发展提供了绝好的条件。在这一时期，探险飞行异常活跃，在航空作业领域，最先发展的是农业航空。1920 年前后，美国和欧洲出现了大量的私人飞机，公务航空、私人航空成为时尚，飞行训练学校大量涌现。

第二次世界大战之后的 20 世纪 50 年代至 70 年代，通用航空发展进入了第二个高潮。第二次世界大战结束后，由于航空技术的高速发展和大量飞机转为民用，通用航空及其产业发展迅速，通用航空在更多领域得到应用，社会活动对通用航空的依赖性进一步增强。这一时期，通用航空的发展有四个特点：一是农业航空发展迅速，广泛应用于航空喷洒、飞机播种、航空监护等方面；二是公务航空发展迅速，不少跨国公司都成立了自己的机队，为经理人员提供公务飞行服务，为在偏远地区工作的职工提供通勤服务；三是直升机进入通用航空领域，拓展了民用航空服务范围；四是出现了一大批通用航空公司，全世界建成了数以万计的通用航空服务站,一些航空运输公司开始兼营通用航空业务。

20 世纪 80 年代,受全球性经济衰退、飞机价格及使用成本、航路拥挤和环保要求等影响,通用航空一度出现停滞,甚至下滑。进入 20 世纪 90 年代,特别是 1994 年美国克林顿政府通过《通用航空振兴法》之后,通用航空率先在美国复苏,接着在世界范围内呈现重新崛起的态势,进入了一个相对平稳的发展阶段。[1]

据 21 世纪初国际民用航空组织(International Civil Aviation Organization, ICAO)(以下简称国际民航组织)对 174 个成员国的统计,全世界共有注册飞机 37.9 万架,其中 33.4 万架用于通用航空产业。截至 2014 年,全世界通用航空飞机有 34 万多架,占全球民用飞机总数的 90% 以上。其中,美国 2014 年通用航空飞机保有量约 20.3 万架,飞行作业小时约 2400 万小时,飞机数量和作业时间均位居世界第一。[2]

21 世纪以来,随着世界经济的持续增长,政府出台鼓励政策,航空产品推陈出新,通用飞机数量和航空产业增加值稳步增长。2008 年,因次贷危机、金融危机爆发,通用飞机交付和通用航空产业发展均受到较大影响,随后伴随全球经济回暖而逐步复苏。[3] 2020 年新冠疫情暴发以来,包括通用航空在内的全球民用航空业遭受重创,通用航空的发展再度面临严峻挑战。

由此可见,世界通用航空产业与全球经济发展高度相关,受世界政治格局、全球油价等因素的影响,并与全球财富分布密不可分。目前,可以说通用航空发展的主要方向是进一步拓展通用航空的服务领域,提升服务质量;在广大发展中国家,通用航空发展空间非常大,将成为未来通用航空的主要市场。

二、通用航空的特点

现代交通运输主要有铁路、公路、水路、航空、管道运输五种主要方式。通用航空活动属于航空运输的一种,与其他交通运输方式相比,通用航空的运输方式具有以下特点。

1. 涉及领域的广泛性。通用航空涉及的领域非常广泛,包括民用航空器从事公共航空运输以外的所有民用航空活动,涉及工农林渔建筑业等诸多国民经济部门,以及医疗卫生、文体娱乐、公共服务等众多领域。关于通用航空活动的具体类型,将在下文详述。

---

〔1〕 参见王旭东、韩建昌:《大家的天空——航空文化与通用航空》,航空工业出版社 2014 年版,第 209~212 页。

〔2〕 参见平安银行交通金融事业部、中国城市临空经济研究中心编著:《经济新常态下的中国通用航空产业发展研究》,中国民航出版社 2015 年版,第 12~14 页。

〔3〕 参见平安银行交通金融事业部、中国城市临空经济研究中心编著:《经济新常态下的中国通用航空产业发展研究》,中国民航出版社 2015 年版,第 14 页。

2. 活动范围的广阔性。通用航空涉及领域的广泛性决定了其服务范围的多样性和活动范围的广阔性。只要具备飞行条件，通用航空活动的范围几乎可以遍及地球的每个角落。在自然资源比较丰富的地区，可以从事工农林渔矿业、海洋监测、航空摄影、物探、遥感测绘、旅游观光、人工降雨等活动。这些地区通常都是地广人稀的地带，采取通用航空飞行方式作业，能明显节约成本，提升效率。在人类活动集中的城市区域，可以从事建筑业、医疗卫生、抢险救灾、气象探测等活动，为人们提供快捷的公共服务。此外，借助通用航空还可从事科学实验、飞行训练、文化体育等活动，此类活动的场所一般介于城市和乡村之间。

3. 飞行方式的灵活性。通用航空的航空器轻便灵活，飞行方式多样，受地理和自然环境影响较小，不受地面障碍限制，可以采用"点对点"，甚至"门对门"的飞行方式。正是由于通用航空灵活、便捷、快速，机动性强的特点，决定了通用航空活动方式可以快速应对突发事件，常常负担抢险救灾、森林灭火、防治农业病虫害等任务。与其他救援方式相比，通用航空能够在复杂的地形和天气条件下进行飞行作业，也可根据现场情况灵活变更作业用途，其发挥着不可替代的作用。

4. 起降要求较低。通用航空的航空器多种多样，对起降要求较低，尤其是其中的直升机、无人机更为机动灵活，可以垂直起降，不受机场、跑道的制约。通用航空飞行器不需要过大的机场或停机坪，只需要达到相关的机场安全建设标准即可进行飞行作业。

5. 作业分布的地域性。从国内外通用航空的发展状况来看，通用航空受经济发展水平、资源分布情况、航空文化成熟与否等因素的影响，体现出较强的地域性特点。

6. 空域范围的集中性。受航空器的制约，通用航空主要活动的高度范围比较低，一般集中在相对高度 3000 米以下的低空空域，尤其是相对高度 600 米以下的空域，是低空空域的主要使用者。因此，低空空域的资源配置和利用规则会对通用航空发展产生直接的影响。

7. 涉及的产业链长。通用航空涉及的行业领域极广，既需要航空业自身的发展，也需要相关产业的支撑。例如，农业航空活动的水平，不仅取决于有多少飞机、进行了多少飞行活动，更取决于现代农业的科技水平和技术应用。从产业链的角度看，通用航空涵盖通用航空器研发制造、市场运营、综合保障以及延伸服务等产业体系，具有产业链条长、服务领域广、带动性强等特点，对经济发展具有明显的促进作用。

总之，作为现代交通运输方式，通用航空是民用航空的重要体系支柱，为经济社会发展发挥着重要作用。但不容忽视的是，由于通用航空的自身特性，其也存在特殊的安全问题。第一,由于通用航空的作业点多、作业线长、流动性大、突击作业概率高,容易受到天气、气候和特殊地理环境的影响,造成飞行安全隐患。通用航空器的针对性和配套性要求,也比一般的民用航空器要求更为复杂和严格。第二,由于通用航空飞行作业具有很强的专业技术性,不同种类的飞行作业任务有相应的技术要求和作业标准,由此对飞行人员的能力素质要求自然会提高,对飞行器的设计、制造也有特殊需求。不仅需要飞行员或作业人员具有良好的驾驶技术和处置突发情况的应变能力,还要求针对特种环境进行作业的飞行器具有良好的性能,否则无法保证飞行作业的安全和作业质量。第三,通用航空执行飞行作业任务一般都会搭载相应的专业设备,这就需要飞行人员具备相应的设备操作的技术能力,操作不当也会引发安全隐患。上述通用航空的自身特性不可避免地会对通用航空飞行作业安全系数产生影响,是通用航空法律制度建构需要考虑的问题。

三、通用航空与公共运输航空的比较

就航空运输活动内部来说,通用航空与公共运输航空也有区别,在很多方面具有自己的特点。公共运输航空,是指公共航空运输企业使用民用航空器经营的旅客、行李或者货物运输的航空活动。[1] 在现实生活中,较为常见的是航空公司面向社会公众提供的定期航班运输服务。通用航空与公共运输航空同属民用航空,但是基于各自的特点,二者在以下方面有明显区别。[2]

1. 运营主体。公共运输航空的运营主体为持有公共航空运输经营许可证的企业,通常表现为航空公司,与通用航空相比,企业规模大、集中化程度高。通用航空的运营主体具有分散性,通用航空器分散于个人、企事业单位所有。从事经营性通用航空,需要持有通用航空经营许可证。

2. 运营方式。公共运输航空通常使用固定的航线航路,需提前对社会公布航班时刻。通用航空活动大多可根据客户需求随时调整航线航路,没有固定的航班时刻。

3. 航空器种类。在我国,从事公共运输航空的机型通常为30座以上的大型飞机。通用航空的航空器种类繁多,所使用机型多种多样,包括小型机、多用途飞机及直升机、无人机等,通常为30座以下的航空器。

4. 服务对象。公共运输航空经营者负有对社会公众的普遍服务义务,应保证其服务的公共性。通用航空多采取包机形式,一般不直接针对社会公众,其飞行作业项目多样化,因服务对象的需求而定。

5. 缔约方式。公共运输航空一般使用格式合同,以客票为载体,当事人的责

〔1〕 参见《民用航空法》第106条。

〔2〕 参见高志宏:《通用航空发展路径法治化研究》,法律出版社2018年版,第9~10页。

任、权利及相关义务均由公共航空运输企业事先规定，且受法律的调整程度较深。例如，我国《民用航空法》对公共航空运输的运输凭证、承运人的责任等都作了明确规定。通用航空的合同无固定格式，当事人签署的合同具体权利义务关系依赖双方商定，意思自治空间较大。

6. 技术标准和飞行规则。由于航空器、飞行环境、作业任务不同，公共运输航空和通用航空适用不同的技术标准和飞行规则。

第二节　通用航空产业

一、通用航空的应用领域

通用航空产业是以通用航空飞行活动为核心，涵盖通用航空器研发制造、市场运营、综合保障以及延伸服务等全产业链的战略性新兴产业体系，具有产业链条长、服务领域广、带动作用强等特点。通用航空的应用领域十分广泛。首先，可以作为公共运输航空的补充，为人们提供交通服务。其次，通用航空以其机动灵活的运动优势，可以完成许多二维平面内难以实施的生产作业任务。再次，作为一种飞行运动和休闲方式，可以愉悦人们的精神，锻炼人们的体魄，满足人们的消费需求。最后，作为科学探索、技术验证的重要手段，通用航空产业在推进航空航天科技创新中发挥着不可替代的作用。由于通用航空活动范围的广泛性，世界各国根据自身通用航空发展实际，对通用航空的范畴和分类有所差异。以下从满足社会公共服务、经济需求、消费需求等方面，简要介绍若干种典型的通用航空活动。

（一）社会公共服务

通用航空社会公共服务，是指以通用航空器为载体，以国家权力和公共资源投入为依托的各类公益性或准公益性的飞行服务活动。[1] 通用航空的特性决定了其易与公益服务结合，创造社会价值。将通用航空活动应用于社会公共服务领域，在一定程度上改变着社会活动风貌。通用航空可以提供的公共服务的主要类型如下。

抢险救援。利用通用航空进行抢险救援，具有快速、高效、受地形地貌限制少等优势，已经成为许多国家应对自然灾害和突发事件时普遍采用的手段，在地震、洪灾、火灾、风灾、冰雪灾害等抢险救灾中，始终发挥着关键作用，在灾情侦察、运送救援物资和人员、转移受灾群众等方面，其能力优势非常明显。例如，在

---

〔1〕 参见王旭东、韩建昌：《大家的天空——航空文化与通用航空》，航空工业出版社 2014 年版，第 200 页。

四川汶川大地震的救援中,由于陆路交通阻隔,民用航空系统征调全国通用航空器,通用航空公司在震后救援中发挥了独特作用。[1]

医疗救护。空中医疗救援的优点不仅在于可以给病人提供较高水平的医疗救护,更在于其能更快速响应求救,节省运送时间。直升机可实现"点对点"飞行,从而最大限度地缩短飞行距离,避免如地面救护车一样遭受交通堵塞带来的时机延误。另外,由于优质医疗资源大都集中在大城市,空中医疗救援对于偏远地区的病人救治也极为有利。

消防灭火。消防灭火是通用航空的重要应用领域,在保障人民生命财产安全、保护国家森林和矿产资源方面发挥着重要作用。通用航空应用于消防灭火,可以承担火情巡查、喷洒水或灭火剂、运送消防人员和物资、后撤伤员、抢救高层建筑中被困人员等任务。随着城市建设的发展,高层、超高层建筑增多,通用航空的消防灭火作用将更加突出。

社会治安。航空器居高临下、速度快、机动性好,从空中监视和执法,可及时处理治安事件。很多国家的警察局等治安机构都建有警务飞行队。

航空快递。航空快递目前已成为百姓生活中不可或缺的社会公共服务项目,随着现代物流业的发展,航空快递的地位将愈加重要。特别是无人机的应用,具有打通快递运送"最后一公里"的作用。2020 年,中国民用航空局(以下简称民航局)公布了首批 13 个市(区)民用无人驾驶航空试验基地(试验区)名单,其目标定位即包含支线物流。2022 年发布的《"十四五"航空物流发展专项规划》(民航发〔2022〕7 号)提出,探索构建通用航空物流网络,充分发挥无人机物流成本、效率优势,扩大交通不便地区无人机配送网络,提升区域快捷配送、即时服务,在适宜地区,探索推动通用航空物流试点,助力"快递进村",延伸乡村物流服务网络。

(二)经济需求

将通用航空应用于工业、农业、林业等经济领域,可以为经济发展提供有力支撑。满足经济需求类的通用航空活动,多为使用飞机提供相应领域的专业服务。在发达国家,通用航空在工业、农业上的应用已经达到很高水平。

航空勘探。航空勘探是在飞机上安装策略仪器设备,利用矿体本身的物理和化学性质,在空中对地表或地下矿藏和资源进行空中监视、测量的工业性作业,主要包括航空物探、航空放射性测量、航空重力测量和航空遥感等。在国土资源保护和开发中,通用航空可以提供基础性服务。

空中作业。空中作业是发挥航空器特有的性能,在空中完成生产活动的一

---

〔1〕 参见李海鹏等:《通用航空救灾启示录(一)——从南方暴风雪灾到汶川大地震》,载《中国民用航空》2008 年第 6 期。

系列专业飞行，主要包括空中吊挂、带电作业、空投作业、特定飞行等，是工业航空的主要内容之一。

空中巡视。空中巡视是利用航空器上安装的专用设备，直接对地面设备和设施进行巡查和监视的作业飞行，主要用于石油天然气管线、高压输电线、铁路的空中监视和巡视，以及环境监测、污染控制等。

离岸支援。离岸支援是利用航空器（主要是直升机）对在大海中的钻井平台，海洋工程、海上活动、大型舰船提供通勤服务、生活支援、物资保障等的任务飞行。

科研飞行。科研飞行是指利用航空器进行以科学试验、技术研究为目的的任务飞行，主要内容有：新原理探究，新技术验证，新飞机试飞等，以及在航空器上进行科学试验，在航空器上进行天文、气象观测等。科研飞行曾是早期航空实践的主要内容，为航空航天技术发展作出过不可磨灭的贡献，今天依然占据十分重要的地位，往往是航空航天技术取得突破的先导环节。

农林航空。农林航空是通用航空作业的重要内容，也是一个国家农业现代化的重要标志。农林喷洒（撒）作业的主要应用领域有：防治作物病虫害、草原灭鼠、作物施肥、化学除草、大面积灭蝗、灭蚊、灭蝇。此外，航空播种也称飞播，是农林航空的重要内容之一，适用于大面积播种植物，具有效率高、速度快、播种均匀等特点。

（三）消费需求

航空作为一种消费活动，可以满足不同人群的物质生活需要，具有广阔的市场。在整个民用航空消费市场中，通用航空也占据一席之地，主要用于满足私人的出行和娱乐目的。

公务航空。又称公务飞行，是指大型企业和政府高级行政人员用单位自备的航空器进行公务活动，或者雇佣航空公司为自己提供商业、行政事务等无客票飞行服务。公务飞行不受航班时刻约束，可以自行确定时间和始发地、目的地，因其灵活、安全、保密受到企业家、政要、明星等群体的青睐。

短途航班。短途航班为消费者提供短途交通服务，典型的是所谓的“空中的士”业务。在航空发达国家，短途航班已经成为国家运输系统的有机组成部分，在 2022 年 1 月召开的全国民航工作会上，中国民航局也提出逐步将通用航空短途运输融入运输网络，有效满足中小城市航空出行需求。[1]

空中游览。空中游览，是指游客搭载飞机、直升机、飞艇、气球等航空器在特定地域上空进行观赏、游乐的飞行活动。

---

〔1〕 参见《民航局：通航短途运输将逐步融入运输网络》，载搜狐网 2022 年 1 月 12 日，https://www.sohu.com/a/516126651_121117492。

航空摄影。通用航空公司可以根据客户需求,量身定制航拍方案,通过配备先进的专业航拍直升机和经验丰富的专业航拍飞行员为客户提供航拍服务。

航空体育运动。航空体育运动包括使用各类航空器或航空体育器材开展的体育活动,如跳伞、滑翔机、滑翔伞、热气球以及航空模型飞行运动等。

私人航空。私人航空,是指个人在自己拥有的航空器上所进行的、以实现"自由飞行"愿望为目标的航空活动。

除此之外,在航空展览、飞行表演、飞行体验等领域,都有通用航空产业的身影,通用航空消费市场具有广阔的发展前景。

二、通用航空产业的作用

通用航空产业是航空产业的有机组成部分。美国、加拿大以及欧洲等通用航空比较发达的国家和地区实践证明,通用航空产业在国民经济与社会发展中发挥着巨大作用。中华人民共和国成立以来,特别是改革开放以来,我国通用航空产业取得了长足的进步,为民用航空发展、社会服务和国家建设作出了重大贡献,创造了可观的社会效益和经济效益。下文从经济、社会、文化三方面论述通用航空产业的作用。

(一)通用航空产业的经济作用

第一,从国家运输体系的角度来看,通用航空是国家综合立体交通体系不可或缺的部分,是枢纽辐射式运输模式的补充与发展。成熟的通用航空体系是整个航空运输体系的神经末梢,是干线航空的补充,具有连接偏远地区的功能。随着人们航空运输需求继续增长,我国枢纽辐射结构的航空运输网络结构出现了枢纽拥挤甚至堵塞的现象,发展通用航空有助于提高交通运输体系的效率,可以分流公共航空运输航线运力的压力,同时减少枢纽机场堵塞发生的可能性,使有限的空域资源得到更充分的利用。与普通运输方式相比,通用航空具有高效、便捷、不受地面障碍限制的优势。与公路或者铁路相比,通用航空不受地形地貌限制,大大节省了空间和时间,而且舒适度高。这些优势使通用航空相比其他运输方式有着明显的不可替代性,市场潜力巨大。与公共航空运输相比,通用航空直升机可以垂直起降,不必考虑跑道和航班时刻的制约,可以最大限度地发挥速度与时间优势,与运输航空形成互补。随着国民经济的发展,社会对于借助小型通用飞机"点对点"甚至"门对门"的飞行方式来实现全国范围内的重要客流和重要文件货物高速运达服务的需求已经越来越迫切。水陆空协调发展的立体交通体系是现代综合运输体系的载体,是交通运输发展到一定阶段后的客观规律和必然趋势。通用航空是现代综合运输体系的重要组成部分,与其他运输方式扬长避短、优势互补,能够提高综合交通整体效率,缓解城市交通压力,提升城市保障功能。在美国已经形成的航空运输网络中,通用航空是运输航空不可或缺的一部分:对于短航线,人们可以自己驾驶飞机实现“点对点”的飞行；对于长航线，通用航空可以发挥枢纽机场与目的地之间的“摆渡车”作用。

改革开放以来，我国经济发展迅速，包括民用航空业在内的交通运输业有长足的进步，而通用航空的发展相对缓慢。世界航空发展经验表明，通用航空奠定了民用航空事业的基础，通用航空的充分发展能为运输航空提供航空技术和人才支撑。我国通用航空产业在民用航空业占的比重较小、与运输航空发展的不协调的状况，在某种程度上限制了民用航空发展的范围、空间和层次。中国要成为民航强国，必须从大局出发，改变通用航空的落后状况，促进通用航空与运输航空的同步发展、协调发展。正是因此，中国民航局将通用航空定位为与公共运输航空对应的民用航空“两翼”之一，将发展通用航空作为建设民航强国的重要举措。

第二，从经济规模的角度来看，通用航空产业可以创造巨大的经济价值，是国民经济的重要组成部分。通用航空器制造、销售、通用航空运营、通用机场网络建设和运营、飞行员培训、航展产业等形成一条完整的产业链，经济贡献巨大。在通用航空产业最发达的美国，通用航空已经成为对美国经济社会产生可观效益的一个重要产业。据美国通用航空制造业协会（General Aviation Manufacturers Association，GAMA）估计，通用航空产业每年为美国创造约1500亿美元的经济贡献，约占美国国民生产总值的1%，其中直接经济贡献达398亿美元，同时还创造了约127万个就业岗位。[1] 仅在阿拉斯加州，就有通过美国联邦航空管理局（Federal Aviation Administration，FAA）注册的机场734个，跑道1200多条，活跃通用飞机5526架，2014年通用航空飞行67.4万小时，拥有飞行执照8032本，相对于当地人口来说，每70个人就拥有一架飞机，每50个人就有一个人是飞行员。航空业给阿拉斯加州带来了4.7万个直接和间接就业机会，占平均就业机会的10%，占当地地区生产总值的8%。[2] 除美国外，英国、加拿大、巴西、澳大利亚等航空大国的通用航空都形成了发达的产业，在国民经济中占据重要地位。

改革开放以来，中国通用航空产业有了长足的发展。2016年国务院办公厅《关于促进通用航空业发展的指导意见》（国办发〔2016〕38号）提出，到2020年，建成500个以上通用机场，通用航空器达到5000架以上，年飞行量200万小时以上，培育一批具有市场竞争力的通用航空企业。通用航空器研发制造水平和自主化率有较大提升，国产通用航空器在通用航空机队中的比例明显提高。

---

〔1〕 参见平安银行交通金融事业部、中国城市临空经济研究中心编著：《经济新常态下的中国通用航空产业发展研究》，中国民航出版社2015年版，第21页。

〔2〕 参见吕人力主编：《中国通用航空蓝皮书：中国通用航空业研究报告（2018）》，中国民航出版社2017年版，第312页。

通用航空产业经济规模超过1万亿元。据中国民航局2021年6月公布的《2020年民航行业发展统计公报》,截至2020年年底,我国共有通用航空企业523家,通用航空器总数达到2892架,通用机场数量达到339个,全年飞行小时数98.40万小时。据测算,2020年通用航空核心产业环节总市场规模约2810亿元,通航产业潜在市场规模超万亿。[1] 近年来,地方发展通用航空的热情很高,出台了一批通用航空产业发展规划,兴建了一批通用航空产业园区,促进了地方经济的发展。但是从总体上看,我国通用航空产业市场规模仍偏小,发展基础依然薄弱,与我国作为世界第二大经济体的地位不相称。这也意味着通用航空产业在未来拥有巨大的发展潜力,将为中国经济增长和结构转型作出独特贡献。

第三,从拉动经济增长、促进经济高质量发展的角度来看,通用航空与经济发展相互支持、相互促进,可以刺激消费、扩大内需、创造就业、带动经济发展。通用航空对经济的贡献表现在如下三方面:一是直接贡献,即通用航空作业和其他飞行活动所产生的收入和扩大的就业;二是间接贡献,即通用航空带动产业链其他环节的通用航空研发制造、运营服务保障(航油、航材、维修、机场起降和停场等保障性服务)以及通用航空器销售、租赁等产生的收入和扩大的就业;三是诱发(引致)贡献,即除去通用航空产业链核心产业之外,与通用航空相关的延伸性和支撑性产业所创造的就业和收入。[2]

通用航空产业群庞大,产业链长,涉及制造、运营、维护、航油、培训、保险等多个业务领域,对经济的拉动力很强。通用航空产业作为国民经济中的一个重要支柱产业,不仅指通用航空企业,还包括制造业、通用航空机场、科研机构、培训院校、国内外飞机销售代理、地面保障、咨询服务公司等一个庞大的通用航空产业体系。通用航空产业链覆盖航空制造、维修及零部件加工业、航空金融保险业、航空器运营服务业及航空保障服务业等诸多领域。从通用航空产业各环节看,通用航空产业可以分为提供航空服务、使用航空服务以及生产制造三个主要环节,每个环节的业务活动都为经济发展、就业机会创造作出了贡献。作为新兴产业,通用航空可以同时带动相关制造业、服务业的发展。通用航空产业链的紧密度相对公共运输航空而言更能够在一个区域完整实现,其产业的发达程度是一个国家或地区经济和高新技术发展地位的体现。另外,通用航空除产业链本身具有一定的经济效益,还具有"火车头"效应,可以通过直接、间接和引致作用带动产业链上下游产业共同发展。通用航空产业科技含量高,其中,作为高端装备制造产业分支的通用飞机制造业和通用航空运营高度集成了大量先进科技,

---

〔1〕 参见《通用航空行业深度报告:2020年我国通航市场规模约2810亿元》,载新浪网,http://vr.sina.com.cn/news/report/2021-06-22/doc-ikqcfnca2468647.shtml。

〔2〕 参见高志宏:《通用航空发展路径法治化研究》,法律出版社2018年版,第22页。

有助于国家经济发展方式由劳动密集型向技术密集型转变。这即是说，通用航空产业链具有高前向、高后向及高侧向关联性的特征，其在增加就业机会、带动政府地方税收增长的同时还能够开辟出广阔的投资领域和巨大的消费市场。总之，通用航空是现代经济高度分工、高度专业化的产物，是资金密集型和技术密集型行业，它的发展可以完善综合交通运输体系服务功能，提高多个行业生产、服务水平，拉动第三产业产值增长，促进产业结构升级。

根据国际经验，通用航空产业的投入产出比为1∶10，就业带动比为1∶12。[1]较新的基于本土数据的研究表明，通用航空在我国属于产业带动作用大、推动作用小的产业，即通用航空发展带动上游关联产业和诱发消费作用强，对下游推动作用不显著。通用航空1单位的初始投入，能带来国民经济8.24单位的产出。[2]

总之，通用航空在带动经济发展和经济转型中扮演着重要角色，可以为中国经济发展提供新的契机。通用航空作为具有战略意义的新兴产业，既能满足传统意义的运输需求，还能满足伴随经济与财富快速增长产生的娱乐需求、体验需求，这些需求所蕴含的潜在价值和市场规模极其巨大，有利于推动产业结构升级、拉动经济增长。一般来说，在经济起步阶段，以社会公益性作业为主要市场的通用航空有助于提升公共服务保障能力和工农林牧渔等传统部门的经济效益。在经济起飞阶段，通用航空在传统作业项目的基础上，会随着国民经济催生的新兴消费需求而不断开拓新的通用航空服务市场，目前，属于我国低空经济一部分的通用航空经济基本形成，今后，属于战略性新兴产业的通用航空内部结构将不断优化，并在改变经济发展方式上起到积极作用。[3]

（二）通用航空产业的社会作用

通用航空兼具公益性与营利性，在社会公共服务中承担重要角色，在社会公益事业中具有独特的不可替代的作用。通用航空可以提供及时、快速的救援飞行和迅速、高效的治安辅助飞行等服务，可以增强对民生的保障力度，提升城市保障功能，是国家公共服务的重要组成部分。

首先，通用航空是实现应急救援所不可或缺的重要手段。通用航空的救助、救援飞行可以最大限度地缩短救援时间、降低人员伤亡，这是通用航空的重要功能，也是一个完善的医疗救护和应急救援体系不可缺少的。当今世界自然灾害频发，我国更是属于地质灾害多发地区。在出现紧急危险需要快速救援的情况

---

〔1〕 参见王霞、韩莎莎：《通用航空60年回顾与展望》，载《中国民用航空》2011年第12期。

〔2〕 参见吕人力主编：《中国通用航空蓝皮书：中国通用航空业研究报告（2018）》，中国民航出版社2017年版，第360～361页。

〔3〕 参见韩莎莎：《促进我国通用航空与经济协调发展的对策》，载《综合运输》2012年第11期。

下,通用航空可以发挥高效便捷的作用,快速到达事故发生地,及时救助遇险人员。以2008年汶川地震应急救援为代表,通用航空在应对各类自然灾害、抗灾抢险、运送物资、灾后建设等方面充分发挥其快速性和机动性的优势,对拯救人民生命财产,快速恢复国民经济起到难以用经济尺度衡量的作用。

其次,通用航空辅助社会治安和民生保障,可以提升政府执法能力,对维护国家稳定、促进社会发展起着重要作用。通用航空广泛的作业活动范围从不同方面促进了社会发展,可借助通用航空器通过空中巡视、应急调度等方式,提高政府在应对灾害、保障民生、维持城市秩序和社会治安、防止暴乱等突发性事故的反应速度和能力。借助通用航空提供公共医疗服务和公共安全服务,可以明显提升其效率和质量,将政府公共服务提升到新的水平。通用航空在工业、农业、生态环境保护等方面发挥着不可替代的作用,能大大提高生产率,降低生产成本,是助推实现工农业现代化的重要力量。

最后,发展通用航空能为运输航空储备大批飞行员以及机务维修、空中交通管理、机场运营管理等方面的专业人才,促进我国高层次技术人才建设。在美国,通用航空的比重远大于运输航空,成为整个航空业的基础。美国通用航空为运输航空提供了大批可供选择的飞行员和大量的机务维修、空中交通管理、机场运营管理、商务经营等民航专门人才,成为运输航空发展的人才库,支撑了运输航空的安全和快速发展,并为美国的军用航空发展提供了大量专门人才和基础设施,美国发展通用航空的经验值得其他国家借鉴和吸收。

通用航空具有准军事化特点,发展通用航空具有潜在的军事价值,是加强国防建设、维护国家安全的重要保障。一个通用航空发达的国家,意味着数以万计的飞机、大批经验丰富的飞行员、密布的机场以及相关的一整套飞行保障设施,通用机场、飞机、飞行员、机务人员等都可以成为国家国防战略中的后备力量,可随时服从国家军事部门的调遣或完全转为战时军事体系。通用航空在平战转换方面具有非常高的灵活性,通用航空器可作为重要的军事运输工具为部队输送人员,通用航空机场还可为军用飞机提供起降场地。发展通用航空将极大促进航空制造业的发展,先进的航空制造业将提供大量先进的飞机(包括无人机),提高国防实力和现代化水平。必要时,部分通用航空制造企业可以为军机的制造提供零部件或者组装设备。通用航空的发展将会在很大程度上促进航空制造业的发展,从而为制造先进飞机提供充足的技术支持,同时,也为国防实力的提升奠定坚实的基础。所以,通用航空不仅是民用运输航空的基础和后备力量,也蕴含着巨大的军事潜力,发展通用航空是提高国防实力和国防现代化水平的有效途径。

(三)通用航空产业的文化作用

通用航空不仅能支持农业、工业、建筑业、制造业等第一产业、第二产业的发展，而且可以形成内涵丰富的文化产业集群，满足大众的消费、服务需求和物质文化需要。通用航空文化产业包括飞行培训、航空俱乐部、航空会展、观光旅游等，是一个新兴的和富有潜力的文化产业市场。

与通用航空活动相伴相生的通用航空文化，具有鲜明的精神特质，其内涵包括向往蓝天、渴望飞行的自由精神，严谨理性、求真求实的科学精神，以人为本、张扬个性的人本精神，不断探索、勇于革新的创新精神，勇于冒险、甘于献身的牺牲精神，公平规范、安全有序的法治精神。[1] 通用航空经过一百余年的发展，在航空发达国家可以渗透影响社会生活各个层面，对于提高社会运转效率、丰富人们精神生活、改善社会活动风貌起到了积极而独特的作用。对于普通大众来说，通用航空文化建设有助于更多人了解航空知识，体验航空魅力，实现飞行梦想。对于通用航空企业来说，通用航空文化建设有助于提升企业综合管理水平，进而提升整个行业的素质。

由于历史和社会原因，我国的航空文化向来不发达。由于对通用航空的认识不足、宣传不够，本应该比公共运输航空更通俗、更便利的通用航空，与普通大众的距离仍比较远，甚至大多数人对“通用航空”的基础概念还缺乏认识，即使是经营者、投资者甚至决策者，对通用航空的地位和作用认识也长期存在不足，通用航空的文化并未形成社会风气。通用航空的文化内涵契合社会主义核心价值观，特别是能反映富强、文明、自由、法治等价值目标，发展通用航空产业，发挥通用航空的文化作用，是建设社会主义先进文化、实现人的自由全面发展的需要。通过对通用航空产业文化的建设，有助于形成个人有航空意识和飞行愿望，政府有政策支持和服务观念，社会有环境氛围和价值导向的良好格局，激活文化生产力，促进通用航空产业的蓬勃发展，在推进经济结构转型升级的同时，满足人们的物质文化生活需求，促进人的现代化和自由全面发展。[2]

第三节　中国通用航空产业的基本情况

一、中国通用航空的发展历程

我国通用航空的历史可以追溯到1912年，航空先驱冯如设计和制造了我国第一架飞机，并在中国领土上进行了飞行活动。这比美国莱特兄弟发明世界第

〔1〕 参见王旭东、韩建昌：《大家的天空——航空文化与通用航空》，航空工业出版社2014年版，第五章“航空文化的精神特质”。

〔2〕 参见张亮编著：《供给侧结构性改革：“新常态”下中国通用航空产业发展战略研究》，中国民航出版社2017年版，第192页。

一架飞机仅仅晚了9年,被视为中国早期通用航空的雏形。然而,囿于我国当时的社会环境,通用航空并未得到稳定而迅速的发展,而是在战火的夹缝中艰难生存。北洋政府和国民政府时期,我国都开办过一些航空工厂,制造过通用航空飞机,并兴办了一些航空学校,培养航空人才。[1] 1930年,国民政府创办了规模很小的航空测量队,1931年浙江省水利局租用德国汉莎航空公司的飞机,在钱塘江支流浦阳江36公里河段进行航空摄影,通用航空的航空摄影和测绘功能开始服务于军事和经济领域。总体来看,1949年中华人民共和国成立前,我国在通用航空领域几乎没有什么积累。

中华人民共和国的成立为我国通用航空事业的发展提供了稳固的基础,中国的通用航空事业开始了新的篇章。关于我国通用航空发展历程的详细研究并不多,对通用航空发展的时期和各时期的特点的分析也有差异。[2] 对我国通用航空发展历程的研究,需要考虑两方面因素:一是该领域的各项统计指标,这反映了通用航空产业发展的基本情况;二是通用航空管理的制度性因素,包括管理体制、政策和法制变革。结合有关研究,本书将我国通用航空发展历程分为四个历史时期。

(一)初创期(1951~1986年)

中华人民共和国成立伊始,百废待兴,通用航空在国民政府时期有限积累的基础上逐步开创和缓慢发展,主要应用在农林作业、航空物探、航空摄影、航空体育等领域,经过建国初期的数年发展,基本解决了中国在大量基础建设勘测设计中所面临的地图资料严重短缺、森林、矿藏资源普查、建设和农业保护缺少先进手段等问题。1951年5月,中国民航首次使用一架C-46型飞机,执行广州市防治蚊蝇危害的飞行任务,这被认为是我国通用航空发展的起点。1952年,国家组织了第一个通用航空飞行队,即军委民航局航空农林队,1955年,中国民航局成立专业航空队,1958年改编为航测飞行大队。1958年以后,为适应国家经济建设和社会发展的需要,通用航空队伍日益发展壮大,服务项目也不断拓展。[3] 1961年开始的3年国民经济调整时期和1966~1976年"文化大革命"期间,通用航空的发展都经历了挫折,处于发展停滞和萎缩状态。总体来看,在1986年之前,通用航空除在改革开放初期的数年间经历了短暂的传统服务领域

---

〔1〕 这一时期中国航空工业的总体情况,可参见中国航空工业史编修办公室编:《中国近代航空工业史(1909-1949)》,航空工业出版社2013年版。

〔2〕 参见高志宏:《通用航空发展路径法治化研究》,法律出版社2018年版,第29~33页;王霞、韩莎莎:《通用航空60年回顾与展望》,载《中国民用航空》2011年第12期;孟平主编:《中国通用航空50年》,中国民航出版社2004年版,第1~42页。

〔3〕 参见《当代中国》丛书编辑委员会编:《当代中国的民航事业》,当代中国出版社2020年版,第139~141页。

的恢复和近海、陆上石油服务等新兴服务领域的充实外,一直在挫折中徘徊发展。1952～1986 年全国通用航空飞行时间见图 1－1。

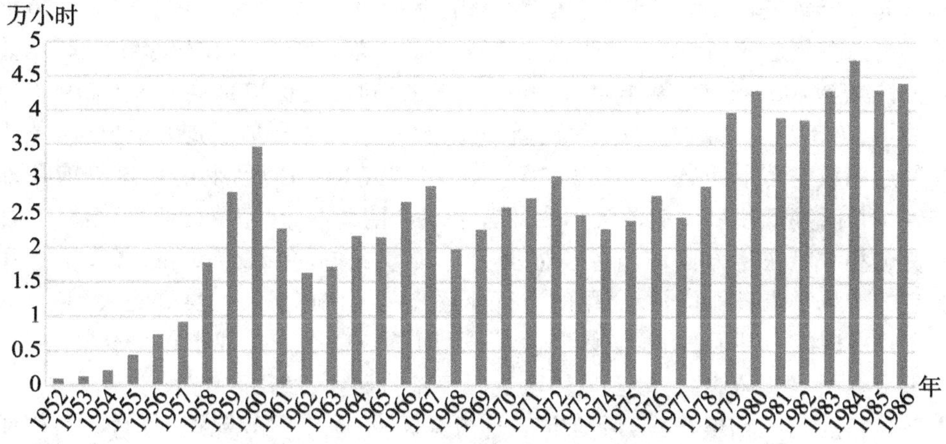

图 1－1　1952～1986 年全国通用航空飞行时间

中华人民共和国成立后到 20 世纪 80 年代初期,通用航空主要应用于工业和农业等领域,对通用航空的认识局限于其经济作用特别是对工农业生产的作用,未能充分认识到通用航空的服务功能和在消费环节的作用。全行业通用航空飞机数、年总飞行作业小时数都比较小,通用航空飞机制造产业发展水平较低,通用航空飞机供应能力不足。通用航空依附于军事航空或公共运输航空,独立性不强,没有形成一个完整的产业。

这一时期我国并不采用"通用航空"概念,而是称为"专业航空"或"专业飞行",[1]例如,民航局 1981 年 1 月 28 日颁布的《中国民用航空专业飞行工作细则》(已废止)。1986 年 1 月,国务院发布《关于通用航空管理的暂行规定》(国发〔1986〕2 号,已废止),[2]正式将"专业航空"更名为"通用航空",以求与国际上的概念相一致。这也是我国通用航空领域的第一部行政法规,在《民用航空法》尚未制定的情况下,从法律制度层面保障了国家对通用航空的支持和规范,为通用航空相对独立的发展和管理奠定了法制基础。

(二)*波动发展期*(1987～2007 年)

随着我国改革开放的深入,计划经济体制逐步松动,航空领域亦逐渐松绑放权,引入市场机制。1992 年,我国确立了建立社会主义市场经济体制的改革目

〔1〕　参见陈亨宝:《关于"通用航空"定义的商榷》,载《民航经济与技术》1994 年第 1 期。

〔2〕　1986 年 1 月 8 日国务院发布,根据 2014 年 7 月 29 日《国务院关于修改部分行政法规的决定》修订,根据 2022 年 3 月 29 日《国务院关于修改和废止部分行政法规的决定》废止。

标,通用航空发展环境发生了根本性变化。

这一时期,中国通用航空一度出现下滑态势,主要原因在于,在从传统计划经济向市场经济转型的早期,通用航空在行政管理体制、市场化运营机制等方面暴露出诸多不适应,行业萎缩严重。1994 年通用航空作业单位仅余 13 家,从业人员锐减至 4000 余人,年作业飞行仅 30,743 小时,比历史最高水平的 1991 年下降了 37.3%。1996 年,中国民用航空总局(以下简称民航总局)[1]出台《关于发展通用航空若干问题的决定》(民航党发〔1996〕07 号,已废止),这是通用航空经过长时期低迷后民航总局出台的首个政策性文件,在完善行业管理体制、加大资金和政策扶持方面作出了积极努力。20 世纪 90 年代末期,随着我国通用航空的市场需求日益增长,通用航空行业逐步呈现快速发展的良好势头。

这一时期,伴随民用航空体制改革,通用航空也逐步完成了市场化转型,一大批专业航空公司成立,诸多通用航空服务单位诞生,通用航空飞机、从业人员、作业飞行时间大幅增加,通用航空工业初具规模,航空服务范围逐渐扩大,作业区域和作业量逐年增加。1987 ~ 2007 年全国通用航空飞行时间见图 1 - 2。

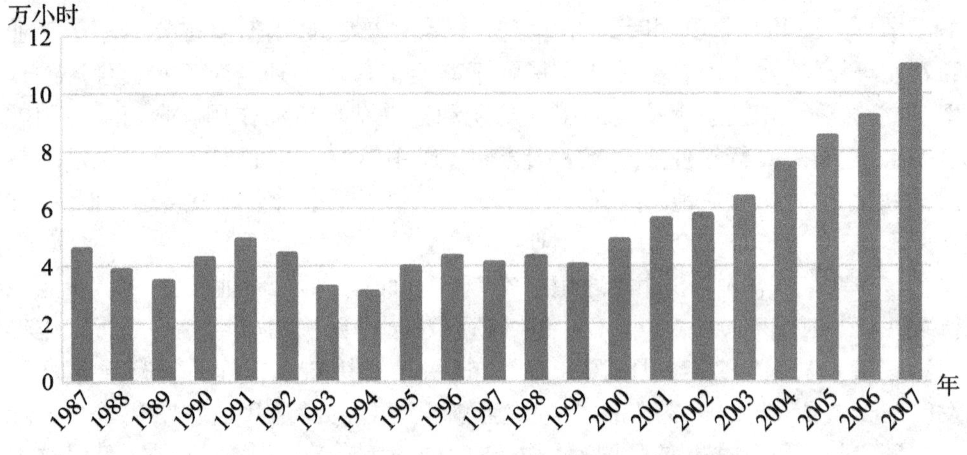

图 1 - 2　1987 ~ 2007 年全国通用航空飞行时间

国家提出的促进通用航空发展的政策措施起到了较好作用,通用航空发展水平与经济建设、社会发展和民用航空事业整体的发展趋势逐步协调,我国通用航空进入稳步增长阶段。但整体而言,这一时期通用航空发展水平仍不能满足社会经济的需求,通用航空发展的根本性、体制性问题仍未得到有效解决。

2003 年 1 月,国务院、中央军事委员会(以下简称军委)联合发布《通用航空

〔1〕 现为中国民航局。

飞行管制条例》,[1]对通用航空飞行活动作出了明确规范。2004 年,民航总局发布了《通用航空经营许可管理规定》(CCAR－135TR－R2),[2]取代 1996 年发布的《通用航空企业审批管理规定》(CCAR－135LR),[3]该规章后来虽然屡经废、改,但奠定了以经营许可为核心的民航局规制通用航空企业的体制,从而基本确立了对通用航空实施行业管理的基础。

(三)快速发展期(2008～2018 年)

在 2008 年汶川地震、2010 年玉树地震的抢险救灾中,通用航空都发挥了重要作用,受到各方重视。[4] 随着 2008 年由美国次贷危机引发的金融危机席卷全球,中国开始改变经济发展方式,加快经济结构调整转型。在这一过程中,国家对通用航空产业的经济作用、社会作用的认识逐渐加深,发展通用航空开始上升到国家政策层面。2010 年,国务院、中央军委联合出台《关于深化我国低空空域管理体制改革的意见》(国发〔2010〕25 号),旨在破解通用航空产业发展的瓶颈。2012 年国务院出台《关于促进民航业发展的若干意见》(国发〔2012〕24 号),明确提出"大力发展通用航空",2016 年国务院办公厅发布《关于促进通用航空业发展的指导意见》(国办发〔2016〕38 号),提出了发展通用航空的战略目标、改革思路和主要举措,成为后续通用航空领域的重要政策性文件。2008～2018 年全国通用航空飞行时间见图 1－3。

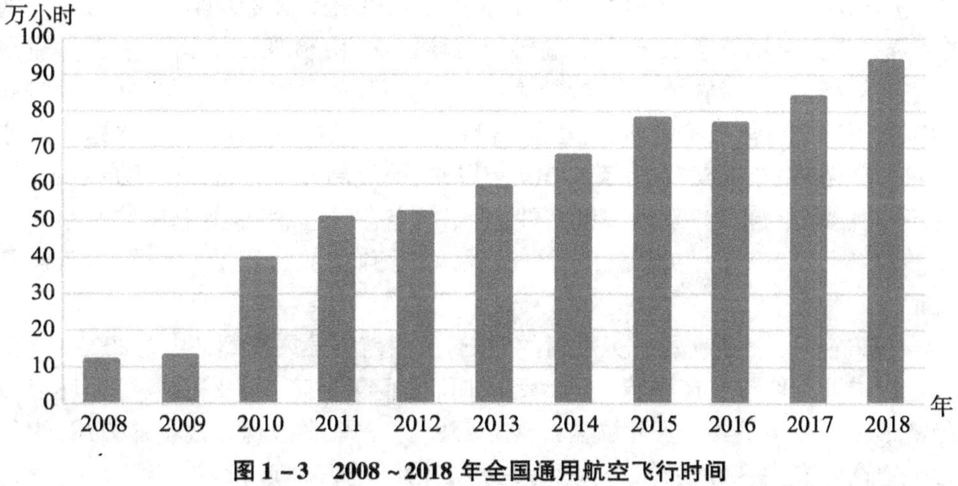

图 1－3　2008～2018 年全国通用航空飞行时间

〔1〕 2003 年 1 月 10 日国务院、中央军委令第 371 号公布。

〔2〕 中国民航总局令第 133 号。

〔3〕 中国民航总局令第 53 号。

〔4〕 参见王勇等编著:《中国民航史教程》,中国民航出版社 2019 年版,第 124～125 页。

在这一时期，通用航空机队规模稳步增加，不仅进一步提高了通用航空在工农业生产和社会公益事业中的服务能力和水平，而且在诸如空中旅游、短途运输、公务飞行等新兴服务领域中迅速发展，行业整体发展水平得到极大提升。同时，通用航空还为航空运输培养、储备和输送了大批空地勤专业技术人才，大量通用航空产业园成立运营，通用航空工业体系逐渐健全，地方政府参与通用航空的热情显著增加，从各项指标来看，通用航空都呈现爆发增长的态势。在这一时期，通用航空才真正成为与公共运输航空并列的民用航空事业"两翼"之一，成为建设民航强国必不可少的一部分。

（四）深化改革期（2019 年至今）

2019 年年初，民航局印发了《关于推进通用航空法规体系重构工作的通知》（民航发〔2019〕5 号），形成了通用航空业务框架和通用航空法规框架（"两个框架"）。以该文件的出台为标志，通用航空产业的发展进入深化改革期。

2007 年之后，经过近十年的高速发展，中国的通用航空发展进入了新的阶段。一方面，低空空域改革虽然有若干试点，但总体进展不大，障碍仍多；另一方面，行业的发展动力转换，由早期的单纯数量增长，逐步过渡为提升质量、水平，孕育新兴业态。更重要的是，随着依法治国的推进和"放管服"改革的不断深化，行业管理和依法行政、政府监管与企业发展的矛盾越来越突出，要实现通用航空的高质量发展，必须深化改革，在监管理念和法律制度方面进行革新。"两个框架"作为通用航空法规体系重构的总体性文件，梳理出了相对独立的通用航空法规体系，按照放管结合、以放为主、分类管理的思路，明确了未来一段时间中国通用航空整体政策走向、立法思路和制度设计需要遵循的基本原则和具体要求。遵循"两个框架"的思路，2019 年以来，民航局开展了密集的规章制定、修订工作，配套出台了一系列政策文件，通用航空监管理念、监管制度均有很大变化。随着通用航空法规重构工作的深入，相对独立的通用航空法规体系初具雏形。

2020 年以来，受新冠肺炎疫情的影响，通用航空发展受到冲击。2020 年，全行业完成通用航空生产飞行 98.40 万小时，比上年下降 7.6%。[1] 外部环境和经济形势的变化更要求通用航空产业转变发展方式，通过深化改革的方式，为通用航空产业提供良好的外部环境特别是法治环境，由"政策驱动"阶段过渡到"法治驱动"阶段。2022 年 2 月，民航局印发《"十四五"通用航空发展专项规划》（民航发〔2022〕8 号），明确了"十四五"期间通用航空发展的指导思想、基本原则、发展目标，提出构建现代化的通用航空治理体系，优先完善通用航空法规

〔1〕 参见中国民用航空局：《2020 年民航行业发展统计公报》，2021 年 6 月。

体系，加快完善通用航空标准体系，优化职能机构，改进治理手段，加强协同共促，为未来通用航空法律制度的发展提供了“时间表”和“路线图”。

二、中国通用航空的发展状况分析

（一）数据与成就

从2010年开始，民航局每年发布上一年度的“民航行业发展统计公报”，对通用航空的相关指标、数据的统计相对完整、连续。以下根据历年民航行业发展统计公报，用数据说明我国通用航空发展的状况与成就。

1. 通用航空飞行总量

通用航空作业飞行小时数是反映通用航空发展情况的重要指标，它直接反映通用航空飞行总量，是通用航空真正发挥效用的“飞起来”的时间。通用航空发展水平与国民经济发展状况密切相关。改革开放以来，中国国民经济无论数量还是质量都有显著的提升，通用航空自然从中受益，飞行小时数快速增长。表1－1是2010～2017年通用航空飞行小时数。

表1－1 2010～2017年通用航空飞行小时数

单位：万小时

年份	全行业通用航空生产作业飞行时间	工业航空作业	农林业航空作业	其他通用航空作业
2010	13.98	6.39	2.82	4.77
2011	50.27	5.67	3.32	41.29
2012	51.7	7.71	3.19	40.81
2013	59.1	9.64	3.41	45.89
2014	67.5	8.43	3.82	55.25
2015	77.93	8.55	4.21	65.18
2016	76.47	8.29	5.10	63.08
2017	83.75	8.93	5.96	68.86

注：表中数据均来自历年“民航行业发展统计公报”，因数据取舍原因，可能存在一定误差，本书未对数据做任何修改。

2018年开始，统计口径发生变化，将通用航空飞行小时数分为载客类、作业类、培训类、其他类（以上为经营性）以及非经营性五类。表1－2是2018～2020年通用航空飞行小时数。

表 1-2　2018～2020 年通用航空飞行小时数

单位:万小时

年份	全行业通用航空生产作业飞行时间	载客类作业	作业类作业	培训类作业	其他类作业	非经营性作业
2018	93.71	8.47	15.39	30.65	4.99	34.21
2019	106.50	9.95	16.05	38.66	5.32	36.52
2020	98.40	8.96	15.06	36.94	4.22	33.21

注:表中数据均来自历年"民航行业发展统计公报",因数据取舍原因,可能存在一定误差,本书未对数据做任何修改。

2021 年,统计口径再次发生变化,全国通用航空共完成飞行 117.8 万小时,比上年增长 19.8%。其中,载客类完成 2.0 万小时,载人类完成 10.7 万小时,其他类完成 59.1 万小时,非经营性作业完成 46.0 万小时。

2. 通用航空活动主体

随着通用航空市场的发展,通用航空经营活动逐渐活跃,通用航空活动主体数量日益增多。在我国,经营性通用航空主体即通用航空企业,在通用航空活动中占据主要地位。民航局按地区归属统计通用航空企业数量,与七个地区管理局管理范围相对应。表 1-3 是 2010～2021 年通用航空企业数量。

表 1-3　2010～2021 年通用航空企业数量

单位:家

年份	华北地区	中南地区	华东地区	东北地区	西南地区	西北地区	新疆地区	全国
2010	33	22	19	15	12	6	4	111
2011	33	23	22	15	13	11	6	123
2012	41	27	29	16	16	11	6	146
2013	48	39	36	20	24	16	6	189
2014	65	48	44	24	32	19	7	239
2015	72	55	56	30	37	25	6	281
2016	79	65	66	31	43	29	7	320
2017	92	77	80	32	40	32	12	365
2018	96	89	106	37	52	27	15	422
2019	104	116	113	39	55	33	18	478
2020	111	120	131	45	64	33	19	523
2021	121	140	157	49	78	33	21	599

3. 航空器数量

随着通用航空器经营规模的扩大,通用航空飞行器数量也随之增加。表 1－4 是 2010～2021 年我国通用航空企业在册航空器数量。

表 1－4　2010～2021 年我国通用航空企业在册航空器数量

单位:架

年份	通用航空企业在册航空器总数	其中教学训练用飞机
2010	1010	202
2011	1124	303
2012	1320	328
2013	1519	340
2014	1798	486
2015	1904	508
2016	2096	621
2017	2297	680
2018	2495	692
2019	2707	849
2020	2892	1018
2021	3018	1077

4. 无人机

由于无人机的高技术门槛,早年我国无人机主要应用于军事领域。2000 年左右,开始出现以航空模型为基础的无人机公司,专注于消费级航拍无人机的研发生产。从此,中国民用无人机开始进入快速发展阶段,特别是 2010 年之后出现了井喷式的增长,以大疆为代表的无人机企业在规模和创新能力上已经居于世界前列。2019 年,我国民用无人机市场规模达到近 600 亿元,包括工业级无人机 273 亿元和消费级无人机 325 亿元。2020 年,全国无人机市场规模约为 780 亿元。[1] 民航局 2018 年开始统计我国无人机基本数据,表 1－5 是 2018～2021 年我国无人机相关的基本情况。

〔1〕 参见杨旸:《我国民用无人机产业及发展趋势研究》,载 2021 年劳动保障研究第七次会议《劳动保障研究会议论文集(十四)》,第 134～135 页,第 139 页。

表1-5 2018~2021年我国无人机基本情况

年份	全行业无人机拥有者注册用户/万	个人用户/万	企业、事业、机关法人单位用户/万	全行业无人机有效驾驶员执照/本	全行业注册无人机/万架
2018	27.1	24	3.1	44,573	28.7
2019	37.1	32.4	4.7	67,218	39.2
2020	55.8	49.8	6	88,994	51.7
2021	78.1	71.8	6.3	120,806	83.2

2018年,无人机经营性飞行活动达37万小时,2019年,参与民航局无人机云交换系统的无人机飞行小时共有125万小时,2020年达到183万小时,2021年为143.6万小时。

5.通用机场

基础设施是制约通用航空发展的瓶颈之一。近年来,我国通用航空基础设施得到初步改善,通用机场数量有明显增加。2018年,全行业颁证通用机场数量为202个,2019年为246个,2020年为339个,2021年年底全国在册管理的通用机场达到370个。

6.小结

从以上数据可以看到,2010~2021年,我国通用航空产业取得了长足进步。通用航空飞行总量快速增长,活动主体数量日益增多,机队规模不断扩张,通用航空专业队伍不断壮大。以无人机为代表的新兴领域快速增长,通用机场等通用航空基础设施初具规模。此外,随着政策扶持力度的加大,通用航空市场结构持续优化,融资环境不断改善,有理由相信,我国通用航空产业仍有巨大的发展潜力,在未来必将发展得更快、更好。

(二)存在的问题

虽然近年来我国通用航空发展取得了很大成绩,但整体发展还处于较低水平,通用航空产业发展不充分、不平衡、不协调的问题比较突出。

1.我国通用航空产业与其他国家的横向比较

从综合交通运输体系来看,我国交通运输主要领域都已经居于全球前列:我国高速公路里程与汽车产销量、高铁通航里程与铁路装备制造产值、内河通航里程与港口运输量、船舶制造量等领域均处于全球第一,在运输航空领域,航空运输总周转量自2005年以来一直处于世界排名第二的位置,并逐年缩小与第一(美国)的差距。与交通运输其他领域相比,我国通用航空发展在各方面都相对落后。

从通用航空器保有量的世界排名来看,我国虽然是经济、交通和人口大国,但通用航空器数量和机队规模排名相对落后,2015 年仅排在第 19 名。[1] 美国通用航空器规模长期保持在 20 万架以上,约是中国的 70 倍。我国通用航空器数量不但不及英国、澳大利亚、加拿大、新西兰、法国等航空业发达的国家,也不及巴西、南非等国。[2] 如果考虑人均通用航空飞行量和人均通用航空器拥有率,就更凸显出我国通用航空发展水平的滞后了。

从机场的角度看,美国拥有通用航空机场约 2 万个,超过我国的 50 倍。由于发展历史的原因,我国目前仍然大量使用民用航空机场作为通航飞机,尤其是公务机的起降机场,专门服务的通用航空作业的小型机场十分匮乏,通用航空机场存在机场密度低、地域分布不合理、机场功能单一等问题。与通用航空机场不足相伴随的,是机场服务公司(Fixed Base Operator,FBO)(固定基地运营商)的缺乏,在美国各类通用航空企业中,FBO 是数量最多最基本的企业类型,全美共有 3600 多家 FBO,反观我国,目前尚没有完善的 FBO,主要的服务内容还停留在基本托管服务上。

在作业飞行时间方面,2019 年中国通用航空飞行时间达到历史最高的 106.50 万小时,仅为运输航空飞行小时数(1231.13 万小时)的 8.6%。而美国的通用航空飞行量(约 2400 万飞行小时)超过了航空运输(约 2000 万飞行小时)。我国的通用航空飞行市场主要集中在工农林业和社会公共服务类,这两类市场占总额的 95% 以上,而公务飞行和私人飞行只占 5% 左右的份额;相比之下,美国的市场主要以私人飞机和公务航空为主,其中,公务飞行和私人飞机、执照培训占了近 65% 的份额。[3]

总之,我国通用航空在产业规模与美国、欧盟等通用航空比较发达的国家和地区仍有较大差距,也不及澳大利亚、俄罗斯、巴西等国,仍处于较低水平。中国通用航空作业飞行小时数不到全球的 0.4%,通用飞机数量不足全球的 0.5%,产业规模仍然很小。[4] 除上述可量化的指标外,中国通用航空在飞机制造、企业效益、法律法规、从业人员等各方面都较逊色。总体而言,中国的通用航空与国民经济的整体实力极不相称,与中国民用航空在世界民用航空的大国地位极不相称。

---

〔1〕 参见《从中外通用航空对比看我国通用航空的前景》,载前瞻网 2022 年 10 月 24 日,https://www.qianzhan.com/analyst/detail/220/170519-62d80f48.html。

〔2〕 参见吕人力主编:《中国通用航空蓝皮书:中国通用航空业研究报告(2020)》,中国民航出版社 2020 年版,第 400~401 页。

〔3〕 参见《从中外通用航空对比看我国通用航空的前景》,载前瞻网 2022 年 10 月 24 日,https://www.qianzhan.com/analyst/detail/220/170519-62d80f48.html。

〔4〕 参见平安银行交通金融事业部、中国城市临空经济研究中心编著:《经济新常态下的中国通用航空产业发展研究》,中国民航出版社 2015 年版,第 85 页。

2. 与公共运输航空发展比例失调

通用航空是衡量一个国家民用航空事业发展水平的重要标志，从国际经验来看，通用航空在一些基础指标上应该大于运输航空规模，或者与运输航空规模相仿。通用航空应该是发展运输航空的坚强基石。通用航空涉及面广、基础性强，不仅能为运输航空的发展创造条件，而且能与运输航空互为补充、协调发展，共同促进民用航空的繁荣。以美国为例，其通用航空飞机规模远超运输航空飞机规模，通用航空飞行员占飞行员的绝大多数，在机场中，通用机场占比也较公共运输航空机场为高。通用航空器和通航基础设施的发达，为航空业的发展提供了深厚的基础。通用航空为运输航空培养提供了大批可供挑选的飞行员和大量的机务维修、空中交通管理、机场运营管理、商务经营等专业人才，成为航空运输发展的人才库。

我国建设民航强国不仅要有发达的运输航空，还应有发达的通用航空来支持。但现实情况正好相反，我国运输航空和通用航空的行业结构呈现“倒金字塔”型，通用航空与运输航空的发展明显不协调。这里选取新冠疫情前2019年的数据加以比较（见表1-6）。

表1-6 2019年运输航空与通用航空数据比较

项目	运输航空	通用航空	运输航空∶通用航空
飞行小时数	1231.13万小时	106.50万小时	11.56
企业数	62家	478家	0.13
飞机数	3818架	2707架	1.41
机场数	238个	246个	0.97

由表1-6可见，在我国整个民用航空事业中，包括客运和货运在内的运输航空执行了绝大多数的飞行任务，飞机数量约为通用航空器的1.4倍，机场等基础设施水平和保障水平也显著高于通用航空。运输航空企业数虽然少于通用航空，但企业规模、运营水平、盈利能力和影响力远非通用航空企业可比。

总之，由于长期存在的重运输航空、轻通用航空的观念，以及客观存在的运输航空和通用航空发展水平的差距，通用航空的发展远远落后于公共运输航空，民用航空的两翼失去了平衡和协调。

3. 通用航空自身产生发展不均衡

从通用航空产业内部来看，不均衡现象也比较严重。第一，从产业链方面来看，我国通用航空器工业落后，航空器设计、制造、研发能力不足，机队分布不合理，通用机场和相关基础设施保障能力不足，通用航空文化仍处于萌芽状态。亦即通用航空产业链的“前端”和“后端”发展不充分，在一定程度上限制了整个通用航空产业的发展。

第二，仅从通用航空飞行环节来看，通用航空的应用领域也不均衡。国际成熟的通用航空市场主要由三大部分组成：培训教学（约20%）、公务旅游（含私人飞行，约占60%）、公益作业（约占20%）。[1] 而我国通用航空飞行量的结构，传统上一直以服务于生产的农林作业、工业航空、海上石油等业务为主，这与计划经济时代将通用航空依附于工农业生产环节的观念有关。除传统工农业作业领域外，我国的飞行培训小时数也占据重要部分，培养出的飞行员大多以公共运输航空为主要去向。真正直接服务于人（顾客）的业务——如私人飞行、公务航空、飞行表演、包机飞行、空中游览、医疗救护等还处于萌芽阶段，而这类业务在通用航空发达的国家是飞行量的主体。

我国通用航空运营市场中服务于作业生产的业务占比高决定了其容易受到其他行业景气程度的影响，例如，工业作业容易受到石油价格波动影响，农林作业容易受到无人机应用的影响。受制于航校的数量和规模，飞行培训小时数一般比较稳定。而通用航空最能体现自身价值的消费型服务活动刚刚处于起步阶段，因此，发展新业态将是我国未来通用航空市场结构完善的大方向。

第三，通用航空地区发展不均衡。由于低空管制造成飞行区分布不均，以及经济发展水平的差距，全国各地区通用航空发展水平的地区差异很大。总体来看，华北、中南地区发展相对较好，西北、西南地区相对落后。[2] 东北地区农林航空普及程度较高，华东地区经济总量虽然领先全国，但在通用航空方面的发展并非十分强劲，呈现企业多、资源分散、未形成集约式发展的状态。这与东部航路网密集，导致通用航空飞行与民用航空航班飞行以及军事飞行交织，飞行管制复杂有关。[3] 从机场等基础设施保障来看，全国缺乏合理的通用航空机场网络布局，机场分布不均匀，东部机场密度高，而广阔的西部地区缺乏足够的机场和起降点，通用航空运行规模和运行效率明显低于东部。

近年来，看到通用航空的巨大发展潜力，许多地方政府出台政策鼓励通用航空发展，机场等基础保障设施的规划建设工作也在全国各地陆续展开，然而，由于各地政策和规划上的差异性，全国通用航空不均衡的局面仍未得到根本改观。

第四，经营性与非经营性通用航空比例悬殊。在通用航空发达国家，开展私用、自用飞行的非经营性通用航空主体数量远高于通用航空企业数量，从而构成

---

〔1〕 参见高志宏：《通用航空发展路径法治化研究》，法律出版社2018年版，第45页。

〔2〕 参见王霞、韩莎莎：《中国通用航空区域发展水平综合测评》，载《中国民航大学学报》2012年第2期；于一、张凯：《中国区域通用航空发展评价指数研究》，载《中国民航大学学报》2014年第6期。

〔3〕 参见华东地区通用航空产业促进立法研究课题组：《华东地区通用航空产业促进立法研究》，光明日报出版社2020年版，第30页、第46～48页。

航空业发展的基础。但在我国,非经营性通用航空与经营性通用航空发展极不协调,我国私人或单位自有的非经营性航空器数量非常有限,从事非经营性通用航空飞行活动(私人飞行)非常困难,经营性与非经营性通用航空比例悬殊。截至 2020 年 12 月底,登记在册的通用航空非经营性企业和个人仅有 17 个,大量私人飞行的需求没有被释放。[1]

4. 通用航空市场发育不成熟

当前,我国通用航空产业虽然被普遍看好,通用航空企业数量逐年增加,但从通航产业设计、制造到运营服务保障的各个环节没有形成体系化的发展模式和有效的商业模式。企业经营效益不佳,盈利能力较差。据调查,通用航空运营企业中实现盈利的不足 40%,而且大多依靠政府补贴才能实现盈利,拿不到政府补贴的民营企业亏损比较普遍。[2] 除去一些国企,大多数通用航空企业无论从从业人员数量还是营业收入角度来衡量,都属于中小型企业,总体发展水平较低。通用航空市场存在研发技术创新乏力、运营成本普遍偏高、产业特色不明显、新型通用航空服务业的市场潜力没有得到充分释放等问题。[3]

随着通用航空市场近年来的快速发展,专业人才不足的短板日益暴露出来。通航领域缺乏成熟的飞行员、机务人员、高素质经营管理人员、法律服务和研究人员。运输航空的从业人员在数量和素质上普遍高于通用航空。以飞行员为例,在 2019 年中国民航驾驶员执照中,121 部运输航空公司(运行人员)为 42,870 本,121 部运输航空公司(非运行人员)为 6540 本,通用航空公司驾驶员执照仅有 3599 本。[4] 由于待遇不同,民用航空人才市场还存在通用航空人员向运输航空流动的现象。例如,虽然我国飞行学员的训练飞行计入通用航空活动,但绝大多数航校的学生学成之后以进入运输航空公司为职业发展目标。即使供职于通用航空公司的飞行员,也有相当一部分是由于种种原因没有完成航空公司的训练课程,不能加入运输航空公司,所以暂时在通用航空公司飞行,积累足够的飞行经历。通用航空人才培养、流动机制、薪资待遇等方面均存在一定问题,不能支持通用航空产业长远期高质量发展,不能起到对公共运输航空提供基础支撑和人才库的作用。

---

〔1〕 参见中国航空运输协会编:《中国通用航空年谱(1951 - 2021)》,中国民航出版社有限公司 2022 年版,第 339 页。

〔2〕 参见华东地区通用航空产业促进立法研究课题组:《华东地区通用航空产业促进立法研究》,光明日报出版社 2020 年版,第 55 页。

〔3〕 参见华东地区通用航空产业促进立法研究课题组:《华东地区通用航空产业促进立法研究》,光明日报出版社 2020 年版,第 56 ~ 61 页。

〔4〕 参见中国民用航空局:《2019 年民航行业发展统计公报》,2020 年 6 月。

三、制约通用航空发展的制度性因素

我国通用航空产业长期在较低水平徘徊，一方面，是因为通用航空产业刚刚起步，受制于企业经营能力、人才专业能力、市场环境等通航产业的自身原因。但更重要的另一方面是，目前通航管理体制、政策环境和法律环境存在问题，来自政府方面的管制或其他不当的制度设计束缚了企业的经营能力，阻碍了通用航空"大市场"的培育和发展。法律是一种权威、稳定的制度供给，学习和研究通用航空法，必须分析制约通用航空发展的制度性因素；破解通用航空发展的瓶颈，也必须依靠法律制度的力量。

（一）空域管理

低空空域的资源配置和利用规则会对通用航空发展产生直接的影响。我国严格的空域管理和复杂的空域管理体制是制约通用航空"飞起来"的一大难题。在我国，民用航空能使用的空域有限，大部分空域被划分为军事用途，由军方统一管理。其中，通用航空所需的低空空域管制权属于军方，要受到民航部门和空军双重管理，且出于国家安全和谨慎性考量，管制相当严格，大量低空资源无法使用。2010 年，国务院、中央军委发布《关于深化我国低空空域管理改革的意见》，提出按照管制空域、监视空域和报告空域分类划设低空空域，区分不同模式实行分类管理试点，但多年来进展缓慢，没有收到明显的效果。目前，我国法律层面并没有进行低空空域的界定。依据相关规定，飞行活动必须事先审批，甚至每次飞行都要得到单独的批准，通用航空飞行活动受到较大限制。在飞行审批管理体制上，军方和民航部门对空域进行分割管理，导致军民之间通报烦琐、复杂，一个飞行活动往往需要经过三四个单位批复，时效性差。这种管理体制与通用航空飞行点多面广、灵活机动的特点不相适应，严重影响了飞行效率和通航用户的积极性。

空域限制是制约通用航空高速发展的最大的瓶颈问题之一，这几乎是民航业内的共识。但由于空域划设和空域管理涉及军用航空和民用航空，涉及经济利益、个人自由和国防安全的协调，我国空域管理体制的改革难度很大，亟待以国家立法形式作出顶层设计。

（二）政府监管

在计划经济时代政企部分的体制下，政府对民用航空事业既"管"又"办"，很难充分发挥民航局作为政府主管部门的作用，企业的权责利也不能有机统一，缺乏活力和动力。20 世纪 80 年代以来，经过多轮民航管理体制改革，民用航空领域完全实现了政企分开，市场化的逻辑得到贯彻，企业经营自主权得到了保障。但是，由于长期政企不分的体制，民用航空领域的行业管理的封闭性较强，政企关系较其他行业更为紧密。以民航局为代表的政府部门仍掌握着航线、航

班时刻、市场准入、安全监管、标准制定等广泛的权力,可以从各个方面对企业活动进行监管和限制。政府与企业的边界仍然不够清晰,来自政府的不当监管给通用航空的发展增加了制度性成本。

第一,过度监管问题严重。我国通用航空的法律规范和监管标准长期以来缺乏独立性,很多领域存在套用或参照公共运输航空标准的情况,用管理运输航空的办法管理通用航空,导致通用航空准入门槛高,企业成本增加。2018 年,民航局对通用航空监管进行了专项督查,形成了 187 个问题的督查清单,充分认识到了通用航空领域过度监管的问题。“以前常常认为,行业内阻碍通航发展的都是小问题,特别是与低空空域不开放相比算不了什么。通过督查,这些司空见惯的问题集中暴露出来,几乎遍布企业运营的所有环节,让人触目惊心,也充分认识到,解决‘过度监管’问题迫在眉睫。”[1]2019 年“两个框架”发布以来,民航局着力推进解决通用航空领域过度监管问题,取得了一定成效,但仍有进一步优化完善的空间。另外,通用航空的特点决定了其具有跨行业的属性,军用航空、民用航空、地方政府、安全监管部门、农业部门等都可能有一定的监管权限,在制度上仍未彻底解决多头监管、重复监管、非必要监管等问题。

第二,监管手段有待完善。由于长期的政企紧密联系型的体制,民航局对通用航空的监管侧重于行政许可、行政审批等事先手段,事中事后监管能力不足,信息化水平较低。近年来,国务院大力推进“放管服”改革,政府监管理念持续革新,且与法治政府建设深度融合,通用航空领域传统的监管方式表现出较大的不适应性。在削减行政审批事项、简化行政许可的同时,如何合理配置和运用行政检查、企业法定自查、行政处罚、行政强制、行政补贴等手段,创新运用信息规制、信用管理方式,提升事中事后监管能力,实现有效监管、精准监管,是未来政府监管部门面临的新课题。

第三,航空安全和监管的平衡点仍需进一步探索。近年来,随着无人机技术的成熟和成本的降低,无人机闯入军事禁飞区或者危害航空安全、侵犯地面第三人合法权益等情况时有发生。随着通用航空监管的放松,通用航空器事故率也有上升的趋势。[2] 这种情况反映出在“放管服”改革中,政府职能定位不准和事中事后监管能力不足,哪些领域该“管”,哪些领域该“放”,“放”的内容和程度,仍有待在实践检验中加以完善。尽管通用航空活动对社会公众的生命及财产安全的影响小于运输航空,但航空安全仍是一个值得重视的问题。从事后救济的

---

〔1〕 冯正霖:《破除制度性障碍,释放发展活力,打好通用航空高质量发展攻坚战》,载中国民航局官方网,http://www.caac.gov.cn/XWZX/MHYW/201808/t20180824_191402.html。

〔2〕 参见吕人力主编:《中国通用航空蓝皮书:中国通用航空业研究报告(2018)》,中国民航出版社 2017 年版,第 61 ~ 62 页。

角度，现行民航法规规章对通用航空领域的保险、事故分类和调查机制、发生事故的赔偿等问题的规定没有作出与公共运输航空的差异化安排。总之，通用航空的安全监管理念和制度有待更新。

（三）产业政策

由于通用航空的高技术性、对空域资源和基础设施的依赖性以及与国家安全、社会公共服务的紧密联系性，导致通用航空产业的发展高度依赖国家政策推动。为发展通用航空，美国、巴西、澳大利亚、俄罗斯等国家都出台了相关扶持政策。[1] 较有代表性的是，美国 1994 年通过的《通用航空振兴法》，通过规定除斥期间，免除制造商的责任，大大增强了飞机制造商的投资和研发意愿，带动通用航空产业走出低迷状态。[2]

在我国从计划经济向市场经济转型过程中，政策的制度供给作用更为明显。由于民用航空业政企关系的特殊性，产业政策环境的变化往往直接导致企业经营环境的变化，影响企业的经营活动和盈利能力，因此，通用航空企业对政策非常敏感。从体制转轨时期直到"十四五"规划制定，中国民航局出台了一系列通用航空产业政策，有些政策甚至上升到国家层面。这些政策推动了通用航空产业发展，调整了通用航空产业内部结构，形成了一批具有行业引领和示范作用的通用航空企业。但是也应该看到，现阶段国家出台的政策在解决通用航空产业发展和结构调整的深层次问题上还不尽理想。

第一，通用航空产业升级和协调发展缺乏系统规划。通用航空产业内部结构调整滞后问题未得到根本改变，行业基础偏弱、结构不合理、发展动力不强等问题突出，企业自主创新和产业升级缺乏政策层面的支持。民航部门内部、民航部门与其他政府部门之间、民航局和地方的政策制定缺乏沟通和协调，出现政策盲点或重复激励、资源浪费等情况，一定程度上加剧了区域发展不平衡。

第二，部分产业政策的公平性、合理性存在问题，甚至对产业发展带来某些负面影响。例如，从 2012 年起，民航局开始对通用航空实施专项补贴。[3] 考虑我国通用航空产业的规模，补贴力度可以说是相当大。补贴政策虽然发挥了一定积极作用，但没有从根本上解决全行业面临的普遍问题，通用航空企业经营困难的局面仍未根本性改善，而且明显存在补强不补弱、补传统业务不补新业务的倾向，在行业内引起一定争议。

---

〔1〕 参见平安银行交通金融事业部、中国城市临空经济研究中心编著：《经济新常态下的中国通用航空产业发展研究》，中国民航出版社 2015 年版，第 18～33 页。

〔2〕 参见燕福民：《美国〈通用航空振兴法〉研究及其启示》，载《吉林广播电视大学学报》2018 年第 10 期。

〔3〕 参见《通用航空发展专项资金管理暂行办法》（民航发〔2012〕111 号）。

第三，产业政策的制定和实施过程中暴露出的其他问题。政策制定的部门本位和封闭性较强，缺乏企业的有效参与和社会公众参与。政策制定过程中论证咨询、意见征集、沟通协调，政策实施后的效果评估等机制还不完善。一些政策难以落地，成为低效率或失灵的政策。由于计划经济体制的惯性，政策制定者习惯采取强制性行政性直接干预的手段，对微观经济采取广泛、细致的干预，存在限制市场竞争或者以政府选择代替市场机制的风险。政策制定的法律依据缺乏，产业政策的反复性、重复性、随意性较大，影响企业和行业外的投资者、社会公众的信任度。

（四）以法治思维破解通用航空发展的制度瓶颈

党的十八大以来，以习近平同志为核心的党中央带领全党全国各族人民开启新时代法治建设的新征程，将依法治国提到了前所未有的高度，明确提出"全面推进依法治国"，并将其纳入"四个全面"战略布局予以有力推进。党的十九大提出到2035年基本建成法治国家、法治政府、法治社会，确立了新时代法治中国建设的路线图、时间表。2022年，党的二十大报告继续提出坚持全面依法治国，推进法治中国建设，并就完善以宪法为核心的中国特色社会主义法律体系、扎实推进依法行政、严格公正司法、加快建设法治社会等方面的重点工作进行了部署。

民航法治是法治中国建设的一个必备组成部分，面对新时代的新要求，民航法治建设和通用航空法律制度的完善，必须置于全面推进依法治国，特别是推进法治政府建设的大背景下统筹推进。这就要求我们对通用航空法律体系及其相关法律要有全面的认识和把握，在政府监管、立法执法理念上要升级换代，运用法治思维、法治方式解决通用航空发展的制度性问题。

习近平总书记指出，"法律是治国之重器，法治是国家治理体系和治理能力的重要依托"，"要推动我国经济社会持续健康发展，不断开拓中国特色社会主义事业更加广阔的发展前景，就必须全面推进社会主义法治国家建设，从法治上为解决这些问题提供制度化方案"。[1] 破解制约通用航空发展的制度性因素，必须通过制度性方式来解决，反对随心所欲的行政命令和管理措施。在通用航空发展遇到瓶颈，改革进入深水区后，更需要凝聚共识，在法律制度层面做好顶层设计，为我国通用航空事业的发展提供坚强的法治保障。"社会主义市场经济是信用经济、法治经济"。[2] 在通用航空市场主体发展的关键阶段，需要更好

〔1〕 习近平：《关于〈中共中央关于全面推进依法治国若干重大问题的决定〉的说明》，载《人民日报》2014年10月29日，第2版。

〔2〕 习近平：《在企业家座谈会上的讲话》，载中国共产党新闻网2020年7月21日，http://jhsjk.people.cn/article/31792294。

发挥法治固根本、稳预期、利长远的作用。依法平等保护各种所有制企业产权和自主经营权，完善各类市场主体公平竞争的法治环境，对于形成通航统一大市场，培育企业活力和创新能力，吸引社会资本进入，具有至关重要的作用。

我国的通用航空虽然存在一些问题，但相对于中国的经济体量来说具有巨大的潜力和广阔的发展空间。在“全面推进依法治国”上升为国家战略部署的时代背景下，我国的通用航空无疑要走一条“法治化”的发展道路。当前阶段，需要政府以法治思维破解通用航空发展的制度瓶颈，通用航空管理体制需要依法建立，政府监管范围、行政权行使过程需要法律规范，通用航空各类经营性和非经营性主体的活动需要合法合规，政府要为各类市场主体平等发展、公平竞争提供法治化的环境和相应的制度保障。通用航空法律理论和实务研究，以及通用航空法律人才的培养，应该作为一项长远工作扎实推进。随着通用航空领域法律制度的完善和法治水平的提高，我国通用航空事业一定能发展得更快、更好、更远。

第二章　通用航空法概论

第一节　通用航空的概念

概念是理解和分析法律问题所必不可少的工具。学习研究通用航空法,应以“通用航空”的概念为思考基点。通用航空的概念限定了通用航空法的调整对象,它一方面源于日常生活,以第一章所述的通用航空活动和通用航空产业为基础,另一方面又高于生活,应该具有理论上的精确性。因为通用航空活动的广泛和复杂性,各国对通用航空概念的定义宽窄有所不同,这导致通用航空立法的调整范围的差别。

一、域外关于通用航空的界定

鉴于通用航空活动的多样性,大部分国家和地区基本采用排除法对通用航空概念作法律上的界定。《国际民用航空公约》附件6《航空器的运行》“定义”部分规定,通用航空运行是指除商业航空运输运行或航空作业(Aerial Work, AW)运行以外的航空器运行。航空作业是指航空器用于专门的服务,诸如农业、建筑、摄影、测量、观察与巡逻、搜寻与援救、空中广告等运行活动。[1] 国际民航组织的航行委员会认为航空作业运行是民用航空的一个独特方面,应从附件6第Ⅱ部分的适用范围中排除出去,而且认为没有必要针对国际航空作业运行制定国际标准和建议措施。[2] 因此,目前不同国家和地区通过自行制定法规来规范航空作业。

不同国家和地区对通用航空的定义不同,在此罗列几个有代表性的定义。

美国《联邦法规汇编》中对通用航空的定义是,公共运输航空、通勤航空和军事活动以外的所有民用航空活动,包括包机运营,训练,租赁,航空应用,航空测绘,商务,娱乐活动和其他特殊用途。[3] 美国的通用航空非常发达,大多数用于通用航空活动的航空器为商社或个人所有,商社自用商务航空和个人消遣飞

---

〔1〕 参见附件6《航空器的运行》(第11版,2018年7月)第Ⅰ部分《国际商业航空运输—飞机》和第Ⅱ部分《国际通用航空—飞机》,这两部分对通用航空运行和航空作业的定义是一致的。

〔2〕 参见附件6第Ⅱ部分《国际通用航空—飞机》“前言”部分。

〔3〕 40 CFR 63.742 “General aviation (GA)”.

行是美国通用航空的主要类别，其次是航空训练、航空体育和农业航空作业。

加拿大航空规章体系（Canadian Aviation Regulations）并未对通用航空做直接定义，但是在其规章体系中对航空作业（Aerial work）、空中巴士（Air Taxi Operations）、通勤航空（Commuter Operations）和私人用户的飞行活动分别作了规定。加拿大对航空作业的定义较宽，是指除航空运输服务和飞行训练服务之外的商业航空服务活动。[1]

欧洲航空安全局（European Union Aviation Safety Agency，EASA）基于比例原则，考虑风险水平的差异，对通用航空活动进行分类管理，适用不同的技术法规。将所有的通用航空活动分为商业性和非商业性运行，将商业性通用航空分为专业飞行（Special operations，SPO）和商业运输活动（Commercial Air Transport Operations，CAT）。非商业性运行分为专业飞行和其他运行（Non-commercial other than SPO，NC），并对使用复杂航空器的运行活动进行特别规范。[2]

澳大利亚基础设施和地区发展部（Department of Infrastructure and Regional Development）下设通用航空咨询委员会（General Aviation Advisory Network，GAAN），该委员会公布的"澳大利亚通用航空新战略"对通用航空的描述为：通用航空是澳大利亚非定期航空活动中的重要组成部分，包括包机、私人飞行、商务飞行、运动和娱乐飞行，航空作业（包括执法、农业、消防、勘探），偏远地区航空飞行，飞行员培训，维修人员培训，维护、维修、检修活动和航空器设计制造。GAAN 指出，通用航空部门经常通过飞行活动定义，但这只是该部门经济重要性的一个方面，需要将航空器设计、制造、维修、训练、培训、机场和基础设施纳入通用航空范畴，才能保证通用航空部门是一个适当、包容和健康发展的整体。[3]

二、我国的通用航空概念

（一）立法规定

中华人民共和国成立后到 20 世纪 80 年代中期，我国并不采用"通用航空"这一概念，而是称为"专业航空"或"专业飞行"，一般划分为工业航空、农业航空、石油航空和特种航空四大类。[4] 民航总局 1981 年发布的《中国民用航空专业飞行工作细则》（已失效）第 2 条规定："专业飞行是用装有专用设备的飞机进行农业、林业、航空探矿、航空摄影、海上飞行、人工降水等作业项目的飞行。"

---

〔1〕 101.01(1) Canadian Aviation Regulations.

〔2〕 资料来源：https://www.easa.europa.eu/domains/general-aviation/operations-general-aviation。

〔3〕 See General Aviation Advisory Network, A New Strategy for the Australian General Aviation Sector, 2020 v1 - 01.

〔4〕 参见《当代中国》丛书编辑委员会编：《当代中国的民航事业》，当代中国出版社 2020 年版，第 138 页。

1986 年 1 月，国务院《关于通用航空管理的暂行规定》（已废止）[1]正式将“专业航空”更名为“通用航空”，以求与国际上的概念相一致。这也是我国第一部通用航空领域的行政法规。根据该规定的第 2 条，通用航空是指使用民用航空器从事为工业、农业、林业、牧业、渔业生产和国家建设服务的作业飞行，以及从事医疗卫生、抢险救灾、海洋及环境监测、科学实验、教育训练、文化体育及游览等项飞行活动。这个定义按照飞行活动的应用领域进行正面列举，基本界定了通用航空活动的范围。

1995 年制定的《民用航空法》第 145 条对通用航空概念和范围做了界定，“通用航空，是指使用民用航空器从事公共航空运输以外的民用航空活动，包括从事工业、农业、林业、渔业和建筑业的作业飞行以及医疗卫生、抢险救灾、气象探测、海洋监测、科学实验、教育训练、文化体育等方面的飞行活动”。这个定义首先将民用航空活动划分为通用航空和公共运输航空，用排除法将通用航空界定为使用民用航空器从事公共航空运输以外的民用航空活动，然后列举通用航空活动的主要类型。1995 年《民用航空法》在法律层面对通用航空活动进行了界定和描述，一直沿用至今。

2003 年公布的《通用航空飞行管制条例》[2]第 3 条规定，本条例所称通用航空，是指除军事、警务、海关缉私飞行和公共航空运输飞行以外的航空活动，包括从事工业、农业、林业、渔业、矿业、建筑业的作业飞行和医疗卫生、抢险救灾、气象探测、海洋监测、科学实验、遥感测绘、教育训练、文化体育、旅游观光等方面的飞行活动。该条例由国务院、中央军委联合制定，立足于完整的航空活动，对通用航空活动进行了定位，且列举范围比《民用航空法》更具体，但实质内涵并无变化。

在民航规章层面没有对通用航空进行定义，但是从规章体系和调整内容能反映出民航局对通用航空范围的理解。2004 年制定的《一般运行和飞行规则》（CCAR－91）[3]是民航运行的基础性规章，该规章的制定思路是将民用航空活动分为公共运输航空、航空作业和通用航空，将通用航空作为与航空作业并列的概念分别加以调整。[4] 这与《民用航空法》以及国家政策层面将民用航空活动分为公共运输航空和通用航空的二分法不一致，以《一般运行和飞行规则》为核心的民航运行规章体系和调整范围显得芜杂。2022 年，民航局重新制定《一般

〔1〕 1986 年 1 月 8 日国务院发布，根据 2014 年 7 月 29 日《国务院关于修改部分行政法规的决定》修订，根据 2022 年 3 月 29 日《国务院关于修改和废止部分行政法规的决定》废止。

〔2〕 2003 年 1 月 10 日国务院、中央军委令第 371 号公布。

〔3〕 中国民航总局令第 120 号，后 2007 年公布、2018 年修改的《一般运行和飞行规则》均已失效。

〔4〕 参见中国民用航空总局：《关于〈一般运行和飞行规则〉的说明》。

运行和飞行规则》,使其成为比较纯粹的民用航空运行的一般原则与要求,具体的运行活动相应交由其他各专门规章予以规范。[1] 至此,公共运输航空、通用航空的二分法在立法层面不存在障碍,基本形成了相对独立的通用航空法规体系。

(二)学理分析

综合域内外对通用航空的界定,可以发现,通用航空的概念和范畴界定宽窄各有不同,其中比较关键的区别:一是是否限定通用航空以商业经营即取酬为目的;二是对"航空作业"的处理。《国际民用航空公约》附件6将航空作业飞行从通用航空中区别开来,一些国家的航空法也直接对航空作业进行规范,而不归入通用航空项下,其主要理由在于:航空作业与其他通用航空活动虽然有相同之处,但作业飞行由于以出租或取酬为目的,且具有相当程度的专业性,因此,需要对其经营主体进行准入限制,颁发航空运营人合格证。[2] 对于不以营利为目的的飞行活动(如私人飞行),多数国家在其主体资格方面就不进行严格限制,不像对待经营主体那样实施行政许可管理。

考虑我国《民用航空法》第145条采用了将民用航空活动划分为通用航空与公共运输航空的二分法,航空作业不宜与通用航空并列,而应成为通用航空活动的一部分。另外,《民用航空法》第146条、第147条将通用航空活动划分为经营性通用航空和非经营性通用航空,前者限于企业法人,应当向国务院民用航空主管部门申请领取通用航空经营许可证,后者实施备案管理。因此,我国通用航空的概念是一个宽泛的概念,不需要以营利为目的。

在对"通用航空"概念的定义方式上,国务院《关于通用航空管理的暂行规定》是直接正面列举,该行政法规现已废止。《民用航空法》《通用航空飞行管制条例》都采用了"反面排除"+"正面列举"的方式,这也是世界上大多数国家和地区的做法,但列举内容有所不同。由于通用航空活动非常广泛,而且随着经济社会发展,通用航空应用领域必将越来越广,正面列举不可能穷尽通用航空活动的所有类型,只能将列举内容理解为示例性规定。从反面排除的角度界定通用航空概念,才可能周延、简洁,并具有包容性。在学理上,我国的通用航空概念宜界定为:使用民用航空器从事的除公共运输航空活动以外的所有民用航空活动。在此框架下,通用航空活动与其他航空活动的关系如图2-1所示。

[1] 详见本书第六章第二节相关介绍。

[2] 参见高志宏:《通用航空发展路径法治化研究》,法律出版社2018年版,第6页。

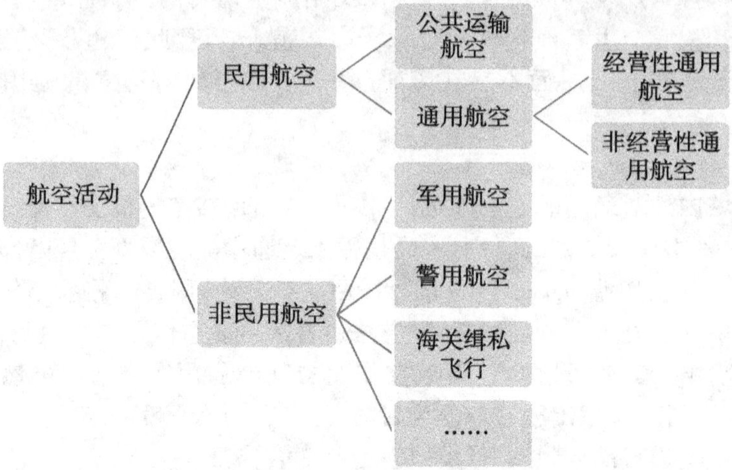

图 2-1 通用航空活动与其他航空活动的关系

第二节 通用航空法

一、通用航空法的概念和调整范围

通用航空是航空活动的一部分，因此，通用航空法属于航空法内部的一个具有相对独立性的领域。广义的航空法是指调整与航空活动有关的各种社会关系之法律规范的总称；狭义的航空法仅指以航空法命名的、规定领空主权、管理空中航行等航空活动的法律等。[1] 在此基础上，本书将通用航空法界定为：调整通用航空活动的各类法律规范的总称。关于通用航空法的调整范围，需要做如下解说。

第一，通用航空法属于航空法的一部分。航空法中的一般性规定，例如，空域管理、航空人员、航空器国籍、航空器运行、航空器权利、机场、航空企业、航空安全、飞行规则、航空事故处理、损害赔偿、航空保险、融资租赁等问题，当然可以适用于通用航空领域。通用航空法所主要关注的，不是航空领域的一般性的规则，而是根据通用航空活动特点设置的特殊规则，例如，同样是机场，法律对运输机场和通用机场的建设和运营标准提出了不同的要求。调整对象的特殊性所导致的法规范上的特殊规则，是通用航空法学习和研究的重点。

第二，通用航空法的调整范围，既应该包括以飞行为核心的通用航空运行活

〔1〕 参见杨惠、郝秀辉：《航空法学原理与实例》(第 2 版)，法律出版社 2017 年版，第 1 页。

动,也应该包括通用航空行业管理和对通用航空产业的规范。就通用航空运行活动来说,可以解析为三个方面:一是通用航空活动的主体,包括从事通用航空活动的私人、企业、驾驶员、维修人员等;二是通用航空器,包括通用航空器的所有权、租赁、适航管理、飞行规则、作业标准和其他技术标准等;三是为保障通用航空活动运行所提供的环境保障,包括机场和其他基础设施、飞行服务、安全保卫等。但是,仅仅将通用航空法的调整范围限定在通用航空运行领域,无法把握通用航空的全貌,将整个通用航空产业纳入研究的视野,才能完整、准确地把握通用航空领域的法律问题。通用航空行业管理和产业规范涉及的主要法律问题有:通用航空行业管理体制;通用航空产业促进立法和相关政策;对通用航空企业的监管,包括市场准入、市场监管和安全监管等方面的要求;对通用航空产业链上下游的规范,例如,通用航空器设计、制造、维修,航空人员培训等。只有从全产业的角度界定通用航空法的调整范围,才能对通用航空法现象有完整、准确的把握,才能以法律制度促进通用航空产业的包容和健康发展。

第三,在上述讨论的基础上,可以将通用航空法定位为具有相对独立性的"领域法"。[1] 它不能简单划归某一部门法学,而应以问题为导向,以通用航空领域内的法律现象及其相关因素为研究对象,融公法与私法、法制度与法政策、规范性与技术性于一体,具有交叉性、开放性、应用性。我国长期以来对通用航空的法律规定比较分散,而且存在大量"参照"或"准用"公共运输航空规定的情况,通用航空法律体系的独立性不足,从 2019 年开始,随着通用航空法规体系重构工作的进行,通用航空法的独立性显著增强。从学术研究的角度,通过在一定层次上对纷繁复杂的通用航空法律规范加以整合,对通用航空法律制度及其背后的原理加以体系性的解说,可以减轻研习者和实务界的思维和论证负担,逐步推动通用航空法律制度建设和理论研究走向成熟。

二、通用航空法的特点

与其他法律部门或法律领域相比,通用航空法具有以下特点。

第一,公法与私法融合交错。公法与私法的划分是一种传统的分类方法,一般认为,调整国家与人民、国家机关之间的关系,以保护国家或公共利益为目的的法为公法,调整平等主体之间的关系,保护个人利益的法为私法。前者多采用高权强制手段,后者更强调平等协商、意思自治。公法与私法的区分,对于明确法律关系背后的性质和支配性原理、准确适用法律具有重要意义。在现代国家,随着国家对经济活动的介入程度加深,公私法的边界逐渐模糊,呈现关联融合的趋势。这在通用航空领域表现得甚为明显。通用航空产业具有明显的经济、社

[1] 参见刘剑文:《论领域法学:一种立足新兴交叉领域的法学研究范式》,载《政法论丛》2016 年第 5 期。

会意义，特别是通用航空飞行活动影响公共利益和公共安全，这为国家深度介入通用航空活动提供了理由。通用航空法难以划归为民法、商法、经济法、行政法等某一个法律部门，涉及通用航空的法规范既有民商事性质的私法规范，也有大量的行政法性质的公法规范，呈现公法与私法融合交错的特点。

在市场竞争的维度，法律对参与通用航空活动的各主体的规范基本遵循了私法逻辑。通用航空企业和个人的民事活动，包括企业的设立、经营、航空器所有权、产品责任、通用航空服务过程中的合同、侵权等问题，基本可以适用民商法相关的规定，遵循民商法的基本原理。在政府监管的维度，涉及通用航空的监督管理体制、政府与通用航空活动主体的关系、政府对通用航空的市场监管、安全监管、行政执法与救济等，则属于公法特别是行政法问题。值得注意的是，由于通用航空活动涉及公共利益和公共安全，即使在民商事领域，国家也设置一些特别的规则，例如，对通用航空企业资格实施许可准入，对某些通用航空服务有强制性保险要求等。以美国实务人士所著的《美国通用航空法：法规解析与应用》为例，既涉及航空器所有权、航空保险、侵权法、产品责任等内容，又花了大量篇幅介绍美国联邦航空管理局的组织、职权、执法程序等内容。[1]

公私法融合交错的局面，导致通用航空领域涉及的法律问题非常广泛和复杂，准确界定政府与市场关系，明确何时应该发挥政府的作用，何时应该发挥市场的作用，是理解和把握这个复杂的法律体系的关键。

第二，法律渊源复杂多元。大多数国家和地区没有对通用航空进行专门的、体系性的立法，对通用航空的规定分散在民用航空法律体系的各部分中。我国涉及通用航空的法规范，除《民用航空法》等法律外，还有行政法规、地方性法规、部门规章、地方政府规章、行政规定、国家标准、行业标准和各类指导性、政策性文件等。其中，中国民航局制定的民航规章体系（Chinese Civil Aviation Regulations，CCAR）以及发布的一系列文件，是通用航空法最主要的渊源。这些法律规范内容广泛、分散、数量众多，表现形式多样，很难穷尽。表现形式的多样性导致通用航空法律规范的效力多元：一是法效力类型多元，既有强制性规定，又有倡导性、推荐性规定；二是效力层级多元，即不同的法律渊源形式的效力层级各不相同；三是效力的适用范围多元，即在时间、地域、对象、规范事项等方面不统一。通用航空领域法律渊源的复杂多元，容易衍生出法解释、法适用的问题，更需要我们以体系性的思维加以把握。

第三，技术性强。同所有法律规范一样，通用航空法的内容反映着特定的物质生活条件和社会关系。由于通用航空法的调整对象——通用航空活动的专业

---

〔1〕 参见[美]杰里·A. 艾肯伯格（Jerry A. Eichenberger）：《美国通用航空法：法规解析与应用》（第3版），陈静娴译，航空工业出版社2014年版，第1~5页。

性，通用航空法与其他法律制度相比，技术性特别突出。一是在法律规范中存在大量的专业性概念。有些法律概念虽然以生活语言为基础，但具有特殊的专业含义，需要尽量排除价值判断，从科学技术角度准确界定，例如，何为“直升机”、何为“无人机”。有的概念离生活语言较远，专业领域内常以英文缩写代替，普通社会公众甚至一般的法律人士也不熟悉，例如“飞行计划”、“空中交通服务”（Air Traffic Service，ATS）。二是在通用航空领域，除形式上属于“法”的法律规范外，技术标准发挥着非常重要的作用。例如，航空作业标准、适航标准等，这些标准或者通过行政机关的制定或认可而具有强制力，或者通过各类国际组织、行业组织的推荐而具有事实上的规范作用，拘束参与航空活动的各方。技术标准的具体内容，往往对事实认定、法律适用产生决定性影响。技术性强的特点，导致通用航空法带有交叉学科的色彩，似乎为通用航空法的研习设置了“门槛”，从法学研究的角度看，不必过分关注法律规定背后的技术原理和具体内容，而应将关注重点置于其表现形式、法律性质等方面。

三、通用航空法的价值取向

法的价值或者法律价值有三种不同的含义：第一，法在发挥其社会作用的过程中能够保护和助长哪些价值；第二，法本身应当具有的品质和属性；第三，法律所包含的价值评价标准。[1] 在部门法和领域法层面，为平衡和处理各种利益冲突，总会形成一些基本的价值取向，指引立法目的、法律原则和具体制度的设计。通用航空法的价值取向指引着通用航空法的立法、执法的基本方向，现阶段我国通用航空法律制度还不完备，明确通用航空法的基本价值取向，对于引导通用航空科学立法具有重要意义。正义、安全、自由、秩序、效率等都是法的基本价值追求，通用航空法也不例外。[2] 考虑我国通用航空发展的现状和未来趋势，我国通用航空法基本的价值取向应该定位于保障安全、提升效率、增进自由、有效监管等四个方面。

（一）保障安全

无论是对社会个体而言，还是对人类群体而言，安全都具有极其重要的价值，是人类最基本的需要。中国特色社会主义进入新时代以来，逐步形成了“总体国家安全观”，党的二十大报告提出“推进国家安全体系和能力现代化”的命题，要求健全国家安全体系，增强维护国家安全能力，提高公共安全治理水平，完善社会治理体系。

航空业的高速度、高技术、高风险决定了安全是民用航空的生命线。民用航

---

〔1〕 参见张文显主编：《法理学》（第5版），高等教育出版社、北京大学出版社2018年版，第311～312页。

〔2〕 参见高志宏：《通用航空发展路径法治化研究》，法律出版社2018年版，第170页。

空领域的安全,不仅是航空器上的人员的人身和财产安全,还包括国家领空安全、地面第三人的安全等,涉及国家利益和公共利益。一旦发生事故,常常伴随严重人员伤亡和重大财产损失,并产生巨大社会影响。因此,民用航空的特殊性对安全提出了更高、更严的要求,国际国内民航界公认,安全是民用航空发展的基础,是民用航空永恒的主题。

航空安全是我国航空法体系所要保障的首要价值。在国际法层面,我国加入了多个保护国际航空安全的国际公约。在国内法层面,我国《刑法》分则第二章"危害公共安全罪"中对于危害航空安全犯罪的罪名及其刑事责任做了较为具体的规定,例如,第116条规定破坏交通工具罪,第121条规定劫持航空器罪,第123条规定暴力危及飞行安全罪,第131条规定重大飞行事故罪。《民用航空法》第1条规定:"为了维护国家的领空主权和民用航空权利,保障民用航空活动安全和有秩序地进行,保护民用航空活动当事人各方的合法权益,促进民用航空事业的发展,制定本法。"第4条第2款规定:"国家扶持民用航空器制造业的发展,为民用航空活动提供安全、先进、经济、适用的民用航空器。"航空法的安全价值体现在航空器管理、空域管理、飞行管理、搜寻援助、事故调查、机场管理等各项具体制度中,贯穿于民用航空法律体系立法执法的全过程。[1] 我国《安全生产法》第3条确立了安全第一、预防为主、综合治理的方针,并要求"安全生产工作实行管行业必须管安全、管业务必须管安全、管生产经营必须管安全"。第10条规定:"国务院交通运输、住房和城乡建设、水利、民航等有关部门依照本法和其他有关法律、行政法规的规定,在各自的职责范围内对有关行业、领域的安全生产工作实施监督管理",从而确立了民航"以条为主"的安全监管体制。

在现代化和工业化进程中,由于科技的发展和人类交流联系的密切,来自人类自身行为的风险不断增加,现代社会成了一个"风险社会"。风险社会的来临导致国家安全保障职能的扩张,传统的消极防卫立场不足以应对风险,风险预防原则随之兴起。[2] 风险社会理论深刻影响了法律制度,在食品药品、环境、核能等领域,风险评估、风险管理、风险交流、成本收益分析等理念和制度贯穿于风险规制过程中。航空业因其高技术、不确定性和较强的外部性,也属于风险领域,应该以风险预防理念应对该领域中的安全问题。从风险的角度来看,事故发生取决于概率,是航空系统存在缺陷的必然结果,绝对的安全是不存在的。民用航空领域安全监管的目标,不应该是追求绝对的安全,而是在现有技术水平和管理水平的基础上,合理配置有限的监管资源,使事故风险降低到一个可接

[1] 参见杨万柳:《和谐视域中的中国民用航空法观照——以民航法律体系的完善为视角》,载《北京航空航天大学学报(社会科学版)》2011年第5期。

[2] 参见赵鹏:《风险社会的行政法回应》,中国政法大学出版社2018年版,第98~101页。

受的水平。

欧洲航空安全局在对各类航空活动分类规范时,即考虑了比例原则和不同航空活动的安全水平,而安全水平取决于风险等级的划分。制定技术法规的目的之一,是在考虑航空器的复杂度的基础上,维持一个合比例的安全水平,同时保证运营人和行政机关的活动具有弹性和效率。[1] 我国《安全生产法》确立了"预防为主"的原则,与风险预防原则有相通之处。民航局发布的《航空运营人安全管理体系(SMS)建设要求》(征求意见稿)[2]中对"安全"的定义是"与航空器的运行有关或直接支持航空器运行的航空活动的风险被降低并控制在可接受水平的状态",明显体现了风险管理的理念。但作为民用航空领域"基本法"的《民用航空法》并未充分体现风险管理理念,当前民用航空安全管理体制还存在碎片化、资源错配、安全监管能力不足等问题。

通用航空的安全问题具有特殊性。由于通用航空与公共运输航空在飞行器的机型、任务性质、飞行技术、运行环境和监管手段的差异,通用航空的安全保障能力和安全保障水平相对较低。随着技术的发展,通用航空器特别是无人机极易被不法分子利用,危害重要目标安全,侵犯他人隐私,甚至用来制造恐怖活动。通用航空的飞行特点和活动范围对地面通信、导航和监视能力提出了更高要求。无论是国内还是国外,通用航空事故的次数和概率都明显高于公共运输航空,但事故造成的损失和社会影响相对较小。考虑不同航空活动的风险种类和程度的不同,应该对大型航空器和通用航空器、公共运输航空企业和通用航空企业、运输机场和通用机场等实行分类管理,从各个环节有针对性地提出不同的安全监管要求。

在我国通用航空大发展的同时,通用航空安全监管的压力也日益增加。近年来,通用航空事故和不安全事件时有发生,表明该领域存在的安全隐患并未很好地解决。维护国家安全、公共安全、飞行安全是国家的责任,通用航空法应该秉持保障安全的基本价值导向,制定严格、适度的法规,保障行业健康、持续发展;将科学合理、行之有效的做法制度化,从而尽量排除人为操作的随意性和意识层面的轻视懈怠,最大限度地减少不安全事件的发生概率,从源头上防范化解重大安全风险;通过建立精准高效的安全监管体制,使安全管理制度能够有效落实。由于通用航空企业规模偏小,而数量是运输航空公司的几倍,如果采用与运输航空相同的监管模式,监管任务和难度就要远远超出运输航空,因此,我国迫切需要引入风险管理理念,转变监管方式和监管策略,建立一种适应通用航空业

---

〔1〕 资料来源:https://www.easa.europa.eu/domains/general-aviation/operations-general-aviation。

〔2〕 参见《关于对〈航空运营人安全管理体系(SMS)建设要求〉咨询通告征求意见的通知》,载中国民航局官方网站,http://www.caac.gov.cn/HDJL/YJZJ/202206/t20220629_213904.html。

的,以支持性、辅助性、鼓励自主安全提升为出发点的监管模式。

（二）提升效率

效率的基本意义是,从一个给定的投入量中获得最大的产出,即以最少的资源消耗取得同样多的效果,或以同样的资源消耗取得最大的效果。效率是经济社会发展的基本价值目标,科学理性的法律制度应该以提升效率为价值取向。通用航空法提升效率的价值取向可以解析为两个方面:一是发挥法律制度的初始资源配置作用,优化通用航空领域的资源配置;二是发挥通用航空法律制度维护市场公平竞争的作用,提升通用航空企业的效率和效益。

与其他领域不同的是,民用航空领域的诸多资源——例如,市场准入的基本条件和经营者数量、空域、航线、航班数量、航班时刻等,都是由国家垄断并进行初始配置。立法是配置资源的权威手段。民用航空法律体系的总体制度框架应该以效率为优先价值来决定权力、权利和各种资源的配置。对于我国通用航空来说,一个突出的问题就在于空域利用效率较低,未能充分发挥空域的价值。

空域不仅是一个空间范围,还具有资源属性。空域是一个国家可以重复利用的、重要的自然资源和战略资源,可以满足国防、科技和经济建设等各方面的利益需要,蕴含着巨大的经济价值。通用航空主要使用低空空域,[1] 进行工农业生产、抢险救灾、遥感测绘、文化体育等活动。低空空域作为空域的一部分,也具有资源属性,其资源属性就决定空域管理应坚持经济性原则,以效率为导向,对空域进行科学合理的分类,优化空域资源配置,提高空域资源利用率,确保飞行安全和顺畅高效。然而,从资源配置的角度观之,我国低空空域管理存在比较明显的资源错配和资源浪费问题。我国空域管理非常严格,长期以来低空空域的使用和管理采取与中高空空域同样的审批和管制方式,所有的低空空域飞行活动都必须经过审批。空域在划设上条块分割,在管理上以空军为主体,在协调上民航申请、军航审批,在使用上民航局限于航路和航线,这种情况加剧了低空空域运行容量与不断增长的航空需求之间的矛盾,形成了通用航空发展的瓶颈障碍。[2] 低空空域改革所提出的分类划设、低空开放等要求进展缓慢,大量空域资源未放开民用,造成闲置浪费,已经划设的试点区域大多狭窄、分散,不能发挥通用航空的真正作用。对于已开放空域的使用,存在多头审批的情况,流程复杂,限制较多,影响空域的使用效率。当然,低空空域管理改革不是简单地划设低空空域类型,更不等于放开低空空域管制,而是应当在保障空防安全的基础上提高航空管理效能。在未来,如何理顺我国低空空域管理体制,充分利用低空空

〔1〕 通常所说的低空空域,是指 3000 米真高以下的空域。

〔2〕 参见华东地区通用航空产业促进立法研究课题组:《华东地区通用航空产业促进立法研究》,光明日报出版社 2020 年版,第 44 页。

域资源,将成为低空空域管理改革的重中之重。

除发挥在资源配置上的作用外,通用航空法律制度还应以促进市场效率为导向。在社会主义市场经济条件下,追求效率是市场主体的必然要求,也是经济体制改革的主要目标。在计划经济时代,我国民航政企不分,效率的价值长期被忽视。经过多年的民航体制改革,民用航空活动作为一种经济行为的定位已经很清晰,各航空公司、航空地面服务公司等企业都取得了独立的法律地位,以营利为目的,自主经营、自负盈亏,独立核算。截至2021年年底,我国获得通用航空经营许可证的传统通用航空企业已有599家,同时期运输航空企业65家。与公共运输航空企业相比,通用航空企业呈现小而分散的特点,除去一些国字头企业,大多数通用航空企业无论是从就业人员数量还是从营业收入角度来衡量,均属于中小型通用航空企业,企业规模、业务领域和经营能力较低,企业基础薄弱。通用航空市场进入壁垒仍然较高,企业设立和经营过程中受到很多限制,增加经营成本,企业负担较重。通用航空企业经营的业务分割和地域分割的情况明显。政府机关、中介组织、行业组织等服务通用航空企业的职能不完善,服务意识不强。总之,通用航空领域还没有形成真正成熟、统一的"大市场"。

为了改变这种局面,必须以法律为依据,确认通用航空主体资格,明确各主体的权利义务,明确通用航空产业的进入与退出机制。通过市场监管领域的立法和执法,实施反垄断(特别是行政性垄断)和反不正当竞争,维护通用航空市场秩序,保证市场的开放、公平、有序。对国企和私营企业、大中小企业实施平等监管、平等保护,保障企业的经营自主权。以制度化的方式引导和促进通用航空产业发展,鼓励创新,保护知识产权,对符合条件的企业提供一定的资金或政策支持。通用航空市场是我国市场经济的一部分,通用航空法律制度的设计和运行需要遵循市场经济的基本规律,以提升市场和企业的效率为归依。我国通用航空领域以中小企业为主的情况,也意味着广阔的发展空间,坚持以市场为导向,通过法律制度为通用航空企业提供宽松的发展环境和稳定的制度保障,一定能活跃通航市场,推动通用航空产业创新和发展。

(三)增进自由

所谓自由,就是在个人生活中的一定领域里,不受公共权力干涉或妨碍的一种资格。[1] 自由需要法律的确认和保障。法律通过规定权利义务的方式设定自由的范围以及实现方式,并通过设置和规范国家权力,保障公民的权利和自由。在民用航空领域,"航空自由化"自20世纪70年代开始,成为民用航空法律制度的一个基本导向。航空自由化即航空运输经济的自由化,最早由美国经济

〔1〕 参见林来梵:《宪法学讲义》(第3版),清华大学出版社2018年版,第321页。

学家卡恩(Kahn)于1971年提出,它是指国与国之间的自由式航空运输协定的签署,通过市场机制完成航线、运力和运价等航空资源在时间和空间上的最佳优化配置。广义的航空自由化还涵盖放松规制(deregulation)和开放天空(open sky)等内容。放松规制主要是从国内航空运输的角度定义,指一国政府对本国民用航空运输业放弃干预的政策,采用经济自由主义将市场准入、票价确定、运力安排和航线分配等由政府干预的事项交由航空公司根据市场状况自行决定。例如,美国1978年《航空放松规制法案》(Airline Deregulation Act 1978)通过逐步淘汰价格和准入控制以及最终彻底废除民用航空委员会,而终结了对航空业的传统经济规制。[1] 开放天空主要是从国际航空运输的角度定义,指两国或多国之间通过订立双边或多边运输自由化协议,在彼此承认航空主权的前提下开展国与国之间的航空运输服务。随着经济全球化和区域经济一体化的发展,航空自由化越来越成为国内外民用航空业发展的客观需求和发展趋势。[2] 通用航空领域较少涉及国际飞行,通用航空法增进自由的价值导向,主要是指增进从事通用航空活动的企业和个人的飞行自由和营业自由。

通用航空是与飞行自由相伴而生的,一百余年飞行活动形成的通用航空文化中即带有追求自由、勇于冒险的因素。通用航空活动的范围、领域和特点决定了其比运输航空需要更大的自由空间。严格的飞行管制也许对利用固定航路、航线的公共运输航空没有太大负面影响,但一定会限制通用航空的活动和发展空间。促进通用航空的自由化,要求放松低空空域管制,满足通用航空用户的飞行需求。我国《民用航空法》和相关法规确立了空域和飞行活动管理制度,但并没有正面肯定空域使用者的飞行自由或申请使用空域的权利。在未来,应以立法形式承认通用航空企业和个人的主体地位,赋予其平等地利用开放空域进行飞行活动的权利,只有如此,才能发挥通用航空接近大众、为公众提供普遍公共服务的特长,满足人民群众向往蓝天、渴望飞行的愿望。

通用航空法律制度还应保障企业的营业自由。我国《宪法》确立了社会主义市场经济体制,《宪法》第16条第1款规定"国有企业在法律规定的范围内有权自主经营",第17条第1款规定"集体经济组织在遵守有关法律的前提下,有独立进行经济活动的自主权"。《行政诉讼法》第12条规定,行政机关侵犯公民、法人的经营自主权属于行政诉讼的受案范围。随着国家从计划经济向市场

---

〔1〕 参见[美]史蒂芬·布雷耶:《规制及其改革》,李洪雷、宋华琳、苏苗罕、钟瑞华译,宋华琳校,北京大学出版社2022年版,第385页。

〔2〕 参见胡浩、徐建伟:《中国航空自由化探索的机遇分析——基于后金融危机时代并购热潮的思考》,载《北京航空航天大学学报(社会科学版)》2014年第4期。

经济的转型,我国企业营业自由的确立经历了一个过程,[1]在民用航空领域,紧密的政企关系使政府监管的范围广泛,而且保留了一些带有计划经济痕迹的监管思维和监管方式,对通用航空企业的过度监管严重,监管规则不合法、不稳定、不明确的现象长期存在,给企业施加了沉重的经营负担。通用航空领域迫切需要放松规制,以法律手段在企业市场准入、运价制定、运行管理等方面设置明确规则,扩大通用航空企业的经营自主权和决策权,优化通用航空营商环境。

通用航空法增进自由的价值取向,最终目标是满足大众的物质文化生活需求,促进人的现代化和自由全面发展。要发挥这一作用,就要承认参与通用航空活动的企业和个人的权利主体地位,尊重其自主决定权,并通过正当程序和相应的监督救济机制,使各主体在合法权益受损时,能有表达意见、寻求救济的渠道。

(四)有效监管

现代国家政府职能不断增强,政府对社会经济生活的介入程度越来越深,这是政府职能变迁的一个普遍趋势。航空领域的高技术、高风险、公共属性和明显的经济效益,都为实施政府监管提供了理由。通用航空领域对效率、自由的价值追求,绝非排斥政府监管。党的二十大报告提出:"充分发挥市场在资源配置中的决定性作用,更好发挥政府作用",二者并不矛盾。我国通用航空事业不是缺乏政府监管,而是缺乏"有效"的监管。现阶段通用航空法律制度建设的重点,应该是明确政府监管的职责边界,提升政府监管的有效性。

提升政府监管的有效性,首先要明确政府监管的范围和事项。以民航局为代表的政府对通用航空的监管,长期以来存在过度监管的情况,政府管了一些不该管也不应属于自己管的事情,束缚了市场主体的手脚,降低了行政效率。长期以来,民航局在行政许可、行政检查、安全生产等环节对通用航空企业套用运输航空企业标准,实施全覆盖式的监管,给企业和监管人员都施加了沉重负担。近年来,在简政放权的大背景下,国务院持续推进政府职能转变,推出了一系列举措,民航局也认识到通用航空领域过度监管问题严重,提出了"放管结合、以放为主"的通用航空发展思路,并取得了一定成效。"放松规制"是"放管服"改革的主要手段。与公共运输航空相比,通用航空领域企业规模小而数量多,盈利能力弱,市场成熟度低,这决定了政府对通用航空市场的监管应该采取与公共运输航空不同的策略。与受到政府高度管制的公共运输航空领域相比,通用航空更应该趋向于"自由市场",发挥市场在资源配置中的决定性作用。凡是通过市场自治、行业自律等措施可实现行政目的的,应该优先采用非行政手段,避免干预企业生产经营自主权,避免为企业进入退出通用航空市场设置过高门槛。在行

[1] 参见周雷:《营业自由作为基本权利:规范变迁、宪法依据与保护范围》,载《中国法律评论》2020年第5期。

政管理过程中,优化办事流程,减轻企业制度性负担。

长期以来,民航局一直主导和推进着通用航空领域的发展改革,但以政策推动的改革导致行政机关的裁量权过于宽泛,行政权力缺乏界限。其弊端一是不能巩固改革成果,二是政府职能不稳定、不明晰。在改革过程中,既可能不当扩张政府职能,侵蚀市场和社会的空间,也存在将本应属于政府的责任转嫁给市场和社会主体的风险。通用航空哪些领域该"管",哪些领域该"放","管"的事项和方式等问题,并不是可以随意决定的,而应具备一定的理由,遵循一定的标准。改革的起点应考虑现行法律界定的行政任务和对政府的职能定位,改革的成果应及时通过法律形式固定下来,唯有如此,才能明确政府权力和责任的边界,形成稳定的政府与市场、政府与企业的关系。

提升政府监管的有效性,还应该加强政府通用航空服务和保障能力建设,增强事中事后监管能力。"放管服"改革对政府的监管手段和治理能力提出了新的要求。随着科技的进步,特别是互联网、大数据的运用,政府监管方式正在经历革命性变化。通用航空管理法律制度的建设应该兼容"智慧民航"建设,提升监管的智能化、精准化水平,"用技术管技术"。第一,应该加强低空飞行服务保障体系建设,提升航空情报、气象服务、通信监视等能力,并制定设备管理、服务提供等方面的标准或规范。第二,把通用航空领域的电子政务、数据利用和信息化作为一项基础设施来进行建设,确立数据资源的搜集、维护、传输和利用规则,加快出台民用航空数据的相关标准,建构公正、高效、安全的数据管理机制,与《网络安全法》《数据安全法》《个人信息保护法》的规定相衔接。第三,在放松事先监管事项的同时,加强事中事后监管,通过行政检查与企业法定自查相结合、"双随机、一公开"、"互联网+"、信用体系建设等手段,实现对企业生产经营过程的精准有效监督。

保障安全、提升效率、增进自由、有效监管作为通用航空法的基本价值取向,是本书提出的学理主张。我国现行的通用航空法律制度和通用航空改革过程对上述价值有所体现,但总体来看,基本价值取向仍不够鲜明,需要通过立法修法活动,将上述价值落实到具体制度层面。在上述四种价值中,保障安全体现了社会公共利益要求,提升效率体现了市场主体的经济利益要求,增进自由针对参与通用航空活动的各方主体,有效监管针对行政机关。当然,安全与效率、自由与监管之间有时会有矛盾冲突,上述价值理念之间没有先后主次之分,在立法过程中,需要发挥立法的民主性、科学性,充分吸收各方意见,协调多元利益,在具体问题中解决不同价值间的紧张关系,通过立法过程凝聚共识,确立规则,保障通用航空活动有序进行。

第三节　我国的通用航空法体系

一、通用航空法的渊源

法的渊源又称法源，通常有两方面的含义：一是法的历史渊源，即法作为一种社会存在是如何产生的；二是法的表现形式，即特定国家的法如何存在、如何识别。在部门法领域讨论某一部门法的渊源，通常是指法的表现形式这一意义。通用航空法领域没有统一的法律规定，学习通用航空法的渊源，可以把握通用航空法的表现形式或存在形式，解决“找法”的问题，同时，可以明确各类通用航空法渊源的调整范围、法律性质和效力位阶。

法的渊源可以分为成文法源和不成文法源。我国通用航空法的渊源以成文法为主，主要包括国际条约、法律、行政法规、部门规章、地方性法规、地方政府规章等，但是形式上不是“法”的行政规定、标准等，也在通用航空领域发挥着非常重要的作用。

（一）国际条约

国际条约属于国际法的范畴。随着中国民航国际航线的开辟和国际联运的开展，我国民航不断扩大双边和多边交往，加入了许多国际航空公约和双边航空运输协定，例如，《东京公约》《海牙公约》等一系列国际航空安保公约，华沙体系公约等。其中，最重要的是1944年《国际民用航空公约》（又称《芝加哥公约》）。

《国际民用航空公约》是国际航空领域的一个宪章性文件，规定了国际民用航空活动的若干原则和办法，是构成国际民用航空基本法理制度的主要公约，也是国际民用航空组织管理国际航空运输活动的最主要法律文件之一。《国际民用航空公约》生效后，根据国际航空运输的发展变化进行了多次修订，并先后制定颁布了19个附件，作为“标准和建议措施”，其中的“标准”要求各缔约国按照公约予以遵守，如不可能遵照执行的，按照该公约第38条的要求必须通知理事会；“建议措施”要求各缔约国“力求按照公约予以遵守”。这19个附件如下：附件1《人员执照的颁发》；附件2《空中规则》；附件3《国际空中航行气象服务》；附件4《航图》；附件5《空中和地面运行中所使用的计量单位》；附件6《航空器的运行》；附件7《航空器国籍和登记标志》；附件8《航空器适航性》；附件9《简化手续》；附件10《航空电信》；附件11《空中交通服务》；附件12《搜寻与救援》；附件13《航空器事故和事故征候调查》；附件14《机场》；附件15《航空情报服务》；附件16《环境保护》；附件17《安保：保护国际民用航空免遭非法干扰行为》；附件18《危险物品的安全航空运输》；附件19《安全管理》。

上述附件对民用航空活动的各环节各方面提出了标准和要求,或多或少都涉及通用航空,其中,附件6《航空器的运行》与通用航空联系最为紧密。该附件分为三部分,分别为《国际商业航空运输—飞机》《国际通用航空—飞机》《国际运行—直升机》,对通用航空运行的管理、飞机设备和飞行要求、机组人员、安保等环节提出了详细要求。国际条约可以根据国内法的规定在国内直接适用,或者经过立法转化为国内法。在我国国内民用航空立法中,力求与我国缔结和加入的国际条约的要求保持一致。例如,2022 年《民用航空器事件调查规定》(CCAR-395-R3)的修订,就充分考虑了《国际民用航空公约》的规定,进一步明确了本规章适用于技术调查的定位,尽量与《国际民用航空公约》附件 13 保持一致。[1]

(二)法律

法律是全国人民代表大会及其常务委员会依据《宪法》和《立法法》制定的普遍规范。法律的效力仅次于宪法,它既是对宪法的具体化与实施,也是制定行政法规、地方性法规和规章等的依据。

通用航空领域最主要的法律渊源是《民用航空法》。该法于 1995 年 10 月 30 日由第八届全国人民代表大会常务委员会第十六次会议通过,分别于 2009 年、2015 年、2016 年、2017 年、2018 年、2021 年进行了 6 次修正,共 16 章 215 条。该法规定了我国民用航空的基本法律制度,对包括通用航空在内的民用航空活动进行了全面规范。其第十章"通用航空"有 6 个条文,分别规定了通用航空的概念、从事通用航空活动的条件、经营性和非经营性通用航空活动的许可和备案、合同、作业飞行措施、保险等要求,成为我国通用航空法律制度的根基,是制定通用航空法规、规章的主要依据。

需要注意的是,在认识和把握通用航空法律体系时,不能仅关注《民用航空法》。除《民用航空法》外,与通用航空管理联系紧密的还有《安全生产法》《行政许可法》《行政处罚法》等法律,通用航空领域的立法执法活动,必须符合整个国家法律体系的要求。

(三)行政法规

行政法规是作为最高国家行政机关的国务院根据宪法和法律制定的有关行政管理事项的规范性法律文件。我国 1982 年《宪法》第 89 条第 1 项规定,国务院根据宪法和法律,制定行政法规。根据 2023 年修正后的《立法法》第 72 条,行政法规可以就下列事项作出规定:(1)为执行法律的规定需要制定行政法规的事项;(2)《宪法》第 89 条规定的国务院行政管理职权的事项。制定行政法规需

---

〔1〕 参见《解读|交通运输部关于修改〈民用航空器事件调查规定〉的决定》,载中国民航局官方网站,http://www.caac.gov.cn/XXGK/XXGK/ZCJD/202301/t20230105_216763.html。

要遵循《立法法》《行政法规制定程序条例》所规定的程序，以“国务院令”形式发布。在国务院获得行政法规制定权的早期，由于欠缺行政立法程序方面的规定，行政法规尚未从国务院发布的政府公文中分化出来，以“国发”形式发布的文件也相当于行政法规，例如，国务院《关于通用航空管理的暂行规定》(国发〔1986〕2号，已废止)。

行政法规的效力低于宪法和法律，高于地方性法规和规章，是我国通用航空法律体系的重要组成部分，是民航规章制定的重要根据。前述国务院《关于通用航空管理的暂行规定》(已废止)是我国通用航空领域的第一部行政法规。目前与通用航空领域相关的行政法规，例如，国务院、中央军委联合颁布的《中华人民共和国飞行基本规则》[1]《通用航空飞行管制条例》，国务院颁布的《民用机场管理条例》[2]等。

(四)部门规章

我国的行政规章分为部门规章和地方政府规章，在我国航空法律体系中，国家民用航空主管部门发布的部门规章占据重要地位。我国《宪法》第90条第2款规定，各部、各委员会根据法律和国务院的行政法规、决定、命令，在本部门的权限内，发布命令、指示和规章。《立法法》第91条规定，国务院各部、委员会、中国人民银行、审计署和具有行政管理职能的直属机构以及法律规定的机构，可以根据法律和国务院的行政法规、决定、命令，在本部门的权限范围内，制定规章。部门规章规定的事项应当属于执行法律或者国务院的行政法规、决定、命令的事项。没有法律或者国务院的行政法规、决定、命令的依据，部门规章不得设定减损公民、法人和其他组织权利或者增加其义务的规范，不得增加本部门的权力或者减少本部门的法定职责。

2008年之前，民航总局作为国务院直属机构，具有独立的规章制定权。2008年国务院机构改革后，民航局作为交通运输部管理的国家局，不再具有完整的规章制定权，民航规章由交通运输部发布。民航规章体系以CCAR部号编号，自成体系，立法技术比较完备，构成了我国航空法的主体部分，是民航局对民用航空活动实施管理的直接依据。直接调整通用航空领域的民航规章，例如，《通用航空安全保卫规则》(CCAR－333)、《通用航空经营许可管理规定》(CCAR－290－R3)等。

---

〔1〕 2000年7月24日国务院、中央军委令第288号公布，根据2001年7月27日国务院、中央军委《关于修改〈中华人民共和国飞行基本规则〉的决定》第一次修订，根据2007年10月18日国务院、中央军委《关于修改〈中华人民共和国飞行基本规则〉的决定》第二次修订。

〔2〕 2009年4月13日国务院令第553号公布，根据2019年3月2日国务院《关于修改部分行政法规的决定》修订。

(五)地方性法规和地方政府规章

根据《立法法》第80条、第81条、第82条的规定,省、自治区、直辖市的人民代表大会及其常务委员会根据本行政区域的具体情况和实际需要,在不同宪法、法律、行政法规相抵触的前提下,可以制定地方性法规。设区的市的人民代表大会及其常务委员会根据本市的具体情况和实际需要,在不同宪法、法律、行政法规和本省、自治区的地方性法规相抵触的前提下,可以对城乡建设与管理、生态文明建设、历史文化保护、基层治理等方面的事项制定地方性法规。地方性法规可以就下列事项作出规定:(1)为执行法律、行政法规的规定,需要根据本行政区域的实际情况作具体规定的事项;(2)属于地方性事务需要制定地方性法规的事项。

根据《立法法》第93条的规定,省、自治区、直辖市和设区的市、自治州的人民政府,可以根据法律、行政法规和本省、自治区、直辖市的地方性法规,制定规章。地方政府规章可以就下列事项作出规定:(1)为执行法律、行政法规、地方性法规的规定需要制定规章的事项;(2)属于本行政区域的具体行政管理事项。设区的市、自治州的人民政府制定地方政府规章,限于城乡建设与管理、生态文明建设、历史文化保护、基层治理等方面的事项。没有法律、行政法规、地方性法规的依据,地方政府规章不得设定减损公民、法人和其他组织权利或者增加其义务的规范。

地方性法规的效力低于法律、行政法规,高于本级和下级地方政府规章。省、自治区的人民政府制定的规章的效力高于本行政区域内的设区的市、自治州的人民政府制定的规章。地方性法规与部门规章之间对同一事项的规定不一致,不能确定如何适用时,由国务院提出意见,国务院认为应当适用地方性法规的,应当决定在该地方适用地方性法规的规定;认为应当适用部门规章的,应当提请全国人民代表大会常务委员会裁决。部门规章之间、部门规章与地方政府规章之间对同一事项的规定不一致时,由国务院裁决。

地方性法规、地方政府规章是现行航空法律体系的辅助部分,在立法权限范围内可以规范地方行政区域内的民用航空活动。与公共运输航空相比,通用航空的地方属性明显,近年来,随着地方立法主体和立法权限的扩张,地方立法中涉及通用航空的情况也逐渐增多。例如,《重庆市民用航空条例》[1]第三章为"通用航空",2022年,湖南省、四川省分别制定了综合性的通用航空条例,开创了通用航空地方立法的新模式。

(六)行政规定

本书以"行政规定"来指代行政机关发布的除行政法规和规章之外的具有

[1] 2018年11月30日重庆市第五届人民代表大会常务委员会第七次会议通过。

普遍约束力,在一定期限内可以反复适用的行政文件。在传统行政法学理论中,这些文件被冠以"规章以下的规范性文件""行政规范性文件""其他规范性文件"的称谓,俗称"红头文件"。此类文件被认为不具有法律规范的性质,我国《立法法》也未对行政规定进行规范,因此,行政规定在形式上不是"法"。从内容上看,行政规定可以分为组织规则、程序规则、解释基准、裁量基准、技术规范、指导纲要等。在中国的社会结构下,行政规定常涉及利害关系人的权利义务,在行政管理过程中具有实效。在通用航空法领域,行政规定可以分为以下类型。

1. 国务院和国务院办公厅发布的行政规定。根据《宪法》第89条第1项的规定,国务院除制定行政法规外,还有权规定行政措施,发布决定和命令,其表现形式就是国务院和国务院办公厅发布的行政规定。从国务院的角度来说,行政规定始终是与行政法规并行的一种国家治理手段,是国务院在行政法规之外的"另一只手",国务院通过"法"和"文件"的并用,以实现对国家和社会经济生活方方面面的调控。[1] 由于制定主体的同一性,在实践中,国务院和国务院办公厅发布的行政规定往往被认为等同于行政法规的效力,有时被称为"法规性文件"。而且根据《宪法》第90条第2款、《立法法》第91条的规定,行政规定是部门规章制定的"根据",因此国务院行政规定的效力高于部门规章。[2] 在通用航空领域,国务院发布过一些重要的行政规定,例如,国务院《关于促进民航业发展的若干意见》(国发〔2012〕24号)、国务院办公厅《关于促进通用航空业发展的指导意见》(国办发〔2016〕38号),这些行政规定提出了通用航空发展的基本原则、发展目标和改革的具体举措,是民航局制定民航规章和相应政策的重要依据。

2. 民航局发布的行政规定。除民航规章外,民航局及其下属各职能部门下发了大量有关民用航空管理和规范行业管理的各类文件。这些行政规定数量繁多,在我国民用航空管理中占有重要的地位,一方面,对民用航空法规和规章起到有效的执行作用;另一方面,在缺乏上位法规定或者上位法规定不明确的情况下,还起到补充作用。以民航局名义发布的行政规定,文号为"民航发"或"民航规",如《关于推进通用航空法规体系重构工作的通知》(民航发〔2019〕5号),不但明确了未来一段时间中国通用航空整体政策走向,而且引领着后续通用航空法规重构的立法修法和制度设计思路,是开展中国民航通航政策法规体系重构的总体性文件。

除民航局外,民航局机关下属各职能厅、室、司、局为了落实法律、法规、民航规章和政策的有关规定,在其职责范围内也可下发有关民用航空管理方面的文

---

〔1〕 参见贾圣真:《论国务院行政规定的法效力》,载《当代法学》2016年第3期。

〔2〕 参见贾圣真:《论国务院行政规定的效力位阶》,载《中南大学学报(社会科学版)》2016年第3期。

件，其类型包括管理程序、咨询通告、管理文件、工作手册、信息通告等，有一套管理标准和程序。[1] 在通用航空领域，这些行政规定也发挥着重要作用。

管理程序（Aviation Procedure，AP），是各职能部门下发的有关民用航空规章的实施办法或具体管理程序，是民用航空行政机关工作人员从事管理工作和法人、其他经济组织或者个人从事民用航空活动应当遵守的行为规则。例如，民航局空管行业管理办公室、空中交通管理局发布的《通用航空空管运行规定》（AP－93－TM－2021－01）。

咨询通告（Advisory Circular，AC），是各职能部门下发的对民用航空规章条文所作的具体阐述。例如，空管行业管理办公室发布的《民用微轻小型无人驾驶航空器系统运行识别概念（暂行）》（AC－93－TM－2022－01）。

管理文件（Management Document，MD），是各职能部门下发的就民用航空管理工作的重要事项作出的通知、决定或政策说明。例如，空管行业管理办公室发布的《民用航空低空飞行服务专业人员基础培训机构管理办法》（MD－TM－2021－01）。

工作手册（Working Manual，WM），是各职能部门下发的规范和指导民航行政机关工作人员具体行为的文件。例如，空管行业管理办公室发布的《民用航空低空飞行服务专业人员基础培训大纲》（WM－TM－2021－001）。

信息通告（Information Bulletin，IB），是各职能部门下发的反映民用航空活动中出现的新情况以及国内外有关民航技术上存在的问题进行通报的文件。例如，民航局运输司发布的《我国通用航空产业发展情况》（IB－TR－2018－02）。

3. 地方政府发布的行政规定。各级政府和政府职能部门也有权在各自权限范围内发布行政规定。近年来，地方政府越来越重视通用航空产业，很多地方出台了支持通用航空发展的政策文件或发展规划，例如，安徽省人民政府办公厅《关于印发支持通用航空产业发展若干政策的通知》（皖政办〔2022〕1号），山西省人民政府《关于印发山西省通用航空业发展规划（2018－2035年）的通知》（晋政发〔2018〕40号）等。

数量庞大的行政规定维系着通用航空管理活动的进行，这些行政规定不是“法”，不具有法规、规章的效力，不得与上位法相抵触。基于行政层级间的监督指挥关系，行政规定能拘束行政机关及其工作人员，例如，对于民航局发布的行政规定，民航系统内各行政机关都应遵照执行。同时，由于行政机关广泛的执法

〔1〕参见《中国民用航空总局职能部门规范性文件制定程序规定》（CCAR－12LR－R1），中国民航总局令第187号，2007年9月10日发布。该规章已于2019年被交通运输部《关于废止〈中国民用航空总局职能部门规范性文件制定程序规定〉的决定》（交通运输部令2019年第27号）废止，但民航局职能部门的各类行政规定的种类和适用范围仍遵循了该规章的要求。

权,在行政规定执行过程中,其内容会对相对人产生间接外部效力。在某些情况下,也存在行政规定直接创设或影响相对人的权利义务,从而具有直接外部效力的情况。[1] 根据《立法法》的精神,没有上位法依据,行政规定不得创设减损公民、法人或其他组织的权利或增加其义务的规范。

(七)标准

根据我国《标准化法》[2]的规定,标准是指农业、工业、服务业以及社会事业等领域需要统一的技术要求。标准包括国家标准、行业标准、地方标准和团体标准、企业标准。国家标准分为强制性标准、推荐性标准,行业标准、地方标准是推荐性标准。强制性标准必须执行。国家鼓励采用推荐性标准。

从形式上来说,标准不具有法律外观,但技术标准作为事实认定构成要件的判断依据,以及行政活动中的重要依据,对行政机关产生自我拘束作用,对私人产生外部法律效果。[3] 特别是在有上位法授权或援引的情况下,标准将超越其法律位阶,实质上决定法律关系。民用航空领域技术性、专业性强,标准发挥着非常重要的作用。例如,《民用航空法》第56条规定,新建、改建和扩建民用机场,应当符合民用机场标准;第66条规定,供运输旅客或者货物的民用航空器使用的民用机场,应当按照国务院民用航空主管部门规定的标准,设置必要设施。民航规章也大量援引国家标准或行业标准,例如,《民用航空安全检查规则》(CCAR-339-R1)第76条规定,民航安检设备的安装、使用、检测、改造不符合国家标准或者行业标准的,民航行政机关可以做出相应的处罚。特别是在适航审定领域,技术标准规定、专用条件和豁免发挥着行政许可审查基准的作用,直接关系适航取证。[4]

民航局发布的《民用航空标准化管理规定》(CCAR-375SE-R2)是对民用航空标准进行管理的部门规章,《民用航空标准体系表》(MH/T 0004-1995)是编制标准制定修订规划和计划的依据。其中规定了"通用航空标准子体系结构图及其明细表"。根据民航局2022年公布的《民航领域国家标准、行业标准及计量技术规范目录》,[5]截至2021年12月31日,现行有效的民航领域国家标

[1] 参见贾圣真:《论国务院行政规定的法效力》,载《当代法学》2016年第3期。

[2] 1988年12月29日第七届全国人民代表大会常务委员会第五次会议通过,2017年11月4日第十二届全国人民代表大会常务委员会第三十次会议修订。

[3] 参见宋华琳:《论技术标准的法律性质——从行政法规范体系角度的定位》,载《行政法学研究》2008年第3期。

[4] 根据民航规章《民用航空材料、零部件和机载设备技术标准规定》(CCAR-37AA),中国民用航空技术标准规定是对用于民用航空器上的某些航空材料、零部件和机载设备接受适航审查时,必须遵守的准则。技术标准规定的编号为"CTSO-CXXX"或"CTSO-2CXXX"。

[5] 参见《关于公布民航领域国家标准、行业标准及计量技术规范目录的通知》,载中国民航局官方网站,http://www.caac.gov.cn/XXGK/XXGK/TZTG/202203/t20220304_212195.html。

准36项(强制性国家标准1项,推荐性国家标准35项)、民用航空行业标准255项(含民用航空工程建设类行业标准61项)、民用航空计量技术规范68项。其中,涉及通用航空的国家标准如《通用航空机场设备设施》(GB/T 17836－1999)、《航空摄影技术设计规范》(GB/T 19294－2003);行业标准如《通用航空术语》(MH/T 1039－2011)、《森林航空消防技术规范》(MH/T 1033－2011);民用航空工程建设行业标准如《通用机场建设规范》(MH/T 5026－2012)。

根据2017年修改后的《标准化法》,通用航空领域的行业标准均为推荐性标准,但事实上这些标准具有相当程度的强制力。标准极大丰富了通用航空法规体系的内容,为保证通用航空安全、提升通用航空作业质量、规范和引导通用航空企业和建设单位的活动发挥了重要作用。检视目前通用航空标准体系可以发现,在分布上明显偏重于航空作业,涵盖了航空摄影、航空探矿、农林航空等内容,但在通用航空运输、娱乐飞行等领域缺少相应规划,标准分布不能满足当前通用航空发展的需求。[1] 在未来,一是要明确标准的规范属性和定位,防止借标准扩权、标准内容违反上位法等情况;二是要加强通用航空领域标准的规划,在基础通用标准、安全质量管理、飞行、空中交通服务、空管设备、机场及地面设施、运行保障与服务、飞行器及设备制造等方面分析标准需求,发挥企业、行业协会、科研院所作用,出台一系列符合当前通用航空发展水平的行业标准和团体标准,通过标准制定助力形成规范的市场环境。

二、通用航空规章

《民用航空法》第十章"通用航空"只有6个条文,过于原则;部分涉及通用航空领域的行政法规的规定也比较陈旧粗略,行政规定、标准在形式上不是"法",不具备法律效力。在通用航空领域真正发挥规范效用、处于连接上下位法的枢纽地位的,是部门规章。民航规章构成了我国通用航空法律体系的主体。本部分先介绍我国民航规章体系的基本情况,然后择要叙述其中涉及通用航空规章的部分。

(一)民航规章体系

民航规章属于国务院部门规章的一种,是国务院民用航空主管部门在法定权限范围内,按照规章制定程序制定的具有法律效力的规范性文件。部门规章的制定,需要遵循《立法法》和《规章制定程序条例》[2]规定的程序,经部务会议或者委员会会议决定,由部门首长签署命令予以公布。2008年之前,民航总局

〔1〕 参见张传彬、张子杰:《中美"通用航空娱乐飞行"管理法规标准体系的比较研究》,载郝秀辉主编:《航空法评论》(第9辑),中国民航出版社有限公司2021年版,第297～317页。

〔2〕 2001年11月16日国务院令第322号公布,根据2017年12月22日国务院《关于修改〈规章制定程序条例〉的决定》修订。

作为国务院直属机构，具有独立的规章制定权。2008 年之后，民航局划归交通运输部管理，民航规章的制定发布权限相应也属于交通运输部，但民航规章的立法规划、起草等环节仍由民航局实施，因此，民航局在相当程度上可以决定民航规章的具体内容。

为规范民航规章制定程序，提高立法质量，民航总局 2007 年制定了《中国民用航空总局规章制定程序规定》(CCAR－12)，2013 年制定了《民航规章立法技术规范》(MD－LR－2013－01)。我国民航规章按 CCAR 部号排列，标准化、规范化水平较高，体系参考了《国际民用航空公约》及其相关附件和国外航空立法，特别是参考了美国联邦航空规章(Federal Aviation Regulations，FAR)。[1] 其体系编排见表 2－1。

表 2－1 中国民航规章体系

编号	名称	部数
第一编	行政程序规则	1～20 部
第二编	航空器	21～59 部
第三编	航空人员	60～70 部
第四编	空域、导航设施、空中交通规则和一般运行规则	71～120 部
第五编	民用航空企业合格审定及运行	121～139 部
第六编	学校、非航空人员及其他单位的合格审定及运行	140～149 部
第七编	民用机场建设和管理	150～179 部
第八编	委任代表规则	180～189 部
第九编	航空保险	190～199 部
第十编	综合调控规则	201～250 部
第十一编	航空基金	251～270 部
第十二编	航空运输规则	271～325 部
第十三编	航空保安	326～355 部
第十四编	科技和计量标准	356～390 部
第十五编	航空器搜寻援救和事故调查	391～400 部

上述 15 编 400 部的编号方式，奠定了民航规章的体系框架和调整范围，以

〔1〕 联邦航空规章由美国联邦航空局(Federal Aviation Administration，FAA)制定，并编入《联邦法规汇编》(Code of Federal Regulations)第 14 卷。

保障安全运行为中心,覆盖了民用航空活动的各个环节、各个要素。数字排列不完全连续,为以后的扩展留下编排的空间。同一规章的不同修改版本,一般仍使用同一编号,保证了规章名称和编号的相对稳定。根据中国民航局官网上的检索信息,我国目前现行有效的民航规章有 131 部。[1]

(二)涉及通用航空的民航规章

在 130 多部民航规章中,有些是民用航空领域的一般性规定,公共运输航空和通用航空均应遵守;有些是在一部规章内对二者分别加以规定;还有一些规章是专门针对通用航空领域制定的,或者主要适用于通用航空。长期以来,由于通用航空领域立法稀少,以及对通用航空法的特殊性、独立性认识不足,还存在通用航空领域参照或准用公共运输航空规定的情况。学习通用航空法,重点固然应该关注通用航空领域的特殊规则,但是,理解和把握航空法领域的一般规则和公共运输航空的基本规则,是学习通用航空法的前提和基础。以下按照 CCAR 部号顺序,简要介绍我国民航规章体系的基本内容,并提示涉及通用航空或者与通用航空有联系的重要民航规章。

1~20 部是行政程序规则,是对民航局及其下属行政机关的行政活动、行政程序的规范。例如,规章制定程序、行政检查、行政处罚、行政许可、行政复议、行政赔偿、监察员管理等。民航行政机关在通用航空监管和执法活动中,均需遵守这些规定。

21~59 部是对航空器的规定,涉及民用航空器、发动机、化学品、油料等的适航标准、维修和改装规则,航空器国籍登记规定等。其中,《民用航空产品和零部件合格审定规定》(CCAR-21-R4)居于核心地位,是民用航空产品和零部件的型号合格审定、生产许可审定和适航合格审定的重要依据。部分规章针对通用航空器的适航标准作出专门规定,例如,《载人自由气球适航规定》(CCAR-31)、《正常类旋翼航空器适航规定》(CCAR-27-R2)。

60~70 部涉及航空人员的管理,主要内容包括民用航空器驾驶员、机械员、签派员、航行情报员、气象人员、电信人员、维修人员、交通管制员、安全员、培训人员等的资格管理。

71~120 部是空域、导航设施、空中交通规则和一般运行规则。其以飞行活动为中心,规范空域使用、飞行规则以及通信导航、气象、空中交通管理、飞行程序等飞行的保障环节。其中,《一般运行和飞行规则》(CCAR-91-R4)居于核心地位。通用航空的运行和飞行,需要在遵循 91 部的基础上,符合相应专门性规章的要求。

---

[1] 最后检索日期为 2023 年 9 月 7 日。

121～139 部是民用航空企业合格审定及运行。其中,《大型飞机公共航空运输承运人运行合格审定规则》(CCAR－121－R7)适用于使用大型飞机从事公共航空运输的承运人,即主要规范公共运输航空企业;《小型商业运输和空中游览运营人运行合格审定规则》(CCAR－135－R3)适用于使用小型航空器实施的商业飞行活动,包括客运、货运和空中游览飞行,即主要规范通用航空企业。粗略地说,121 部和 135 部之间的界限,就成了公共运输航空和通用航空的分水岭。在 135 部之外,2022 年新制定的《特殊商业和私用大型航空器运营人运行合格审定规则》(CCAR－136)明确了特殊商业运营人的范围,其中,既包括源自《一般运行和飞行规则》的农林喷洒作业、直升机机外载荷作业运营人及航空器代管人,又增加了商业跳伞服务运营人。该规章规定了特殊商业运营人运行合格审定的基本条件、审批流程、管理要求和法律责任。此外,对民用机场使用许可、专用设备管理、应急救援、外国公共航空运输承运人运行审定的规则,也在本编规定。

140～149 部规定学校、非航空人员及其他单位的合格审定及运行,主要内容包括民用航空器驾驶员学校、飞行训练中心、维修单位、维修培训机构的合格审定规则,以及运输机场运行安全管理规定。航校和训练飞行是我国通用航空的重要组成部分,关系通用航空安全基础及长远发展,所以有必要单独加以规制。2022 年交通运输部修订了《民用航空器驾驶员学校合格审定规则》(CCAR－141－R3)。修订的主要内容如下:第一,对章节结构作出调整,将与行政审批条件相关的内容剥离为单独的合格审定章节,从人员、机场、航空器和设施、训练课程等方面分章节制定各类驾驶员学校的管理要求,便于相对人理解和使用;第二,优化审批环节,取消了商业非运输运营人运行合格审定作为驾驶员学校合格审定的前置要求,符合条件的申请人可以直接申请驾驶员学校合格证和相关训练规范,切实减轻申请人负担;第三,专门增加附件,明确特定用语的含义,方便相对人理解和使用。

150～179 部规定民用机场建设和管理。现行有效的规章有《民用机场建设管理规定》(CCAR－158－R1)、《运输机场专业工程建设质量和安全生产监督管理规定》(CCAR－165－R1)、《民用航空情报工作规则》(CCAR－175TM－R1)等。民航局将制定《通用机场管理规定》纳入“十四五”民航立法专项规划,预计 2025 年之前可以出台。

180～189 部是委任代表规则,其目的是委派民航行政机关以外的人员和单位从事有关民用航空的审定和检查工作,更加有效地实施民用航空管理。目前,在民用航空适航、飞行标准、计量技术等领域制定了相应规章。

190～199 部规定航空保险,目前我国在这一领域没有制定民航规章。

201～250部是综合调控规则。本编主要为经济类规章,调整内容包括对民用航空业(含通用航空业)的投资准入要求、外国航空运输企业常驻代表机构审批、国际航空运输价格管理、民用航空企业及机场联合重组改制管理、统计管理、内部审计、财经管理、公共航空运输企业经营许可等。

251～270部为航空基金。目前,本部分仅有一部规章,即《民用机场和民用航空器内禁止吸烟的规定》(CCAR－252FS)。

271～325部为航空运输规则,涉及航线经营许可、公共运输航空旅客服务、国际国内货物运输、危险品运输、航班管理、通用航空许可等。2018年《民用航空法》第147条第1款规定:"从事非经营性通用航空的,应当向国务院民用航空主管部门办理登记。"第2款规定:"从事经营性通用航空的,应当向国务院民用航空主管部门申请领取通用航空经营许可证。"落实这两个条款的规章就是《通用航空经营许可管理规定》(CCAR－290－R3)和《非经营性通用航空登记管理规定》(CCAR－285,已废止)。这两部规章是民航局对通用航空实施行业管理的基础,在通用航空法律体系中具有重要地位。《通用航空经营许可管理规定》于2004年制定,后经多次修改,近年来为配合"放管服"改革,其主要的修改方向是降低通用航空经营许可条件,优化许可流程,实施分类监管。2021年,全国人民代表大会常务委员会对《民用航空法》进行第六次修改,将第147条第1款修改为:"从事非经营性通用航空的,应当向国务院民用航空主管部门备案",从而取消了从事非经营性通用航空的许可制度,改为备案管理,2022年4月,交通运输部发布《关于废止〈非经营性通用航空登记管理规定〉的决定》,[1]废止了该规章。目前,我国关于非经营性通用航空的备案管理还没有出台专门的规章。

326～355部是关于航空保安的规定,主要涉及对机场、旅客运输飞行中的安全保卫规则和民用航空安全检查规则。其中,2022年制定的《通用航空安全保卫规则》(CCAR－333)针对通用航空的特点,规定了运营人和委托安保业务的安保要求,以及在运输机场开展通用航空活动的特别要求。

356～390部是科技和计量标准,主要涉及民用航空标准化管理、计量管理的规定。通用航空标准和计量管理,需要遵守这些规定。

391～400部是对航空器搜寻援救和事故调查的规定,涉及民用航空器事件技术调查、安全信息管理、应急管理、应急反应和家属援助等,这些规定大多能适用于通用航空。

以上简要叙述了我国民航规章的体系、基本内容以及其中涉及通用航空的部分。从上述内容可见,我国通用航空法规范蕴含在民用航空法律体系中,又具

---

[1] 交通运输部令2022年第14号。

有相对独立性。民用航空法的一般规则、公共运输航空法规则、通用航空法规则之间的关系,可以用图 2－2 表示。

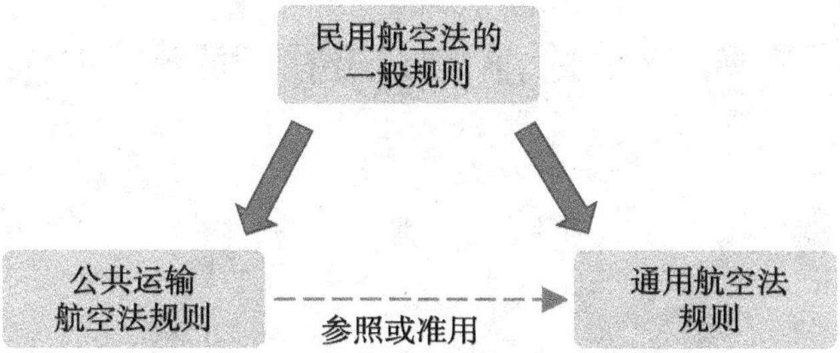

图 2－2　民用航空法律体系中的通用航空法

第三章　通用航空法的政府规制主线

第一节　概　　述

一、政府规制理论概况

20 世纪以来，随着政府职能的扩张，政府规制逐渐覆盖了社会与经济生活的绝大多数领域，20 世纪七八十年代起，西方国家进行了声势浩大的政府规制改革，法学（特别是行政法学）界也开始了对政府规制的研究，他们跳出仅对行政程序以及对政府的监控进行研究的传统框架，力图从行政法学的角度开始研究政府规制的实质，[1]将控制的节点由行政过程的"下游"位移到"上中游"，将政策、政治和法律都作为自己的考察变量，并开始以法学的视角和见解，对行政过程中的实体性因素予以描述、分析和判断，对公共政策的形成和实施过程予以关注。[2]

21 世纪初，主要发轫于美国的政府规制理论译介到中国，对中国行政法研究产生了重要影响，特别是规制法与部门行政法研究的结合，推动了行政法研究视野的拓展。[3] 近年来，规制研究在法学、经济学、公共管理学、政治学等学科中日趋凸显，而对于何为"规制"（regulation）[4]，并没有一致的界定。不同学科的规制话语侧重不同，就法律学者而言，规制往往被视为一种"法律工具"，或者说是以法律来控制市场和社会，来设定权利义务，实现预期目标。布莱克法律词典将"规制"界定为"通过规则或限制展开控制的行为过程"。在我国，可将规制界定为政府、非政府组织或私人以矫正市场失灵、维护社会正义为目的，基于法律或社会规范，对市场主体的经济活动以及伴随经济活动所产生的社会问题进

---

[1] 参见董炯：《政府管制研究——美国行政法学发展新趋势评介》，载《行政法学研究》1998 年第 4 期。

[2] 参见朱新力、宋华琳：《现代行政法学的建构与政府规制研究的兴起》，载《法律科学（西北政法学院学报）》2005 年第 5 期。

[3] 参见李洪雷：《中国行政法（学）的发展趋势——兼评"新行政法"的兴起》，载《行政法学研究》2014 年第 1 期。

[4] "regulation"一词在中文中有规制、管制、监管等不同的译法，本书在进行理论分析时主要采用"规制"概念，考虑官方文件和实务界习惯用法，也采用"监管"概念。

行的干预和控制。规制包括行政规制、自我规制和合作规制，在我国，行政规制仍在规制体系中发挥着主导性作用。[1]

规制的核心含义在于指导或调整行为活动，以实现既定的公共政策目标。可以将规制拓展至特定范围的一系列任务，包括立法和其他规则制定活动；通过监督检查，来获知规范在何种程度上被遵守的信息；调整被规制对象的行为，对违反规制规范的行为加以纠正，并科以制裁。有必要指出，并非所有行政活动都是学术意义上的“规制”活动，因此，在对行政规制的主体、权限、方式、程序等加以探讨时，或可将警察行政、国防、外交、税收行政、内部行政管理、经济政策、宏观调控政策等排除在讨论范围之外。

行政规制包括间接规制和直接规制。间接规制主要包括对不公平竞争的规制，这涉及由反垄断法、反不正当竞争法、民法、商法等产生的对垄断等不公平竞争行为的制约。直接规制则涉及经济性规制（economic regulation）与社会性规制（social regulation）。经济性规制主要涉及以规模经济、网络经济、范围经济、沉淀成本、资源稀缺等因素为前提产生的自然垄断产业，其意在通过许可等手段对企业的进入、退出、价格、服务的数量和质量、投资、财务会计等有关行为加以规制，主要包括以特许招标来确定具有垄断经营权的市场主体，如采用回报率控制、上限控制等价格规制方式。社会性规制涉及安全与健康、环境保护、消费者保护等典型领域，涉及公共物品、准公共物品的提供，涉及对外部性、信息不对称的克服，或涉及对分配正义目标的追求。[2]

二、政府规制是贯穿通用航空法的主线

通用航空法领域公法与私法融合交错，法律渊源复杂多元，技术性强，涉及的法律规范层次多、内容繁杂、数量庞大。我们不可能，也没有必要对所有涉及通用航空的法律规范一一介绍。因此，必须对庞杂的通用航空法规体系进行重新编排取舍，从高度技术化、专业化的法律条文中抽象出真正的理论问题。这就需要借助一定的理论工具，从纷繁复杂的法律规范中提取出通用航空法的主线，建立通用航空法的基本分析框架。政府规制理论恰恰能发挥这样的作用。

从《民用航空法》的章节看，除第三章“民用航空器权利”和第九章“公共航空运输”部分内容属于私法范畴外，其余的部分都具有强烈的公法属性，即国家通过立法对民用航空活动予以规范、管理。即便是民用航空器权利部分以及公

〔1〕 参见宋华琳：《探寻政府规制的法律改革——〈规制及其改革〉重排前言》，载[美]史蒂芬·布雷耶：《规制及其改革》，李洪雷、宋华琳、苏苗罕、钟瑞华译，宋华琳校，北京大学出版社2022年版，第1～2页。

〔2〕 参见宋华琳：《探寻政府规制的法律改革——〈规制及其改革〉重排前言》，载[美]史蒂芬·布雷耶：《规制及其改革》，李洪雷、宋华琳、苏苗罕、钟瑞华译，宋华琳校，北京大学出版社2022年版，第3页。

共航空运输部分内容中也不乏行政规制的存在。因此,有学者提出“从民航法制历史进程中可见,民航立法史就是一部民航行政立法史”,[1]通用航空也不例外。纵观多年来通用航空产业发展的情况,政府与市场、政府与企业的关系构成了通用航空领域的主要矛盾,制约通用航空发展的体制性问题,几乎都可以归结到政府规制层面,通用航空活动的各个方面、各个环节都面临政府是否管、如何管,以及行政权力自身如何规范的问题。因此,通用航空法律规范中的行政法律规范成为通用航空法的核心,可以视为行政法总论之下的一个部门行政法领域,政府规制理论的分析思路可以应用于政府对通用航空产业的监管实践之中。通用航空法强烈的政策性和实体法性质,以及近年来如火如荼的通用航空监管改革,为规制法理论提供了一个具体行政领域的落脚点,同时,又提供了大量可以反哺行政法总论、印证政府规制理论的素材。运用政府规制理论分析通用航空法律制度,可以将分散繁杂的通用航空法规串连汇总,形成相对清晰的理论脉络,围绕政府对通用航空的规制理念、规制目标、监管体制、规制对象、规制工具等问题进行分析,有助于我们更好地理解法律制度变革的动因,分析各类规制政策的合法性、有效性。

当然,政府规制理论对通用航空法的研究具有思维和论证上的指引功能,但并非放之四海而皆准。近年来,政府规制理论与部门法、领域法相结合,在食品药品、环境保护、社会保障、能源、都市等领域取得了一定成果,[2]沿此路径,可以将通用航空领域作为检验该理论的试金石,在对具体问题的分析中,既能推进通用航空法的研究,又能反思、修正和发展政府规制理论和行政法一般理论。

通过对政府规制一般理论的介绍,以及对通用航空领域面临的政府规制问题的具体分析,可以得出这样一个结论:政府规制是贯穿通用航空法的主线。本书后续部分即沿着这条主线展开。在介绍通用航空领域具体法律制度之前,本章第二节先运用政府规制的一般理论,分析讨论通用航空规制实践中的问题,第三节介绍近年来民航局在“两个框架”下进行的通用航空规制改革的总体情况。本书第四章介绍通用航空规制的组织基础,之后各章分别介绍通用航空具体的规章制度。通过政府规制线索,串连起通用航空法律制度的各个方面。

---

〔1〕 参见车彤等编著:《中国民航法治建设研究》,西南交通大学出版社2021年版,第75~76页。

〔2〕 参见宋华琳:《部门行政法与行政法总论的改革——以药品行政领域为例证》,载《当代法学》2010年第2期;宋华琳:《中国行政法学分论研究:体系、课题与立场》,载《安徽大学学报(哲学社会科学版)》2020年第3期。

第二节　政府规制理论与通用航空规制实践

一、规制的正当性根据

学术界对政府规制的正当性存在不同认识，主要形成了两种观念：一是将规制看作对私人自治的干预；二是将规制看作一项合作事业。[1] 前者主要对应经济性规制，后者主要对应社会性规制。经济性规制主要适用于具有垄断倾向的产业。当可能需要规制的时候，政府规制只是作为社会组织的次优选择，原则上，应尽可能优先考虑能提供经济自由和消费选择的自由市场。在社会性规制领域，政府规制主要承担社会责任而非经济责任，或者事实上兼具两种责任，在此领域，政府规制可能是管理人们认为基本上不适合市场机制的社会供给领域的首要选择，而不是市场机制的"次优解"。关于规制的正当性根据的讨论非常多，理由也各不相同。[2] 考虑我国的背景以及通用航空领域的特点，以下从经济性目标和非经济性目标两个方面讨论政府规制的正当性根据。

（一）经济性目标

1. 垄断和自然垄断

竞争是市场模型中一个至关重要的假定，国家通过竞争法或反垄断法，维持适当的竞争，避免出现"市场失灵"。在某些行业或领域存在自然垄断，解决自然垄断问题的途径并不在于竞争，而且，有时候垄断是被允许的。当生产只由一个而非几个或更多的企业来进行成本更低时，就构成了自然垄断。在许多产业中，存在规模经济效应。当某些产业存在固定成本时，则表现得尤其明显。这里的固定成本是指无论生产规模大小，都必然会发生的那一部分损耗。对此，一旦已投入初始成本，那么供应的规模越大，每多生产一单位，产品的平均成本就越低，因此在这些行业中，垄断反而比竞争更有效率。典型的自然垄断行业如电力、铁路、供水、供热等。

垄断可能导致产品价格的提高，导致价格歧视；导致企业获得垄断权力，降低服务质量，怠于履行普遍服务义务，使消费者和公众权益受损。在这种情况下，竞争和竞争法失灵，需要政府对企业的价格、利润、服务等方面进行规制。

---

〔1〕 参见[英]托尼·普罗瑟：《政府监管的新视野：英国监管机构十大样本考察》，马英娟、张浩译，译林出版社2020年版，第5～7页。

〔2〕 参见[美]史蒂芬·布雷耶：《规制及其改革》，李洪雷、宋华琳、苏苗罕、钟瑞华译，宋华琳校，北京大学出版社2022年版，第一章"规制的典型正当化根据"；[英]安东尼·奥格斯：《规制：法律形式与经济学理论》，骆梅英译，苏苗罕校，中国人民大学出版社2008年版，第三章"规制的公共利益基础"。

民用航空是不是垄断或自然垄断行业,需要具体分析。由于空域容量有限,各国普遍以许可方式对航班、航线数量进行限制;为实现资源的合理配置,也可能对市场主体数量进行限制或调节。美国航空业在20世纪30年代被认为存在“过度竞争”的问题,[1]在中国则相反。20世纪80年代以前,中国民航是“政企合一”的体制,存在行政性垄断,随着民用航空市场化改革的推进,在运输航空、通用航空、地面服务和航空油料等各领域都成立了若干家企业,逐步实现政企分开,打破行业垄断成为改革的基本方向。[2] 随着市场化改革的推进,民航业存在相当程度的竞争,甚至一度也被认为存在“过度竞争”的问题。[3] 与公共运输航空领域相比,通用航空市场的竞争性更加明显。通用航空企业数量在2010年有111家,2020年已经有523家,单纯从数量上看,似乎不存在垄断,但是从规模和业务范围来看,不能说没有垄断的倾向。目前,国有公司在通用航空领域占据主流和绝对优势,国有通用航空公司的控股股东以行业下游的需求方和航空公司为主,在运营能力和资源、政策上具有竞争优势。相比之下,民营公司运营困难,多数处于亏损状态,市场发展缓慢。由于业务和地域分割,在作业飞行、公务航空等细分市场,通用航空用户的选择替代性非常有限。由于计划经济体制的残余影响,民用航空领域还存在行政性垄断的土壤,一些立法和政策偏离效率性目标,演变为保持国有资本的主体身份乃至其垄断地位的工具,与反垄断立法、执法存在矛盾。[4] 在通用航空规制改革中,应将反垄断作为一项重要的政策目标,塑造公平竞争的市场环境。

2. 公共物品

公共物品(或公共产品),是指其利益能够为全体公众或公众中的特定群体所分享的商品。它有两方面的特征:第一,单个个体消费后不会造成其他个体消费的减少;第二,对生产者而言,因为某些消费者不付账而排除他们的使用是不可能的,或者代价太大。典型的公共物品如国防设施。还有许多产品,虽然不是纯公共物品,但是包含某些公共物品的特征,有时被称为“非纯粹的”公共物品或“准公共物品”。此类产品也可以通过市场方式供应和买卖,但可能遭受一定

---

〔1〕 参见[美]史蒂芬·布雷耶:《规制及其改革》,李洪雷、宋华琳、苏苗罕、钟瑞华译,宋华琳校,北京大学出版社2022年版,第38~39页。

〔2〕 也有学者认为,处于成长期的我国民用航空产业,政府的合法干预甚至垄断必不可少,无论是资金投入、技术研发,还是市场支持和保护方面,政府的合法干预和垄断能够在短期内形成民航业的产业聚集和规模效应。参见尤春媛:《民用航空行政法律规制研究》,法律出版社2018年版,第14~15页。

〔3〕 2002年《民航体制改革方案》认为,“航空企业过度竞争,资产负债率高,外债负担沉重,服务质量不高,建立现代企业制度进展缓慢”。参见国务院《关于印发民航体制改革方案的通知》(国发〔2002〕6号)。

〔4〕 参见段宏磊:《民航业反垄断执法的管制障碍及改革》,载《北京理工大学学报(社会科学版)》2015年第1期。

程度的市场失灵,例如,教育和培训行业、公园等。在有的情况下,不受限制的市场运作将引发资源的错误配置,使生产者控制的价格不能反映这些产品的真正价值,从而引起供应不足。为避免上述情况发生,需要政府规制,例如,通过公共补贴补偿产品私人价值与社会价值之间的差价。

通用航空的一个重要应用领域是提供社会公共服务,就是在一定范围内提供公共物品或准公共物品,例如,支线航空、消防灭火、人工降雨、社会治安、地质勘探等。民航局对支线航空、飞行作业、飞行员培训、通用机场等进行补贴,有助于发挥通用航空对国民经济和社会发展的支撑作用,推进普遍服务,补偿企业的成本。

3. 外部性

不受规制的商品价格不能反映社会生产该商品所消耗的真实成本。真实社会成本与不受规制的价格之间的差异,就是"溢出"成本(或收益)——这通常被经济学家称为"外部性"。[1] 外部性有负的外部性和正的外部性,当经济主体(企业或个人)将成本或利益强加于没有和他们有交易的第三方时,就会产生负的或正的外部性,如企业生产过程中的环境污染。规制研究更关注负的外部性,解决负外部性问题,成为政府干预的正当化根据之一,例如,按照"污染者付费"原则对企业征收排污费,将污染损害"内部化"为产品成本。除政府干预外,外部性问题也可以通过私人协商或损害赔偿等私法方式解决。

在通用航空制造、经营活动中,同样产生污染、噪声等外部性,需要通过政府规制加以解决,其中比较典型的是通用航空器的侵权责任问题。20 世纪 70 年代,美国的通用航空发展达到顶峰,随后其通用航空器的制造和生产出现了明显的下滑。对于通用航空产业的衰退,美国通用航空制造业协会认为是产品责任诉讼中的"长尾"责任长期限制航空器制造商,在赔偿数额、保险费率和售价之间形成了恶性循环。1994 年,美国国会通过了《通用航空振兴法》,其核心内容是设立 18 年除斥期间,但凡列明的事项发生超过 18 年的,制造商不再对发生的事故和伤害承担法律责任。该法为通用航空器制造商提供了相当大的保护,推动美国通用航空产业走出低谷。[2] 我国《民用航空法》第十二章就航空器对地面第三人损害的赔偿责任作了规定,并在第十章"通用航空"第 150 条专门规定,从事通用航空活动的,应当投保地面第三人责任险。《民法典》第 1238 条规

---

〔1〕 参见[美]史蒂芬·布雷耶:《规制及其改革》,李洪雷、宋华琳、苏苗罕、钟瑞华译,宋华琳校,北京大学出版社 2022 年版,第 31 页。

〔2〕 参见燕福民:《美国〈通用航空振兴法〉研究及其启示》,载《吉林广播电视大学学报》2018 年第 10 期;[美]杰里·A. 艾肯伯格(Jerry A. Eichenberger):《美国通用法:法规解析与应用》(第 3 版),陈静娴译,航空工业出版社 2014 年版,第 222 ~ 225 页。

定:“民用航空器造成他人损害的,民用航空器的经营者应当承担侵权责任;但是,能够证明损害是因受害人故意造成的,不承担责任。”这就确立了航空器致第三人损害的严格责任原则。侵权法上不同的制度安排,可以起到调节通用航空制造商、经营者、消费者和第三人利益的作用,恰当分配各方权利义务,可以促进通用航空产业的发展。

4. 不充分的信息和有限理性

有效率的市场基于两个基本假设:第一,决策者对于可供选择的替代选项具备充分的信息;第二,他们有能力处理这些信息并以一种“理性”(rationally)的方式追求效率最大化。这两种假定几乎都是不能成立的,这使规制的正当性看起来成为必然。[1] 信息市场有时无法良好运行,可能基于以下原因:第一,信息生产与传播中的激励机制有可能被扭曲;第二,交易中一方当事人可能会故意传递虚假信息,或者通过遗漏关键性事实的方法来误导另一方当事人;第三,消费者即使找到了可能的替代产品、替代服务、替代人员,作为“外行”也很难去评判这些产品和服务的品质;第四,在供给侧,市场或许未展开充分竞争,以至于信息供给不足。

在科技发达、专业化程度较高的现代社会,消费者所掌握的信息与企业所掌握的信息,从质到量都有区别。在信息收集、交涉能力以及背后的资金支持等方面,作为个人的消费者和作为组织的企业之间,都存在很大差距。为消除上述信息不对称的情况,需要政府规制,以引导消费者进行理性选择。例如,可以通过信息规制,强制要求提供方披露商品或服务的质量信息的细节。

当前,我国通用航空领域的统一大市场尚未形成,信息流动不畅,企业与消费者、政府与企业、政府与消费者之间,均存在信息不对称的现象,需要通过政府规制解决。一方面,要通过企业信息披露机制,消除经营者利用信息优势损害消费者合法权益的风险;另一方面,要把通用航空领域的电子政务、数据利用和信息化作为一项基础设施来进行建设,确立数据资源的搜集、维护、传输和利用规则,做好政府信息公开,消除“信息孤岛”现象。总之,当信息事实上确实需要,而且政府干预能降低信息提供的成本时,政府应该帮助消费者和社会公众获得必要的信息。

5. 协调一致和引导

在有些领域,集体行动变得非常困难,私人组织很难协调一致地行动,以公法的方式来提供恰当的行为控制标准,交易成本更低,如道路交通规则的设计。某些行业市场集中度很低,单个企业规模很小,很难组织起来进行自律,也很

〔1〕 参见[英]安东尼·奥格斯:《规制:法律形式与经济学理论》,骆梅英译,苏苗罕校,中国人民大学出版社2008年版,第39页。

难组织起来反映自己的诉求。人们一般期待这类企业成长起来，或通过协议进行合作，从而降低成本，提升服务质量，但社会或政治的因素可能阻碍了这一趋势。在这种情况下，需要政府对这些行业进行协调和引导，介入整个行业的规划。

美国、巴西、澳大利亚、俄罗斯等通用航空大国，无一不将通用航空作为战略产业予以扶持。中国的通用航空产业发展也需要充分发挥政府在产业规划、宏观调控、稀缺资源分配等方面的作用，从而引导和协调企业活动，保持通用航空产业健康发展。例如，2022 年，民航局印发的《"十四五"通用航空发展专项规划》，是未来一段时期指导我国通用航空安全、智慧、高质量发展的重要文件。

（二）非经济性目标

1. 分配正义

在对规制的经济性目标的讨论中，具有正当性的规制以效率和消费者选择的最大化为目的，这一理由为规制机构提供了与一般竞争机构相同的终极目标：通过开放市场、支持消费者选择，最大限度地提高生产和分配效率。该理由的哲学背景是功利主义。[1] 规制的经济性目标是配置效率，也就是社会福利的最大化。它不关心福利在社会中不同的人与群体之间是如何分配的。事实上，规制还存在另一个不同于效率的目标，就是为了达到"公平"的或"正义"的资源分配。通过市场分配的结果不必然是公平的或正当的，因此，有必要通过政府以税收或转移支付等方式进行再分配，这将直接或间接地影响规制政策。

我国社会主义国家性质决定了国家更加注重社会的公平、正义，通过经济和社会政策保护弱势群体，纠正各类市场主体在市场经济活动中的不平等地位。政府对通用航空的价格、补贴、税收优惠等规制，应该考虑分配正义的目标。

2. 父爱主义（Paternalism）

在一些情形下，尽管市场中的决策者能够获得完全、充分的信息，但他们仍然会作出非理性的决定，所以政府规制是有必要的。这一正当化根据就是父爱主义的：它认定，政府比个人更了解他们需要什么，或者什么对他们有益。这种对购买者选择能力的不信任，可能基于这种认识：外行人在购买专业服务时，没有能力对信息加以评判；或者即使能准确地评判信息，但人类的非理性倾向也阻碍了他们这样做。父爱主义的烙印建立在对消费者理性不信任的基础之上，这是否与构成自由市场基础的选择自由概念相一致，仍是有疑问的，但它在许多政

〔1〕 参见[英]托尼·普罗瑟：《政府监管的新视野：英国监管机构十大样本考察》，马英娟、张浩译，孙娟娟、苏苗罕校，译林出版社 2020 年版，第 15～17 页。

府决定中发挥着重要的作用。[1] 家长式的规制,是认为在某些行业中有足够多的私人均作出了不理智的决定,因此需要对行业实施统一的控制。在理论上,只有证明个人作决定的能力存在重大缺陷时,干预才是必要的。[2]

父爱主义意味着在某些领域、在某种程度上政府可以而且应该充当"家长"或"父亲"的角色,这在中国有特殊的社会经济基础和思想基础。改革开放之前的中国社会,在计划经济体制的"单位制"下,将全部国民经济纳入国家计划组织系统,政府和企业的相互之间的关系以层级制的"命令—服从"关系为基础,企业的生产经营听政府指挥,个人诸多事务由政府包办。自中华人民共和国成立以来,民航业就是典型的政企合一领域,20 世纪 80 年代后期,随着经济体制改革的进行,民航领域逐渐实现了政企分开,企业的经营自主权得到保障,但由于遗留的、高度集中的计划经济体制,行业内政企关系仍然紧密,民航业以国有资本为主体,政府和企业存在千丝万缕的联系。在这种情况下,政府的规制的动机、手段不能排除父爱主义的因素,容易导致公权力延伸,任意干预私权。当然,父爱主义式的政府规制并不是绝对不被允许的,关键在于确定合理的规制边界,不偏离政府规制的目标。

3. 共同体的价值

除上述种种理由外,可以作为规制的正当性基础的非经济性目标还包含一系列价值,它们构成一整套公共利益目标体系,可以在宽泛意义上被称为"共同体的价值"。在经济性理由之外,政府规制可以保护基本权利,促进社会团结,可以为公众参与和民主审议提供平台,消解社会冲突等。本书第二章第二节已经讨论了通用航空法的价值取向问题,在此不再赘述。

(三) 小结

规制的正当性是政府规制研究的基础,要解决的是政府"为什么要规制"的问题。在回答"为什么要规制"的理由中,也隐含了应该采取何种规制手段以及政府规制的界限和限度。很多政府规章制度不是基于单一的理据,而是以数种理据为基础。例如,对公共场所的安全进行规制,既可能基于安全生产事故的外部性,也可能是为了弥补工人与雇主之间的信息不对称或不平等议价能力,还可能是基于父爱主义。不同的理据提示着不同的解决问题的方法,如果能详细说明政府规制的某一个或数个混合的理据,以及它们各自的意义,或许就可以澄清对政府规制的一些争论。

---

〔1〕 参见[美]史蒂芬·布雷耶:《规制及其改革》,李洪雷、宋华琳、苏苗罕、钟瑞华译,宋华琳校,北京大学出版社 2022 年版,第 31 页。

〔2〕 参见[英]安东尼·奥格斯:《规制:法律形式与经济学理论》,骆梅英译,苏苗罕校,中国人民大学出版社 2008 年版,第 54 页。

近年来，在"简政放权"的大背景下，民航局意识到通用航空领域"过度监管"问题严重，确立了"放管结合、以放为主、分类管理"的通用航空发展思路，问题的关键在于哪些事项该"管"、哪些事项该"放"。确定政府监管责任的边界，在制度层面上应该依据现行法律法规，在理论层面上应该考虑政府监管的正当性根据，只有解决了这一深层次问题，才能遏制政府监管的"惯性"和"冲动"，从根本上解决通用航空过度监管的问题。上文结合政府规制的一般理论，讨论了通用航空领域政府规制的正当性根据，或许有助于我们深化对通用航空监管的前提性问题的认识。

二、规制工具

在规制的正当性问题解决之后，需要进一步讨论规制工具的问题，即"如何规制"。政府选择怎样的形式规制市场和社会？这是政府规制理论研究的重心。很多学者从不同角度对规制工具进行分类，例如，信息规制、标准、事前批准、经济工具、价格控制、公共特许分配、国有化，等等。根据不同的划分标准，规制工具的类型是不同的，而且随着经济发展和制度变迁，政府规制的"工具箱"不断拓展，越来越多的新型工具被运用到政府规制实践中。在我国，由于政治经济体制的特殊性，还有一些具有"中国特色"的规制方式，例如，约谈、集中整治、专项治理等。考虑通用航空领域政府规制的实践，本书重点讨论两大类政府规制工具：命令控制型规制工具和制度激励型规制工具。

(一)命令控制型规制工具

命令控制型规制工具是由公权机构单方面作出的、直接改变市场主体的权利配置、利益结构或行为模式的强制性手段。从我国的经济实践来看，命令控制型规制工具种类较多，使用频繁，对市场主体影响最大。[1]

大陆法系的行政法学说发展出相当成熟的行政行为类型化理论，通过将纷繁复杂的行政活动提炼归纳为具体的类型，再抽象整理出不同类型的行为方式的构成要件和法律后果，而使行政法整体置于行为类型的观察视角和规范框架下。在此框架下，行政行为成为行政活动的基本单元。[2] 在我国，以《行政处罚法》《行政许可法》《行政强制法》为基础，行政处罚、行政许可、行政强制是最典型的行政行为类型，也是行政机关惯用的命令控制型规制工具。随着行政任务的变迁，传统的行政行为形式逐渐不符现实行政活动之需，行政机关在行政实践中创造了许多新颖的规制形式，构成了对传统行政法学说的挑战。命令控制型

---

〔1〕 参见段礼乐：《市场规制工具研究》，清华大学出版社2018年版，第91页。

〔2〕 参见赵宏：《行政行为作为行政法教义学核心的困境与革新——兼论我国行政行为学理的进化》，载《北大法律评论》编辑委员会编：《北大法律评论》[第15卷·第1辑(2014)]，北京大学出版社2014年版，第507~536页。

规制工具,既包括成熟的带有强制性的行政行为,也包括一些新兴的未被类型化的命令控制型规制方式。从行政过程的角度划分,事前的规制工具包括行政许可、行政审批、标准等,事中的规制工具包括行政检查、抽查、价格控制等,事后的规制工具包括行政处罚、行政强制执行等。

命令控制型工具是规制工具的典型形式,体现了政府规制的强制性特征。它具有的优势如下。第一,标准统一,程序严格,可以给市场主体带来稳定的预期。第二,具有一定的规模效应,可以有效降低规制成本,避免单个规制造成的资源耗散。标准、认证等规制工具的这一优势更为明显。第三,命令控制型规制工具标准的明确性和程序的法定性可以对规制机构的权力行使形成一定的制约。第四,政策效果比较明显,能够直接实现规制机构的政策目标。命令控制型规制工具的缺点如下。第一,命令控制型规制工具的运用需要对信息有充分的把握,只有在充分信息的基础上才能针对市场主体产生某种强制,如果规制不当,可能会对私权造成不当干预。而在现实中行政机关经常不能掌握充分的信息,导致规制政策错误,或无法保障强制性措施完全实施。第二,命令控制型规制工具的执行成本较高,为了实现预期政策目标,需要足够的执法资源确保工具的制度效果,执法资源短缺时,这种规制工具可能归于无效。从行政相对人角度来说,作为被支配方,守法成本过于高昂。第三,在我国的规制实践中,往往将命令控制型规制工具简化为直接禁止,不能有效回应被规制者的需求,导致命令控制型规制工具的滥用和规制不当。[1]

命令控制型规制工具在通用航空规制中被大量运用。例如,通用航空企业、航校、航空器维修培训机构开办都需要获得相应的许可,通用航空飞行员从事飞行活动需要取得相应的执照。企业联合重组改制需要民航地区管理局提出许可申请。通用航空飞行任务需要进行个别审批。民航局、民航地区管理局有权依照民用航空法规和《安全生产法》有关规定进行监督检查,对发现的问题采取行政处罚、行政强制等措施。通用航空作业收费原为政府定价,后实施浮动价格,2008 年后改为市场调节价。[2] 通用航空技术标准在执行过程中具有事实上的强制力。民航局通过命令控制型规制工具对从事通用航空活动的企业和个人各方面的行为进行规范,但也存在上述各种负面效果,值得认真评估和改进。

(二)制度激励型规制工具

制度激励型规制工具,是指规制机构通过利益诱导等方式促使相关市场主体参与规制过程,辅助规制机构实现规制目标的手段。这里的激励主要是

〔1〕 参见段礼乐:《市场规制工具研究》,清华大学出版社 2018 年版,第 93 ~95 页。

〔2〕 参见《关于通用航空作业收费标准问题的通知》(民航发〔2008〕121 号)。

指对被规制者的激励。[1] 这类规制工具通过相应的激励措施引导市场预期，提高市场的遵从度，在减轻规制机构压力的情况下实现规制目标，体现了尊重市场的决定性作用，利用市场本身的机制解决问题的思路。常见的制度激励型工具包括税收、补贴、保证金、投资融资政策优惠、惩罚性赔偿、悬赏举报、评奖评优等。

制度激励型规制工具在减少规制机构的压力、增强其规制能力等方面具有独特的优势，并且，由于其运作可以减轻规制者的执行成本，相比命令控制型规制工具更符合市场的本质要求，在市场经济发展和规制转型中具有更大的适用空间。第一，可以有效减少规制主体对信息和其他资源的需求，降低规制成本；第二，将被规制者引入规制过程，形成多元治理机制，可以弥补单一治理的不足，对政府规制权力和规制行为实施有效的监督，防止规制俘获；第三，市场中的成本、利润、价格等都可以引发市场的相关反应，并影响市场主体的行为，根据这些因素可以创制出合适的制度激励型规制工具，不同领域的工具种类可以多种多样，并且可以根据相关函数的变化对这些工具做出调整，符合激励相容原则。制度激励型规制工具的缺点为：第一，它也要以一定的资源投入为代价，激励过度或者激励不足都不能恰当地诱导市场主体的行为，需要对激励强度进行恰当分析，避免制度激励型规制工具的失效，这对政府能力提出比较高的要求；第二，在制度执行过程中，可能由于经济利益而诱发市场主体的道德风险，即制度激励过程中可能出现激励扭曲。[2]

各航空业发达的国家和地区，对包括通用航空制造业在内的通用航空发展都给予相应的促进政策，采取多种补助方式，包括税率、融资、信贷、补贴等各方面的支持。我国《民用航空法》第 4 条规定："国家扶持民用航空事业的发展，鼓励和支持发展民用航空的科学研究和教育事业，提高民用航空科学技术水平。国家扶持民用航空器制造业的发展，为民用航空活动提供安全、先进、经济、适用的民用航空器。"这就为制度激励型工具的运用提供了法律依据。多年来，国务院、民航局、地方政府出台了一系列鼓励和促进通用航空发展的政策，起到实质作用的政策工具，一是民航局和财政部的直接财政补贴；二是地方政府对通用航空项目投入的资金和土地资源；三是一些通航产业示范区、试点工程。其中，最典型的是政府补贴。

从行政法理论上讲，行政补贴属于授益行政行为，受法律规范的密度较低。但是这并不意味着实施政府补贴不需要法律调控。通用航空政府补贴涉及公共财政资金的运用，事关市场主体切身利益，在资金来源和去向、分配规则、绩效评

---

〔1〕 参见段礼乐：《市场规制工具研究》，清华大学出版社 2018 年版，第 110 页。

〔2〕 参见段礼乐：《市场规制工具研究》，清华大学出版社 2018 年版，第 122 ~ 123 页。

估等方面存在大量的法律空白,亟待完善。

(三)小结

除上述两大类政府规制工具外,政府规制的方式还有很多,例如,信息规制、行政合同、行政指导、自我规制等,限于篇幅,在此不可尽述。在对政府规制工具的研究中,需要关注规制目标和规制手段的关系,关注诸种规制工具的特点和功能,关注采取哪一种或几种规制工具能解决现实问题。同时,还要针对同一问题,通过比较衡量、规制影响分析等政策评估工具,来选择最好的规制方式。在通过政府干预解决"市场失灵"问题时,也不能忽视"政府失灵"的风险,应研究如何针对不同的行政领域、针对问题、规范对象、利益分布,结合特定领域的制度变迁史,选择与实现行政任务相匹配的规制方式,从而达成希望的效果,避免出现不希望的效果。[1] 在规制研究中存在一种"执法金字塔"模型,认为在执法过程中,应该优先采用建议和说服性措施,其次采用较为缓和的行政制裁措施,顶端则是惩罚性制裁措施。这种自下而上的执法策略,既能惩罚最糟糕的违法者,又能鼓励和帮助企业自愿守法。[2] 这一模型或可为政府规制工具的选择提供某种程度的参考和指引。

基于历史体制的原因,政府在通用航空规制中惯于使用命令控制型工具进行"一刀切"的管理,缺乏对各种类型的规制工具的评估、选择、匹配意识。改革开放以来,随着行政模式从专断、压制向缓和、参与的转变,行政相对人在法律上的主体地位得以确立,其权利和自由得到承认和保障,[3]通过命令控制的方式来规制通用航空企业和个人的正当性理由已经越来越难成立,也越来越难以奏效。在近年来的通用航空规制改革中,民航局开始注意运用信用评价、企业法定自查等非强制性的规制手段,推动通用航空规制从"他律"向"自律"转变,提出"初步建成企业自律、行业自治、政府精准监管的行业监管体系"。[4] 在通用航空规制改革中,需要革新政府规制理念,完善政府规制手段,合理匹配和运用各类政府规制工具,推动通用航空法律制度向着更均衡、更合理、更有效的方向发展。

---

〔1〕 参见宋华琳:《中国行政法学总论的体系化及其改革》,载《四川大学学报(哲学社会科学版)》2019年第5期。

〔2〕 参见[英]罗伯特·鲍德温、马丁·凯夫、马丁·洛奇编:《牛津规制手册》,宋华琳等译,上海三联书店2017年版,第140~141页。

〔3〕 参见章剑生:《现代行政法基本理论》(第2版)(上卷),法律出版社2014年版,第43页。

〔4〕 《关于印发〈民航局关于推进精准监管工作的意见〉的通知》(民航发〔2019〕9号)。

第三节　“两个框架”下的通用航空规制改革

2019 年年初，民航局印发了《关于推进通用航空法规体系重构工作的通知》（民航发〔2019〕5 号），制定了通用航空法规体系重构路线图，形成了“两个框架”。“两个框架”的制定目的是为贯彻国务院办公厅《关于促进通用航空业发展的指导意见》（国办发〔2016〕38 号）精神，落实“分类管理、放管结合、以放为主”的要求，更好地鼓励和推动通航发展，积极支持社会资本投资通航产业。“两个框架”是开展通用航空政策法规体系重构的总体性文件，明确了未来一段时间中国通用航空整体政策走向、立法思路和制度设计需要遵循的基本原则和具体要求。

“两个框架”的出台，标志着新一轮通用航空规制改革开始。运用政府规制理论，可以更加深刻地把握“两个框架”的思路，明确通用航空法规体系重构的内容。《关于推进通用航空法规体系重构工作的通知》包含 3 个附件，其中，附件 1 为《通航业务框架》，附件 2 为《通航业务框架模块说明》，附件 3 为《通航法规框架及说明》，以下对“两个框架”的内容进行具体讲解。

一、通用航空业务框架

（一）通用航空业务的模块化管理

在我国通用航空法规中，往往是使用具体的经营业务名称来对通用航空业务进行分类。例如，修改前的《通用航空经营许可管理规定》（CCAR－290）将通用航空经营项目分为四类，甲类：通用航包机飞行、石油服务、直升机引航、医疗救护、商用驾驶员执照培训；乙类：空中游览、直升机机外载荷飞行、人工降水、航空探矿、航空摄影、海洋监测、渔业飞行、城市消防、空中巡查、电力作业、航空器代管，跳伞飞行服务；丙类：私用驾驶员执照培训、航空护林、航空喷洒（撒）、空中拍照、空中广告、科学实验、气象探测；丁类：使用具有标准适航证的载人自由气球、飞艇开展空中游览；使用具有特殊适航证的航空器开展航空表演飞行、个人娱乐飞行、运动驾驶员执照培训、航空喷洒（撒）、电力作业等经营项目。这造成了民航局对通用航空监管琐碎、标准不一，对安全监管和市场监管的要求混同。通用航空业务框架的建构不是使用具体的经营业务名称来分类，而是从“经营能力”和“运行能力”两个维度对通用航空活动进行新的分类，并创造性地提出了通用航空业务模块化的管理模式。表 3－1 是民航局研究制定的“通航业务框架”。

表 3-1　通航业务框架

<table>
<tr><th colspan="2">非经营性</th><th colspan="8">经营性</th><th colspan="4" rowspan="3">运行分级指标</th></tr>
<tr><th rowspan="2">非载人 D2</th><th rowspan="2">载人 D1</th><th colspan="3">非载人</th><th colspan="3">载人</th><th colspan="2">载客</th></tr>
<tr><th colspan="2">其他非载人活动(含无人机)C2</th><th>货运(含无人机)C1</th><th>训练飞行 B3</th><th>面向非社会公众 B2</th><th>面向社会公众 B1</th><th>不定期运输 A2</th><th>定期运输 A1</th></tr>
<tr><td>不适用</td><td>模块:D1-1
实例:自用公务飞行自用载人作业个人娱乐飞行</td><td colspan="3">不适用</td><td>模块:B3-1
实例:型别等级训练</td><td>暂不开放</td><td>暂不开放</td><td>暂不开放</td><td>暂不开放</td><td colspan="2">载人、载客飞行的:60座以上(不含机组)</td><td rowspan="2">1级</td><td rowspan="9">飞机</td></tr>
<tr><td>模块:D2-1
实例:自用作业个人娱乐飞行</td><td>不适用</td><td>模块:C2-2
实例:其他有人机非载人作业其他无人机非载人作业</td><td>模块:C2-1
实例:有人机喷洒类作业无人机喷洒类作业</td><td>模块:C1-1
实例:无人机通航货运(商载××吨以上,有人机不适用)</td><td colspan="5">不适用</td><td colspan="2">非载人飞行的:商载3.4吨以上</td></tr>
<tr><td>不适用</td><td>模块:D1-2
实例:自用公务飞行自用载人作业个人娱乐飞行</td><td colspan="3">不适用</td><td>模块:B3-2
实例:型别等级训练</td><td>暂不开放</td><td>暂不开放</td><td>暂不开放</td><td>暂不开放</td><td colspan="2">载人、载客飞行的:30~59座(不含机组)</td><td rowspan="2">2级</td></tr>
<tr><td>模块:D2-2
实例:自用作业个人娱乐飞行</td><td>不适用</td><td>模块:C2-2</td><td>模块:C2-1</td><td>模块:C1-1</td><td colspan="5">不适用</td><td colspan="2">非载人飞行的:商载3.4吨以上</td></tr>
<tr><td rowspan="2">不适用</td><td rowspan="2">模块:D1-3
实例:自用公务飞行自用载人作业个人娱乐飞行</td><td rowspan="2">不适用</td><td rowspan="2"></td><td rowspan="2"></td><td rowspan="2">模块:B3-3
实例:型别等级训练</td><td rowspan="2">模块:B2-3</td><td rowspan="2">模块:B1-3
实例:空中游览医疗救护跳伞服务</td><td rowspan="2">模块:A2-3
实例:包机飞行</td><td rowspan="2">模块:A1-3
在特定地区有条件开放短途运输</td><td>商载3.4吨以上</td><td rowspan="2">载人载客飞行分级标准:20~29座(不含机组)</td><td rowspan="3">3级</td></tr>
<tr><td>商载3.4吨以下</td></tr>
<tr><td>模块:D2-3
实例:自用作业个人娱乐飞行</td><td>不适用</td><td>模块:C2-2</td><td>模块:C2-1</td><td>模块:C1-2
实例:有人机通航短途货运(商载3.4吨以下)无人机通航货运(商载××吨以下)</td><td colspan="5">不适用</td><td colspan="2">非载人飞行的:商载3.4吨以下</td></tr>
<tr><td rowspan="2">不适用</td><td rowspan="2">模块:D1-4
实例:自用公务飞行自用载人作业个人娱乐飞行</td><td colspan="3" rowspan="2">不适用</td><td rowspan="2">模块:B3-4
实例:型别等级训练</td><td rowspan="2">模块:B2-4</td><td rowspan="2">模块:B1-4
实例:空中游览医疗救护跳伞服务</td><td rowspan="2">模块:A2-4
实例:包机飞行</td><td rowspan="2">模块:A1-4
实例:短途运输</td><td>商载3.4吨以上</td><td rowspan="2">载人、载客飞行的:10~19座(不含机组)</td><td rowspan="2">4级</td></tr>
<tr><td>商载3.4吨以下</td></tr>
</table>

续表

<table>
<tr><th colspan="2">非经营性</th><th colspan="8">经营性</th><th colspan="3" rowspan="3">运行分级指标</th></tr>
<tr><th rowspan="2">非载人 D2</th><th rowspan="2">载人 D1</th><th colspan="3">非载人</th><th colspan="3">载人</th><th colspan="2">载客</th></tr>
<tr><th colspan="2">其他非载人活动(含无人机)C2</th><th>货运(含无人机)C1</th><th>训练飞行 B3</th><th>面向非社会公众 B2</th><th>面向社会公众 B1</th><th>不定期运输 A2</th><th>定期运输 A1</th></tr>
<tr><td>模块:D2 -4
实例:自用作业个人娱乐飞行</td><td>不适用</td><td>模块:C2 -2</td><td>模块:C2 -1</td><td>模块:C1 -2</td><td colspan="5">不适用</td><td>非载人飞行的:商载3.4 吨以下</td><td></td><td rowspan="4">飞机</td></tr>
<tr><td rowspan="2">不适用</td><td rowspan="2">模块:D1 -5
实例:自用公务飞行自用载人作业个人娱乐飞行</td><td colspan="3" rowspan="2">不适用</td><td>模块:B3 -5
实例:私用以上或等级训练</td><td rowspan="2">模块:B2 -5</td><td rowspan="2">模块:B1 -5
实例:空中游览医疗救护跳伞服务</td><td rowspan="2">模块:A2 -5
实例:包机飞行</td><td rowspan="2">模块:A1 -5
实例:短途运输</td><td rowspan="2">载人、载客飞行的:9 座以下(不含机组)</td><td rowspan="3">5 级</td></tr>
<tr><td>模块:B3 -5 -1
实例:运动照或私照训练</td></tr>
<tr><td>模块:D2 -5
实例:自用作业个人娱乐飞行</td><td>不适用</td><td>模块:C2 -2</td><td>模块:C2 -1</td><td>模块:C1 -2</td><td colspan="5">不适用</td><td>非载人飞行的:商载3.4 吨以下</td></tr>
<tr><td rowspan="4">模块:D2 -6
实例:
自用非载人作业飞行个人娱乐飞行</td><td rowspan="4">模块:D1 -6
实例:私用飞行个人娱乐飞行</td><td rowspan="4">模块:C2 -6 -1
实例:非载人普通作业</td><td rowspan="4">模块:C2 -6
实例:非载人普通作业中的特殊作业类型:直升机外挂</td><td rowspan="4">模块:C1 -6
实例:直升机货运</td><td rowspan="2">模块:B3 -6
实例:训练飞行(型别等级训练)</td><td rowspan="4">模块:B2 -6
实例:外挂载人飞行</td><td rowspan="4">模块:B1 -6
实例:空中游览医疗救护跳伞服务</td><td>模块:A2 -6
实例:直升机包机飞行</td><td>模块:A1 -6
实例:直升机短途运输</td><td>载人载客分级标准:30 座以上(不含机组)非载人暂不区分机型</td><td rowspan="4">6 级</td><td rowspan="4">直升机</td></tr>
<tr><td rowspan="3">模块:A2 -6 -1
实例:直升机包机飞行</td><td>模块:A1 -6 -1
实例:直升机短途运输</td><td>载人载客分级标准:20 ~ 29 座(不含机组)非载人暂不区分机型</td></tr>
<tr><td rowspan="2">模块:B3 -6 -1
实例:训练飞行(私用以上或等级训练)</td><td>模块:A1 -6 -2
实例:直升机短途运输</td><td>载人载客分级标准:10 ~ 19 座(不含机组)非载人暂不区分机型</td></tr>
<tr><td>模块:A1 -6 -3
实例:直升机短途运输</td><td>载人载客分级标准:9 座以下(不含机组)非载人暂不区分机型</td></tr>
</table>

注:表中的数据含义详见后文分析。

在表 3 – 1 中，根据经营能力（横轴）与运行能力（纵轴）的分类分级，交叉形成 81 个模块。通过优化组合和去除目前暂不开放或不适用的活动，共计产生 47 个有效模块，这就构成了通用航空业务框架。若干模块明确为“暂不开放”，这主要是考虑时机不成熟，暂时不具备开放条件，未来根据经济社会发展需要和行业发展实际再确定是否开放。任何已有或新出现的通用航空活动，可以根据其在经营、运行两方面的内在特征，落实到对应的模块里，这种先明确总体思路、再逐步放开的方式使得框架具有较大的弹性，能够适应今后的变化。

附件 2《通航业务框架模块说明》对每一个模块提出了监管要求，从事相应的通用航空活动，必须符合该模块的要求。模块要求分为通用要求和差异性要求两类。通用要求是指所有模块均适用的要求，包括初始适航要求、生产安全一般要求、空管要求和其他要求（价格管理、补贴要求、投资限制、统计要求、安全生产资金投入要求等）。差异性要求是在满足通用要求的基础上，对各模块的特殊要求，包括经营能力、运行能力、机场要求、预先飞行计划申报要求、空防要求等。为便于理解，每个模块都列举了最具代表性的通用航空活动，例如，A1 – 4 模块实例为短途运输，B1 – 3 模块包括空中游览、医疗救护、跳伞服务等。在同一个模块内，政府监管的着眼点、安全要求等具有相同的内在特征，会采取一致的监管政策和要求。

47 个模块组成的通用航空业务框架，基本涵盖了现有通用航空活动类型，并且前瞻性地考虑了未来可能出现的通用航空业务模式，实现了通用航空规制的精准化、差异化。未来通用航空业务会有新的创新，可以依据其内在特征落实到对应模块里，找到相应的监管要求。[1] 这就为通用航空新产业、新业态的发展预留了空间。通过经营、运行两个维度描述特定通用航空活动的内在特征，形成模块，而不是使用具体的经营业务名称来分类，不妨碍企业对通用航空业务活动类型的创新，使得业务框架具有较好的稳定性和适应性。通过“通用要求 + 差异性要求”的管理模式，有助于实现管理的精准化，明确市场、安全、运行等各领域监管“放”与“管”的边界，清晰界定政府的责任。

（二）通用航空业务框架的分类标准

本部分需要讨论的问题是：通用航空业务框架的分类标准是什么？为何将“经营能力”和“运行能力”作为业务框架的两条主轴？每条主轴下的细分“刻度”又有什么考虑？

1. 主轴的选取

从民航局行使行政职权的实践来看，经济授权管理和安全运行管理构成了

---

〔1〕 参见黄涛主编：《通用航空中高级管理人才培训教材》，北京航空航天大学出版社 2021 年版，第 21 页。

中国民航政府监管职能的两条主线。经营能力和运行能力是局方对通用航空活动监管重点要考虑的两个方面。将经营能力和运行能力作为通用航空政府规制的主轴,与政府规制理论中的经济性规制与社会性规制的划分暗合,二者的规制目标、正当性根据、常用的规制工具均有所不同。

通用航空活动主体的经营能力主要刻画了其市场地位和所从事活动的性质,对经营能力的监管,主要目的是维护通用航空市场秩序,保护消费者合法权益,常用的规制手段包括价格控制、产量限制、服务质量要求以及对经营者数量限制等,[1]需要考虑的因素包括持续稳健的经营能力,消费者保护,股东、实际控制人及管理团队合规要求,航线要求,市场秩序,公平竞争,危险品运输,保险要求等。通用航空活动主体的运行能力刻画了其在飞行过程中所使用的航空器,对运行能力监管的主要目的是保障以飞行环节为中心的整个运行过程的安全,应该采用的规制手段如风险评估、风险管理等,需要考虑的因素包括运行合格证要求,驾驶员、维修人员、签派员要求等。从经营能力或运行能力出发,可以关联和辐射到局方管理的各个方面。通过区分这两个维度,有助于分别考虑监管要求,放松不合理的规制条件,清晰界定政府的责任边界。

2. 横轴(经营能力)

通用航空业务框架横轴体现的是经营分类指标,将通用航空从经营性质上划分为经营性(A类、B类、C类)和非经营性(D类)两大类。经营性行为是指以航空器的飞行活动为取酬目的而从事的行为,非经营性行为是指不以航空器的飞行活动为取酬目的而从事的行为。[2] 非经营性通用航空活动,不涉及市场领域监管。民航局关注其第三人责任险投保情况和从业人员的保护。而经营性活动涉及市场秩序,应该从行业发展和公共利益的角度加以监管,考虑重大社会公众利益、经营者持续稳健经营能力、消费者保护、保险(包括地面第三人责任险和机上旅客责任险)、市场秩序等方面,实现许可条件的差异化。由此,以经营性和非经营性为标准的区分就成为通用航空分类管理的基本出发点。

经营性行为又分为载客、载人和非载人三大类别。载客,是指为获取酬金或者收费而从事旅客运输,并且合同当事人履行的是因运送旅客而发生位移的运输合同(A类)。载人,是指载客运输以外且航空器上搭载有机组以外人员的航空活动,合同当事人履行的主合同是运输合同以外的合同(B类)。[3] 可见,载客类和载人类的经营性运输行为都是通用航空器上存在机组人员以外的人员。

---

〔1〕 See Susan E. Dudley and Jerry Brito, *Regulation: A Primer (Second Edition)*, Mercatus Center, George Mason University, 2012, p. 66.

〔2〕 参见《通航业务框架模块说明》。

〔3〕 参见《通航业务框架模块说明》。

载客类飞行目的是旅客运输，又可进一步划分为定期运输（A1 类）和不定期运输（A2 类）两类。定期运输主要是固定时间、固定航线、固定价格的短途运输，不定期运输的主要模式是包机飞行。定期与不定期区别的核心要素为：第一，班期时刻是否提前对外公布；第二，所有座位是否对公众开放。考虑基于定期运输产生的社会公众预期与旅客市场，政府规制的力度应该更强，体现在准入门槛更高，审批更严，要求更多。公共航空运输企业设立成本、运营成本均较高，对进入支线、短途航线动力不足。通用航空业务框架给通用航空短途运输提供了明确的法律定位，也明确界定了其市场边界，有利于通用航空短途运输的发展。

载人类经营是不以运输为目的的经营，除了机组成员之外，通用航空器上还有其他客人，这些客人的飞行目的并非“位移”，而是除运输之外的其他原因，在框架中又被细化分为面向社会公众的载人运输（B1 类）、面向非社会公众的载人运输（B2 类），同时将训练飞行单独列出（B3 类）。面向社会公众的通用航空活动，属于个人生活消费领域，涉及消费者保护，政府责任相对较大。面向非社会公众的通用航空活动，主要是企业之间的生产交易，更多地通过合同解决，政府责任相对较小。训练飞行是一类相对特殊的活动，关系通用航空安全基础及长远发展，所以单独列出加以规制。

非载人类（C 类）的经营性活动又分为货运（C1 类）和除了货运之外的其他非载人类活动（C2 类）。不能将非载人类的运输误解为就是无人机运输，非载人类是指除了机组人员之外没有其他人员的通用航空运输，其中包含无人机运输，但是其内涵远大于无人机运输，例如，有人机喷洒类作业，由于机上没有机组人员之外的人，所以也属于非载人类。经营性非载人的通用航空活动，一般是生产型交易，通用航空活动本身不涉及消费者保护，除机组人员外，无其他机上人员；机组成员是雇员，政府对机组成员的规制属于劳动保护范畴。

非经营性行为又分为载人（D1 类）和非载人（D2 类）两类，划分标准与经营性行为一样，以是否存在机组成员之外的人员作为依据。非经营非载人类（D2 类）监管放松后，私人娱乐飞行将成为未来通航发展的增长点，是“以放为主”最核心的体现，私人娱乐飞行增多后，可能会出现各种创新业态。

3. 纵轴（运行能力）

通用航空业务框架纵轴是运行分级指标，运行能力的划分标准必然与民用航空器有关，在选取分级指标时，应该考虑指标的通用性要求以及与现行法律法规的匹配性。最终，民航局选取了载客数和最大商载吨数作为分级指标。纵轴一共分为 6 个级别，其中 1 ~ 5 级对应的是飞机，6 级专指直升飞机。1 ~ 5 级中的每一个级别针对载人、载客类按照不含机组的座位数进行划分，其中，60 座以上的为1级,30~59座的为2级,20~29座的为3级,10~19座的为4级,9座以下的是5级。1~5级中针对非载人类的是以商载吨数3.4吨作为分界线,1级和2级(30座以上机型的航空器)可以进行3.4吨以上的非载人类飞行活动,5级(9座以下机型的航空器)只能进行3.4吨以下的非载人类飞行活动。而3~4级则在3.4吨之上和之下的级别都可以存在。6级是针对直升飞机的划分级别,特别是在定期载客运输中又根据客座数量具体划分为:30座以上(A1-6)、20~29座(A1-6-1)、10~19座(A1-6-2)、9座以下(A1-6-3)。在直升机机型中,非载人类暂不区分机型。

上述分级标准,考虑了与现行法律法规的匹配。例如,《小型商业运输和空中游览运营人运行合格审定规则》(CCAR-135-R3)适用于使用旅客座位数30座及以下,最大商载3.4吨及以下的运输类飞机实施的载货或者不定期载客飞行,[1]《大型飞机公共航空运输承运人运行合格审定规则》(CCAR-121-R7)适用于使用旅客座位数超过30座或者最大商载超过3.4吨的多发飞机实施的不定期载客飞行,[2]这就使"30座、3.4吨"成为一个界限。又如,《生产安全事故报告和调查处理条例》[3]第3条划分了生产安全事故等级,30人以上死亡为特别重大事故,10人以上30人以下死亡为重大事故,也与飞行器座位数相对应。

二、通用航空法规框架

为方便清晰展示通用航空法规体系重构工作调整涉及的规章情况,并为通用航空立法指引,民航局制定了通用航空法规框架。该框架按照民用航空管理事项进行分类并排序,共涉及23部规章,其中,新制定3部,修订19部,废止1部。在法规框架中,说明了涉及通用航空的规章名称、CCAR部号、拟调整内容、调整方式等,[4]根据轻重缓急,按时限、分专业进行规章的立改废工作。此外,涉及法律、行政法规的调整,统筹考虑研究。

通用航空法规框架的出台,整理了相对独立的通用航空法规体系,说明了今后一段时间的法规制定和修订思路,为今后的规章制定、修订提出了框架"符合性"标准,对于统一监管思路,确保法律体系之间的一致性具有重要的指导意义。民航局制定的涉及相对人权利义务的行政规定(行政规范性文件),也需进行框架的符合性审查。截至2021年年底,大部分规章修订工作已经完成,通用航空法规框架基本内容已经转化为民航规章的要求,落地实施。

---

[1] 参见《小型商业运输和空中游览运营人运行合格审定规则》(CCAR-135-R3)第135.3条。

[2] 参见《大型飞机公共航空运输承运人运行合格审定规则》(CCAR-121-R7)第121.3条。

[3] 2007年4月9日国务院令第493号公布。

[4] 参见《通航法规框架及说明》。

三、对"两个框架"的总体认识和评价

"两个框架"是开展中国民航通用航空政策法规体系重构的总体性文件，明确了未来一段时间中国通用航空整体政策走向、立法思路和制度设计需要遵循的基本原则和具体要求，是通用航空管理的"路线图"、通用航空市场的"分布图"、通用航空合规的"白皮书"，也是对行业外的投资者的指引性文件。

（一）"两个框架"的法律性质

通用航空业务框架是民航局对通用航空经济管理和安全管理的总体政策，通用航空法规框架是民航局公布的立法、修法计划和总体思路，从法源的角度来说，"两个框架"属于行政规定，不属于法律、法规、规章等正式的法律渊源。因此，它在民航系统内部有强制性，但是对外不会直接对通用航空企业产生法律效果，需要通过立法将其转化为新的法规和政策文件才能实施。

"两个框架"对内的效力体现在其具有自我拘束的效应，民航局及其所属的机关单位应该遵照执行，在今后民航局及其工作人员的通用航空立法和执法过程中，应该符合"两个框架"的原则和要求。

在立法层面，"两个框架"是制定行政规范性文件、制定起草相关民航规章和行政法规的审查标准，民航局在《关于推进通用航空法规体系重构工作的通知》中，要求按照"两个框架"统一立法和政策制定工作，梳理现有涉及通用航空的政策性文件和法规。民航局机关各部门、民航局空管局、各地区管理局要对现行有效的涉及通用航空管理的政策性文件进行梳理，对于文件设定的通用航空政策与"两个框架"不一致的，明确调整内容和时间安排。各单位制定涉及通用航空的政策性文件，属于行政规范性文件的，包括一般规范性文件和重要规范性文件，均应按照行政规范性文件管理要求和程序，在制发前，报法制部门进行合法性、"两个框架"符合性审核，未经审核或者审核不合法的不得制发。"两个框架"同时要作为法规审查要求，纳入审查标准，确保立法符合"两个框架"的要求。

在执法层面，通用航空监管过程应该符合"两个框架"的规定和精神，坚持分类监管的总体原则，开展不同方式、不同频率、不同强度的监管。民航局要求各级民航行政管理机关将"两个框架"纳入监察员培训课程范围，对两个框架的内容和落实要求进行培训。

"两个框架"对外没有直接的法律效力，因此，现行法律、法规、规章与"两个框架"相冲突的，仍应以现行有效的法律、法规、规章为准，这就要求民航局尽快落实对现行法律规范的审查和调整工作，尽早实现监管模式的转变。由于"两个框架"的公开，也会产生相应的社会效果，引导通用航空行业内外人士的活动。根据法无禁止即可为的原则，只要通用航空活动不属于"两个框架"调整范

围,或者“两个框架”没有规定,即应理解为局方无特殊要求,投资者与经营者可以自主决定,通过市场机制自我调节,这是界定政府权力边界的关键。

总而言之,“两个框架”对监管者来说是政府进行通用航空规制改革的总体思路,对行政相对人来说是未来相当长一段时间内的监管预期。政府应该保护相对人的合理信赖,不能随意改变“两个框架”已经确定的内容。

(二)“两个框架”的作用

“两个框架”推动了通用航空规制改革向放松规制、分类监管的方向发展。其作用体现在以下四个方面。

第一,进一步明确了“通用航空”的概念和范围。构建相对独立的通用航空法律体系的前提即是对“通用航空”进行明确的定义。通用航空业务框架的创新之处在于,它虽然没有对“通用航空”概念进行定义,但是通过划分业务模块的方式,通过模块描述与典型实例相结合的方法,明确了各种通用航空活动的外延,使种类繁多、内容庞杂的通用航空活动有了一个整体的定位,为进一步建构通用航空法规体系奠定了基础。

第二,明确监管思路。从上文分析可以看到,业务框架各模块之间有一个由重到轻的传递关系,在通用航空业务框架表中,经营能力向左减轻,运行能力向下兼容。这意味着,从右到左,政府对经营能力管理要求逐步降低;从上到下,政府对运行能力管理要求逐步降低,没有特殊理由,不能在监管条件上违背这一规律。从右上角突出“管”,到左下角突出“放”,实现从“管主体”到“管活动”的转变。在突出“管”的区域,主要是涉及短途运输等涉及经营性载客运输、经营性载人等领域,前者主要涉及对旅客的消费者保护、公共利益保护等问题,后者主要涉及机上人员的生命安全,需要加强管理。在突出“放”的区域,主要是涉及经营性作业活动、非经营性通用航空活动等领域,要以管“航空活动”为抓手,淡化行业管理色彩,突出全社会共同治理的理念,实现从业主体的多元化。

第三,统一监管政策。过去,因通用航空涉及的法规范庞杂分散,承担起草相关法律规范和政策的各部门监管思路不同、要求不同,使整个通用航空法规体系和政策体系并不统一。“两个框架”建立后,通用航空法规政策制定必须符合“两个框架”,通过符合性审查,起到统一监管政策的作用,民航局各部门本位主义、各自为政的情况将得到扭转,而政策法规司因其审查权的存在(包括合法性审查和“两个框架”的符合性审查)将会扮演越来越重要的角色。

第四,稳定行业预期。“两个框架”展示了一幅通用航空市场的分布图,说明了未来监管政策的走向,指明了哪些领域存在哪些要求、哪些领域将要放松监管、哪些领域将要放开,从而形成了对通用航空产业政策的宣示和指引。它不但影响了现有的监管者和经营者,还影响了行业外的潜在投资者,为引导其进入通航行业、选择投资和经营何种业务提供了指引，有助于发挥市场作用，引入社会资本，增强通用航空产业的活力，促进通用航空产业规模的壮大。

（三）“两个框架”的完善方向

“两个框架”为通用航空法规重构和通用航空产业的发展提供了有力支撑，但也不是完美无缺的。首先，法规框架中的立法、修法计划有些还未完成，例如，《民用航空产品和零部件合格审定规定》（CCCAR－21）对个人自制航空器还没有作出规定，《通用机场管理规定》（CCAR－138）还没有出台，未来应该继续推动立法、修法，使法规框架的设想尽早落地。其次，业务框架各模块是否符合实践需求，需要在实践中检验和评估，定期更新模块要求，对模块之间管理的平衡性和一致性进行优化。最后，作为通用航空规制的根本性问题，政府的权责边界还有待厘清，监管手段还有待优化。在“放松规制”的大方向下考虑通用航空领域监管活动，可以从四个层次确定监管策略。一是管理事项是否政府必须介入，能否通过企业、行业协会等自律的方式解决。二是管理标准是否必须与公共运输航空一致，是套用公共运输航空标准，还是有必要提出通航自己的条件。三是管理方式上，是采用他律方式还是自律方式，对各种可能的规制手段，究竟应采用哪种或哪些的组合才能最有效地达到行政目的。四是在管理程序上，是否存在流程优化、简化的空间，在事权的划分上，是否可以下放到地方等。只有通过系统性的思考，才能从根本上转变政府监管方式，推进通用航空规制改革向法治化、现代化方向前进。

第四章　通用航空规制的组织基础

第一节　民用航空监管体制的沿革

政府规制的有效实施需要一定的组织基础。行政组织居于整个国家管理活动的上游，它不仅是直接的管理者，而且是资源的掌控者和规则的设计者，行政组织自身的结构成为行政任务完成的结构性前提。如果行政组织的权责清晰、结构合理、关系顺当，那么行政职能就能得到较好的履行，行政任务可以得到高质量、高效率的处理。反之，行政组织的无序必然导致行政管理的混乱，产生资源浪费、运转不灵等问题，无法顺利达成行政目的。对行政组织的规制可以从源头上打造良好的行政管理体制，减轻行政过程下游的压力。[1] 自中华人民共和国成立以来，我国民用航空监管体制变动频繁，经历了一个从军航到民航、从政企合一到政企分开的漫长过程。

一、以军队管理为主时期(1949～1978年)

自中国民用航空事业建立以来，民用航空管理体制经过了多次变动。在改革开放之前，领导体制上大的变动有六次。[2]

1. 1949年中华人民共和国成立后，在人民革命军事委员会下设民用航空局，受军委司令部之领导。民航局成立时，建制属中央军委，行动上由空军司令部指挥，业务上归中央财政经济委员会领导；

2. 1952年4月，建制改属空军，各项工作均由空军领导；

3. 1954年11月，改为国务院直属局，由空军和国务院第六办公室分工领导；

4. 1958年2月，改为交通部[3]部属局，由空军和交通部分工领导；

5. 1962年4月，改为国务院直属局，由空军和国务院有关部委分工领导；

6. 1969年11月，划归中国人民解放军建制，成为空军的组成部分，各项制

---

〔1〕 参见贾圣真：《行政任务视角下的行政组织法学理革新》，载《浙江学刊》2019年第1期。

〔2〕 参见《当代中国》丛书编辑委员会编：《当代中国的民航事业》，当代中国出版社2020年版，第52页。

〔3〕 现为交通运输部。

度按军队的执行。

在中央与地方关系方面,1958～1960 年,民用航空领域进行了体制下放的改革。1958 年 6 月 17 日,中共中央批准交通部党组《关于体制下放意见的报告》。按照这个报告的内容,民用航空开始实行双重领导,同时部分业务下放给地方。中国民航的国际航线、国内干线、工业航空主要实行以中央领导为主;地方航线、农业航空等则实行地方领导为主。民用航空管理体制改为四级:中国民用航空局、地区管理局、省(自治区)管理局、民用航空站。据此,先后有 20 个省、自治区相继在原有航空站的基础上组建了民航管理局,归属地方交通厅、局,实行以地方为主的双重领导,直接经营地方航线和农业航空。针对当时中央集中过多、统得过死的问题,适当扩大地方和企业的管理权限,在一定程度上调动了地方的积极性,但很快就不能维持。1961 年开始,各省、自治区的民航管理机构和所购买的飞机又陆续移交给民航局统一领导和管理。[1]

中国民航成立初期还有过一段企业化的尝试。1950 年 2 月,中国和苏联合办中苏民用航空股份有限公司。1952 年,中国人民航空公司在天津成立,1953 年被取消,与民航局合并。1955 年,中国民航局接管了中苏民用航空股份有限公司的全部业务,至此完全放弃了企业化经营模式,开始了民航事业统一领导和经营的管理体制。

改革开放以前,民用航空管理体制几经改变,其领导权归属在军队与国务院之间摇摆,但主要还是受军队领导,基本都处在空军的领导或代管之下,这就使民用航空业带有浓厚的军事色彩。这一时期的民用航空基本采取的是以军队领导为主、政企合一的半军事化经营管理模式。这种模式在中国民航的初创阶段,在民用航空资源有限、规模小的条件下,能够有效地整合、配置有限的人、财、物力,促进民用航空的稳步发展。但随着中国民用航空业的迅速发展,行业规模不断扩大,民用航空业务量迅速增长,民用航空运营领域不断扩展,政企合一的经营管理模式弊端也日益凸显。在这种高度集中的政企合一的管理体制下,民航局既是航空运输业的政府管理机构,又是垄断经营航空运输的全国性企业。其结果是,既难以充分发挥民航局作为政府主管部门的作用,又使企业缺乏经营活力,严重束缚了民用航空业的进一步发展。由于体制的低效率和政府执行的低票价政策,民用航空长期处于亏损状态,靠国家给予政策性补贴。在 1953 年至 1978 年的 25 年中,亏损的有 14 年。政府对产业严格管制,不仅控制了票价、航线、航班等项目,还延伸到对旅客资格(需求)的管制。这种特殊管制使乘坐民航班机成为少数人的一种特权,民用航空业的需求也被压缩到极小程度,民航成

---

[1] 参见王勇等编著:《中国民航史教程》,中国民航出版社 2019 年版,第 70～72 页。

为一种被边缘化的交通运输方式。[1]

二、从"政企合一"到"政企分开"(1978～2008年)

(一)民用航空行政管理体制改革

1978年,时任国务院副总理的邓小平同志指出,民航要用经济观点管理,要按企业来办;1980年,邓小平进一步指出,民航一定要走企业化的道路。李先念同志也指出,民航一定要企业化,不能用军队的办法来管理民航。1980年3月,国务院、中央军委发出《关于民航总局不再由空军代管的通知》,从1980年3月起,民航不再由空军代管,除航行管制外,其他工作均向国务院请示报告。1980年5月17日,国务院、中央军委发布《关于民航管理体制若干问题的决定》,规定中国民用航空总局是国家管理民航事业的行政机构,统一管理全国民航的机构、人员和业务,逐步实现企业化管理。民航地区管理局、省(自治区、直辖市)局、学校、工厂等企业、事业单位,由民航总局和省、自治区、直辖市人民政府(革命委员会)实行双重领导,以民航总局领导为主。

1982年8月23日,第五届全国人大常委会第二十四次会议同意将"中国民用航空总局"改称"中国民用航空局",作为国务院直属机构。通过1980年和1982年的两次机构改革,民航(总)局机关改变了原来的军队建制,撤销了类似军队建制的指挥部、后勤部,组建了作为政府主管部门的各业务司局,为民航局履行行业行政管理职能奠定了组织基础。

1988年国务院机构改革,中国民航局作为国务院主管民用航空事务的直属机构继续保留。1992年,经国务院批准,民航局仍保留民航省(直辖市、自治区)局,由地区管理局领导和管理。在1993年的国务院机构改革中,"中国民用航空局"更名为"中国民用航空总局",规格由副部级调整为正部级。在1998年、2003年的国务院机构改革中,中国民航总局作为国务院主管民用航空事务的直属机构继续设置。

(二)民用航空市场化改革

1980～1987年,民用航空管理体制改革主要进行的是"非军事化"改革,民航脱离军队建制,从隶属于空军改为隶属于国务院。但这期间中国民航局(总局)仍是政企合一管理机制,既是主管民用航空事务的政府部门,又是以"中国民航"名义直接经营航空运输、通用航空业务的全国性企业,飞行运输业务并没有从民航局分离出来,当时连形式上独立的航空公司都没有,执行飞行任务的只是民航局的工作单元。航空运输业始终维持着政企合一体制下的国家垄断。在此阶段,有些地方政府进行了企业化的尝试,如1985年年底,上海市组建了上海

[1] 参见王勇等编著:《中国民航史教程》,中国民航出版社2019年版,第87页。

航空公司,成为中国第一家自主经营的国有地方航空运输企业。

1985 年,国务院批准中国民航局《关于民航系统管理体制改革的报告》,又经多次研究讨论和修改补充,形成了《关于民航系统管理体制改革方案和实施步骤的报告》。1987 年,国务院批准中国民航局《关于民航系统管理体制改革方案和实施步骤的报告》,决定对民航业进行以航空公司与机场分设为特征的体制改革。总体思路是政企分设和放开竞争,将飞行运输从民航局分离出来,设立六家骨干航空公司,并允许有条件的地方成立航空公司。在组建骨干航空公司的同时,组建了六个地区管理局。六个地区管理局既是管理地区民用航空事务的政府部门,又是企业,领导管理各民航省区、市局和机场。航空运输服务保障系统也按专业化分工的要求相应进行了改革。

进入 20 世纪 90 年代后,中国民航在市场化方向上有进一步探索。从 1995 年起,民航总局开始严格限制产业进入,停止审批新办航空公司的申请。1997 年,民航总局提出"大公司、大集团"战略,鼓励航空公司之间的强强联合和兼并重组。从 1997 年到 2002 年 10 月前,民航业内发生联合兼并 11 起。[1]

2002 年 3 月,国务院批准了《民航体制改革方案》,民航改革进一步深化。[2] 这次改革的主要内容如下。

第一,对民航总局直属的 9 家航空公司进行联合重组,实行政企分开,形成中国航空集团公司、中国东方航空集团公司、中国南方航空集团公司等 3 家大型航空集团公司,并改组民航服务保障企业。实现政企分开,企业与政府主管部门脱钩。

第二,按照政企分开、属地管理的原则,对机场进行属地化管理改革。民航总局直接管理的机场下放所在省(区、市)管理,相关资产、负债和人员一并划转;民航总局与地方政府联合管理的民用机场和军民合用机场,属民航总局管理的资产、负债及相关人员一并划转所在省(区、市)管理。首都机场、西藏自治区区内的民用机场继续由民航总局管理、监管。

第三,按照集中统一的原则,改革民用航空空中交通管理体制,建立"民航总局空管局—地区空管局—机场空管中心(站)"为一体的空中交通管理体系。空管系统按事业单位性质管理。

第四,改革民用航空行政管理体制,根据航空运输跨省、跨地区运作的特点,将"民航总局—地区管理局—省(区、市)局"三级行政管理,改为"民航总局—地区管理局"两级管理。民航总局下属 7 个地区管理局和 26 个省级安全监督管理办公室,对民用航空事务实施监管。撤销 24 个民航省(区、市)局。民航总局公

〔1〕 参见王勇等编著:《中国民航史教程》,中国民航出版社 2019 年版,第 92 页。

〔2〕 参见国务院《关于印发民航体制改革方案的通知》(国发〔2002〕6 号)。

安局作为公安部派驻机构，继续由民航总局和公安部双重领导，民航地区管理局公安机构由民航总局公安局派驻。

（三）从“管理”到“规制”：民用航空行业监管体制的确立

回顾民用航空管理体制的变迁，可以看到我国民航从军事化、半军事化的军队体制，转向政企合一的行政管理体制，再转向政企分开的行业监管体制的历史过程。通过一系列的改革，到21世纪初，基本上将计划经济时代的政企合一的管理体制转变为社会主义市场经济基础上的民用航空监管体制。

在中国，行政规制的形成与市场经济的孕育与发展息息相关。[1] 在中华人民共和国成立后，国家对社会进行了全面的干预和重组，所有社会成员被纳入各种形式的组织之中，并将包括企事业单位在内的几乎所有组织纳入行政组织系统，形成了层层隶属的金字塔式社会结构。在计划经济时代，国家对民航业实施的是类似于行政组织内部监督指挥关系的“管理”，而不是独立主体间基于明晰的法律规则“规制”，在这种体制下，不存在学术意义上的政府规制的空间。

自改革开放以来，从高度集中的计划经济到“计划体制为主、市场调节为辅”，再到“有计划的商品经济”，直至1993年将“国家实行社会主义市场经济”写入宪法，构成了行政规制兴起的基础性背景。经过多轮政府机构改革，以政府职能转变为枢纽，政府与企业、政府与市场、政府与社会逐渐分离，这为国家通过法律（而不是计划经济时代的指令管理）方式调控市场、管理社会提供了空间。[2] 当企业和个人的主体地位得到承认后，各主体的行为规则便只能由法律来设定，完全依靠命令控制手段不但不具备正当性，也难以达到预期效果。例如，1999年，为扭转民航全行业亏损的情况，当时的民航总局与国家计委对机票价格实施严格管制，规定散客一律全价，严禁随意打折。“禁折令”的实施，并没有起到多少效果，反而引起航空公司和消费者双方的不满，这促使政府开始更加理性地看待价格管制问题。[3] 经过2002年的民航体制改革，民航业内基本实现了政企分开，民航总局卸去了对航空公司和机场的资产管理职能，摆脱了又“管”又“办”的双重角色，更有动力实行基于明晰的法律规则的公平监管。这就推动了民航业从“管理”向“规制”的转变，初步确立了与社会主义市场经济相适

---

〔1〕 参见宋华琳：《探寻政府规制的法律改革——〈规制及其改革〉重排前言》，载［美］史蒂芬·布雷耶：《规制及其改革》，李洪雷、宋华琳、苏苗罕、钟瑞华译，宋华琳校，北京大学出版社2022年版，第2页。

〔2〕 参见贾圣真：《政府机构改革与法律环境的互动与协调》，载《行政法学研究》2021年第5期。

〔3〕 这一时期民航价格管制的基本情况，参见王勇等编著：《中国民航史教程》，中国民航出版社2019年版，第92～93页。关于“禁折令”问题的详细探讨，参见张兴祥：《政企分开的艰难探索——以中国民航机票价格规制为视角》，载胡建淼主编：《公法研究》（第5辑），浙江大学出版社2007年版，第72～93页。

应的民用航空行业监管体制。

三、2008 年至今的民用航空监管体制

2008 年，国务院机构改革实行“大部制”，将中国民航总局的职责整合划入交通运输部，交通运输部的主要职责是，拟订并组织实施公路、水路、民航行业规划、政策和标准，承担涉及综合运输体系的规划协调工作，促进各种运输方式相互衔接等。同时，将民航总局改组为民航局，由交通运输部管理。至此，民航局成为交通运输部管理的国家局，在 2013 年、2018 年、2023 年的国务院机构改革中都延续了这一体制，中国民用航空监管体制进入了一段相对稳定的时期。

在这一时期，原各省会城市所在地的民用航空安全监督管理办公室相继升格为安全监督管理局，并陆续增加到 40 个，逐渐形成了“中国民航局—地区管理局—各地监管局”的三级监管模式。现阶段民航局的监管组织体系如表 4－1 所示。

表 4－1　中国民航监管组织体系

中国民用航空局						
华北地区管理局	东北地区管理局	华东地区管理局	中南地区管理局	西北地区管理局	西南地区管理局	新疆地区管理局
北京安监局 天津安监局 河北安监局 山西安监局 内蒙古安监局	黑龙江安监局 吉林安监局 辽宁安监局 大连安监局 佳木斯运行办	上海安监局 江苏安监局 浙江安监局 山东安监局 安徽安监局 福建安监局 江西安监局 厦门安监局 青岛安监局 温州安监局	河南安监局 湖北安监局 湖南安监局 广西安监局 海南安监局 广东安监局 深圳安监局 桂林安监局 三亚安监局	甘肃安监局 陕西安监局 宁夏安监局 青海安监局	四川安监局 重庆安监局 贵州安监局 云南安监局 丽江安监局	乌鲁木齐安监局 喀什安监局

民航局下设华北、东北、华东、中南、西北、西南、新疆 7 个地区管理局，负责对辖区内民用航空事务实施行业管理和监督。7 个地区管理局根据安全管理和民用航空不同业务量的需要，向辖区各省、市共派出 40 个安监局（运行办），各派出机构按照授权负责该地区的具体监督管理工作。这种“条条”管理体制（垂直管理）与一般的以行政区划为管辖范围的“块块”管理体制（属地管理）不同。之所以在民用航空监管领域实施垂直管理，是考虑民航业是高科技、高投入、高风险的行业，具有快速、机动、灵活等特点，民航业整体性、关联性强，其生产服务过程不是某一独立单位、某一行政区域单独可以完成的，成果也不为其独享。世界其他航空大国，也大都采取集中统一的监管体制。

在“中国民航局—地区管理局—各地监管局”三级机构的监管模式下，从宏观角度分析各层级的职能，民航局属于立法决策者，地区管理局属于组织实施者，各地安全监督管理局属于监督检查者，共同对航空企业和航空活动进行监管和检查。[1]

中国民用航空局作为民用航空活动最主要的监管主体，其监管权力无所不在。对民航局权力的规定主要在《民用航空法》和相关法律、行政法规、国务院文件中，其监管权力可划分为以下四类：第一，行政规范创制权，包括研究制定起草我国民用航空的有关法律、法规，制定航空运输、通用航空政策和规章制度，制定民用航空飞行、民用航空器适航管理、民用航空空中交通管理、民用机场建设和安全运行、民航安全保卫管理的规章制度、标准等并组织实施，制定从事民航从业人员的资格标准和行为准则等；第二，行政许可权，包括审核和批准航空公司的设立、规划和批准机场的建设和使用运行，审核批准飞行人员、机务人员和空管人员的任职资格等；第三，行政执法权，包括对违反民用航空管理相关法律、法规的行为进行调查和处罚，包括处罚前的调查和检查行为等；第四，对民航市场、民航单位的行政指导权。

民航各地区管理局和各省市安全监督管理局的行政职责包括：第一，对辖区内民用航空违法违规事项立案调查并在授权范围内作出行政处罚决定；第二，负责对辖区内民用航空器运营人的运行合格审定工作并进行持续监督检查；第三，按授权负责对辖区内民用航空器及其部件的适航审定；第四，审查批准或报批辖区内民用机场（含军民合用机场民用部分）的总体规划、使用许可证和军民合用机场对民用航空器开放使用的申请；第五，研究拟订辖区内民用航空发展规划，审核报批辖区内新建民用机场的场址选址报告；第六，审查辖区内民用机场、航空运输企业的安全保卫方案和预防、处置突发事件的预案；第七，审批航空运输企业在辖区内的航线及加班、包机申请等。

民用航空监管体制不是一成不变的，行业监管的组织、职能、监管方式，必然要适应民用航空活动和产业发展的需要，适时作出相应的调整。

第二节　通用航空监管体制的沿革

一、通用航空管理机构设置情况

通用航空是整个民用航空事业的一部分，其监管体制变迁与民用航空监管

[1] 参见车彤等编著：《中国民航法治建设研究》，西南交通大学出版社2021年版，第98页。

体制变迁是一致的。在此着重梳理一下不同时期民航局(总局)的通用航空的管理机构的设置情况。[1]

中华人民共和国成立初期,由军委民航局承担航空作业任务。1951～1955年,民航局没有单独设置通用航空管理机构,由局商务处兼办通用航空业务。1955年3月9日,原林业部呈国务院的报告中提出"根据苏联经验,由民航局统一经营管理航测事业和所用飞机",1955年4月25日,国务院同意将林业部3架航测飞机交民航管理使用。

1956年6月20日,经国务院批准,民航局机构作了调整,成立专业航空处,各地区管理局陆续成立专业航空科,建立了专业航空管理机构。1959年9月20日,中共中央转发交通部党组《关于民航管理体制的报告》,决定地方航线和农业航空改为实行中央为主的双重领导。1964年下半年,民航总局机关建立二级局,专业航空处归属二局。1969年,民航总局二局专业航空处撤销,与运输、计划合并为生产处。1970年,生产处撤销,专业航空业务工作调整为由民航总局国内业务局和民航各管理局国内业务处承办。

改革开放以后,通用航空管理机构逐步恢复。1978年2月,民航总局国内业务局成立专业航空组,统一负责管理通用航空发展业务。1980年2月,民航总局成立专业航空局,下设农业、工业和石油航空3个处,统一管理全行业专业航空飞行服务工作。随后,各地区管理局也相继设立专业处。1980年6月,原国家农业委员会成立飞播造林领导小组,指导全国飞播造林工作。1982年7月,国务院批准民航局设立专业航空司。1989年11月,国务院批复民航局机构改革方案,专业航空司撤销,组建企业管理司,通用航空业务划归企业管理司通用航空处负责。1994年企业管理司撤销,组建运输管理司,通用航空业务划归运输管理司通用航空处负责。2006年,民航总局运输司通用航空处撤销,通用航空职责划归政策法规司体改办。2009年8月,民航局运输司通用航空处恢复。2013年10月24日,民航局成立通用航空领导小组,由局长任组长,下设通用航空发展办公室。领导小组的主要职责是协调落实国务院关于发展通用航空的阶段性任务,研究、部署通用航空重点工作,督促、检查通用航空重点工作进展情况,指导民航各地区管理局通用航空领导小组的工作。2013年11月6日,解放军总参谋部和民航局联合发布《通用航空飞行任务审批与管理规定》(参作〔2013〕737号),军方把与国防、领土不相关的通用航空飞行任务的审批权让渡给民航局。

---

〔1〕 本部分主要依据王秉玺主编:《中国通用航空70年》,电子科技大学出版社2021年版;中国航空运输协会编:《中国通用航空年谱(1951－2021)》,中国民航出版社有限公司2022年版;孟平主编:《中国通用航空50年》,中国民航出版社2004年版,第42～44页。

纵观70余年通用航空监管机构的设置,可以看到行政任务对行政组织的设置、撤销和重组的影响。对行政任务的重要性、特殊性的强调,往往会带来一个组织的"升格",或从原有的行政组织体系中分化出去;对相同或类似行政任务的整合,又可能导致组织被合并。[1] 民航局(总局)内通用航空管理机构的规格,最高曾为民航局下属的司局,大多数时间是一个处室,也有一度被完全撤销,其工作分散到其他职能部门。2013年以来,民航局成立通用航空领导小组,由局长任组长,通用航空管理在组织机构层面被提到了前所未有的高度。

多轮机构改革实践促使我们审视通用航空监管职能的综合性与专业性,思考民航局的通用航空管理机构到底应该"管什么",如何对其管理职责进行界定和描述。在此基础上,才能科学设置通用航空管理机构,解决其规格、编制、与其他部门间的职责关系等问题。通用航空管理机构的设置,一方面,取决于国家对通用航空的重视程度,取决于民航局对通用航空在整个民用航空体系中的定位;另一方面,取决于通用航空监管业务的性质、规模和稳定性。从总体来看,当民用航空领域实现政企分开后,民航局不再掌握通用航空企业的控制权,对通用航空人、财、物的管理事务就减少甚至消除了,在此背景下,行政机关没有及时将政府职能定位从"管理"转向"监管",一度出现对通用航空行业管理和引导的缺位,这是90年代通用航空发展陷入困境的原因之一。在1985～1987年民航系统管理体制改革中,民航各地区管理局专业航空处先后取消或划给新成立的航空公司,地区性通用航空管理工作中断。1996年以后,根据民航总局党委《关于发展通用航空若干问题的决定》(民航党发〔1996〕07号),各地区管理局单独设立了通用航空处,行业管理工作得以全面实施。[2]

目前,通用航空管理的具体工作主要由民航局运输司承担。各地区管理局设通用航空处,主要负责对辖区内通用航空市场实施监督管理;负责辖区内通用航空企业的经营许可管理和非经营性通用航空的备案并实施监督;组织协调辖区内重大、特殊、紧急通用航空抢险救灾工作。民航局运输司印发的《通用航空市场监管手册》(WM－TR－2017－01),明确了在通用航空市场监管领域民用航空各级管理机构的职责分工、许可准入及监管的流程。

考虑到促进通用航空发展需要在通用航空器适航审定、航空人员资质、机场及飞行保障等方面综合施策,为更好地促进我国通用航空业发展,确保通用航空运行安全、规范市场秩序,民航局认为,应在民航局内设立单独的通用航空管理部门。2019年2月,民航局向中央编办去函申请增设通用航空司,主要负责规范通用航空市场秩序,监督管理服务质量;起草通用航空行业管理、消费者权益

---

〔1〕 参见贾圣真:《行政任务视角下的行政组织法学理革新》,载《浙江学刊》2019年第1期。

〔2〕 参见孟平主编:《中国通用航空50年》,中国民航出版社2004年版,第43～44页。

保护、危险品短途运输等的技术政策、行政管理法规和标准并监督执行;负责通用航空活动的监督管理工作;组织协调重大、特殊、紧急通用航空任务,但未得到批准。[1] 通用航空监管的综合性较强,需要一个机构负责拟定通用航空政策和规章制度,规范通用航空市场秩序,承担通用航空飞行任务的组织管理工作,并协调飞行标准、适航、机场等业务部门制定政策标准。在民航局机构设置中,保持一个专门的通用航空管理机构,对于促进通用航空发展,保障通用航空监管政策的稳定性和一致性,消除涉及通用航空的规章、政策冲突,防止将公共运输航空标准简单套用到通用航空领域,是非常必要的。

二、通用航空经营体制的变迁

最后,介绍通用航空作业单位和经营体制的变迁。中华人民共和国成立初期,通用航空隶属于军队管理,1952 年 1 月,军委民航局在天津组建了中国第一支航空农林队,1953 年在天津成立飞行大队,下设 3 个中队,其中三中队执行专业飞行生产任务。1955 年中国民航局成立专业航空队,1958 年改编为航测飞行大队。在改革开放前,专业飞行队成为通用航空的基本作业单位,到 1980 年,民航系统已有 14 个从事农、林业航空为主的专业飞行队。[2] 这些飞行队后来大多被改组或划归入国有航空公司,成为我国通用航空企业生产经营最初的基本力量。1982 年,以民航第二飞行总队为基础,成立民航工业航空服务公司,这是民航成立的第一家通用航空公司,开启了通用航空企业化、市场化经营的进程。1985 年,民航局领导在专业航空工作会议上提出农业航空要化整为零,由各省、自治区、直辖市民航主管部门领导,进行分散经营,打破大锅饭。1989 年 3 月,民航局批准中国民航工业服务公司更名为中国通用航空公司,1997 年该公司被中国东方航空公司兼并。在中国民航的市场化改革过程中,通用航空逐渐体现出经营利润较小、规模化经营能力弱、资本密集度低、新技术应用缓慢的特征,在中国民航重视经营利润、追求经济效益的过程中逐渐成为弱势业务。[3] 到 20 世纪 90 年代后期,这种状况才逐步改善。2005 年,三峡通用航空有限公司成立,成为国内首家民资申办的通用航空公司,通用航空经营主体进入多元化时代。

---

〔1〕 参见《对十三届全国人大二次会议第 3344 号建议的协办意见》,载中国民航局官方网站,http://www.caac.gov.cn/XXGK/XXGK/JYTNDF/201907/t20190705_197400.html。

〔2〕 参见王秉玺主编:《中国通用航空 70 年》,电子科技大学出版社 2021 年版,第 125 页。

〔3〕 参见吕人力主编:《中国通用航空蓝皮书:中国通用航空业研究报告(2018)》,中国民航出版社 2017 年版,第 22 页。

第三节 通用航空规制中的多方角色

通用航空法律关系是以通用航空法律规范为基础形成的以权利义务为内容的社会关系。通用航空法律关系主体具有多元性,是由自然人、法人、非法人组织、国家、国际组织组成的复杂的社会关系系统;内容具有广泛性,可能涉及通用航空市场宏观调控形成的经济法律关系、通用航空合同形成的民事法律关系、通用航空领域犯罪和刑罚形成的刑事法律关系和通用航空行政管理活动形成的行政法律关系等。在政府规制主线下,通用航空行政法律关系是通用航空领域主要的法律关系,需要重点研究。

在行政法学理论中,行政法律关系通常简化为“行政主体—行政相对人”的关系,其中,行政主体通常被定义为依法享有行政职权或负担行政职责,能够以自己的名义对外行使行政职权且能够对外独立承担法律责任的行政组织。我国行政主体的主要类型包括国家行政机关和法律法规规章授权的组织。行政相对人,是指行政主体在行使行政职权或履行行政职责作出行政行为时所针对的公民、法人或其他组织,包括行政行为直接指向的对象以及与行政行为有利害关系的人(第三人)。在政府规制实践中,行政主体不是“铁板一块”,行政相对人也不是被动的权利义务承担者,各级政府及政府各部门、企业、行业协会、专家、媒体、社会公众等共同参与政府规制和治理过程,各种正式和非正式的联系成为复杂的网络,形成了多中心、多主体、多层次的合作治理模式。[1] 在政府治理过程中,不同主体有着不同的立场、知识、信息、资源和能力,有着自己的优势与不足,研究这些主体的类型、结构、互动等情况,比“行政主体—行政相对人”的分析框架更有解释力。发挥各主体在解决复杂公共问题过程中的潜力,扬长避短,可以有效地培育、发展监管市场,实现善治的最高目标。[2] 在通用航空规制中,主要涉及的主体有民航局、地方政府、企业、行业协会、专家、社会公众等,有必要对各方的角色进行分析,研究其权利(力)义务配置和未来的改进方向。

一、民航局

在我国的通用航空规制体系中,民航局占据主导地位。《民用航空法》第3条规定:“国务院民用航空主管部门对全国民用航空活动实施统一监督管理;根据法律和国务院的决定,在本部门的权限内,发布有关民用航空活动的规定、决

[1] 参见宋华琳:《论政府规制中的合作治理》,载《政治与法律》2016年第8期。

[2] 参见李玫:《西方政策网络理论研究》,人民出版社2013年版,第223页。

定。国务院民用航空主管部门设立的地区民用航空管理机构依照国务院民用航空主管部门的授权,监督管理各个地区的民用航空活动。”目前,民航系统是“民航局—地区管理局—各地监管局”的垂直管理模式,对民用航空活动实施集中统一管理,各层级的监管权力已在上文介绍,在此不再赘述。

作为监管者,民航局行使对通用航空企业和个人的法定监管权力,确定监管目标、设定监管规则,确定通用航空政策议程及其优先顺序,配置空域、经营许可、补贴等资源,其监管权力无处不在。除法定的监管权力外,民航局还利用其与行业的紧密联系,通过沟通交流、宣传教育、培训研讨、新闻发布、专家咨询、行政指导、信用管理等非正式的手段,来引导企业、行业协会、媒体、专家等不同角色对通用航空法律和政策的认知,乃至影响他们下一步的行动。例如,在通用航空法规体系重构“两个框架”出台后,民航局开展了广泛的宣传培训,组织开展系列讲座,为通用航空企业和相关师资队伍进行政策解读。[1]

民航局具备法定权威,具有信息优势和专业性,在历史、体制和行业文化上与通用航空企业有紧密联系,在通用航空法规、政策的形成和执行中发挥着重要作用,在我国通用航空规制体系中一直占据主导地位。纵观几十年的通用航空规制实践也可以发现,以民航局为首的民用航空监管组织体系还存在一些问题,通用航空监管目标不明确,监管政策存在随意、反复的现象,脱胎于计划经济时代的监管理念、监管方式还比较落后,监管的精细化程度不高,事中事后监管能力不足。理想的规制机构,应具有明确的规制目标,享有法定的规制权限,提高人员的专业化程度,培育成熟的规制风格,[2]这些或许构成了未来民航局规制改进的方向。在未来,仍然需要加强民航局在通用航空规制中的作用,补齐监管能力的短板,推进民航治理体系和治理能力现代化。

二、地方政府

我国民用航空领域虽然是集中统一的垂直管理模式,但由于行政任务的复杂以及职能划分标准的多样性,民用航空管理职能也存在跨部门、跨层级的情况。这里暂且不论民航部门与军方在空域管理等方面的职能交叉,仅在行政系统内部,除民航局外,在民用航空产业政策制定、民用航空发展规划、资本运营、安全生产等诸领域就涉及交通运输、发展与改革、国有资产监督管理、应急管理、工业和信息化等部门。通用航空的跨部门、跨层级的特征更为明显,除上述部门外,还涉及农业、体育、旅游等部门,以及地方政府及其相应机构,从而产生相应的部门协作、中央与地方协作的问题。在通用航空发展和法律规制中,地方政府

〔1〕 参见《民航局部署动员通航法规体系重构工作》,载中国民航局官方网站,http://www.caac.gov.cn/XWZX/MHYW/201902/t20190228_194867.html。

〔2〕 参见宋华琳:《论政府规制中的合作治理》,载《政治与法律》2016 年第 8 期。

的角色尤其重要。

(一)地方政府是通用航空发展的受益方

与主要是中央直属企业组成的航空运输相比,通用航空经营主体分散、行业集中度较低。通用航空的产业特征决定了地方政府在产业发展中具备更多的资源调动能力与收益获取能力,通用航空从业者或使用者以民营企业、私人为主,国有资本分量较低,中小企业税收、就业、经济贡献集中在当地。通用机场成为地方基础设施网络组成部分,通用航空的发展直接完善或补齐当地的综合交通基础设施,提供航空应急救援、航空医疗急救、航空普遍服务等社会公共服务,地方政府有发展通用航空业的重大利益与驱动力。军队、民航和各中央政府部门都需要地方政府在土地划拨、综合交通与生活配套、资金等方面的支持,地方政府行政资源充裕,具备土地、财政和招商引资等关键资源,具备调动各方参与地方建设与发展的实力与条件。可以说,地方政府是通用航空业发展的直接和最大受益者。[1]

(二)地方政府的通用航空规制实践

作为通用航空发展的受益方和承载方,近年来,地方政府在推动通用航空发展方面有相当的热情,采取的措施可以总结为四个方面。

一是设立相关领导机构。如四川省成立低空空域协同管理委员会;浙江省成立民用航空强省办公室;山西省成立通用航空发展领导小组,通过组织机构建设,加强顶层设计,强化部门配合,协调解决问题,统筹推进省内通用航空业发展。

二是进行地方立法。例如,《江苏省民用航空条例》[2]第五章为"通用航空",《重庆市民用航空条例》[3]第三章为"通用航空",规定了地方政府及其部门协调、发展通用航空的职责,其内容比《民用航空法》的规定更为具体。2022年7月28日,湖南省第十三届人民代表大会常务委员会第三十二次会议通过了《湖南省通用航空条例》,该条例共有八章48条,主要规定了湖南省内通用机场规划建设与运营管理、低空空域划设与使用、飞行服务、安全监管、产业培育等内容,制定过程中充分吸收了湖南全域低空改革成果,为湖南通用航空产业发展提供法制保障的同时,也为湖南低空改革成果的巩固、拓展提供了法律支持。2022年7月28日,四川省第十三届人民代表大会常务委员会第三十六次会议也通过了《四川省通用航空条例》,主要规定了通用航空市场培育、通用机场建设和管

---

[1] 参见吕人力主编:《中国通用航空蓝皮书:中国通用航空业研究报告(2020)》,中国民航出版社有限公司2019年版,第64~67页。

[2] 2017年1月18日江苏省第十二届人民代表大会常务委员会第二十八次会议通过。

[3] 2018年11月30日重庆市第五届人民代表大会常务委员会第七次会议通过。

理、通用航空产业发展、低空空域协同管理、通用航空安全监管、服务保障等内容。随着低空空域改革在省域的展开，地方制定专门的通用航空立法很可能成为一种趋势，并对未来中央立法产生影响。

三是编制通用航空发展规划。配合全国“十四五”规划和2035远景规划，各地纷纷出台地方发展目标，其中不乏对通用航空发展的目标规划，甚至单独编制通用航空发展规划，例如，《山西省通用航空业发展规划（2018－2035）》《海南省通用航空产业发展“十四五”规划》等，通过制定和发布规划，向社会公众提示政府发展目标，明确行政机关履行指导服务职责的工作方向，引导企业和社会公众的行为。

四是发布地方政策性文件。例如，《安徽省支持通用航空产业发展的若干政策》（皖政办〔2022〕1号）、《普洱市人民政府办公室关于促进通用航空业发展的实施意见》（普政办发〔2018〕65号）等，这些政策文件都提出了一系列推动通用航空发展的具体措施，给企业和投资者进入通用航空领域提供了许多便利和激励措施。

在地方政府支持、参与下，全国各省市的通用航空产业园、制造园、通用航空小镇、空中游览项目景区、通用机场数量有大规模增长，通用航空发展的地方属性越发明显。

（三）通用航空规制中的央地权限划分

从我国《民用航空法》的规定来看，除机场规划和建设、民用航空器事故搜寻援救外，并未提及地方政府在通用航空领域的权力与职责，但通用航空的较强的地方属性，以及近年来明显加强的地方政府在安全、环境等领域的属地责任，都决定了地方政府对通用航空规制不可能“置身事外”。《宪法》第3条规定，中央和地方的国家机构职权的划分，遵循在中央的统一领导下，充分发挥地方的主动性、积极性的原则，地方政府可以在通用航空规制中有所作为。国务院办公厅《关于促进通用航空业发展的指导意见》（国办发〔2016〕38号）指出，“地方政府要切实承担起促进产业发展、加强安全监管等主体责任，根据地区发展实际，科学制定支持措施，充分发挥企业积极性”，这就确立了地方政府在通用航空安全管理和产业发展方面的主体地位。

地方政府在通用航空规制中的优势是掌握土地、财政、招商引资等资源，具备在当地的统一领导和协调能力，劣势是专业性和对行业发展规律的认识不足，在通用机场规划、产业配套、招商引资等方面存在“误区”和“盲区”，容易被利益相关方引导。在空域资源协调、机场管理、飞行审批等方面，地方政府缺乏相应的关键资源和规制权限，存在与以民航局为代表的中央政府部门发生权限冲突的可能。在通用航空规制中，民航局应该充分发挥其专业优势，其工作重点应该是规范通用航空发展的法制建设，建立通用航空技术标准规范，监督法规和标准规范的执行，以及对通用航空企业运行的安全监管，同时做好与地方政府及其部门的协作，在政策形成和执行层面加强与地方的沟通。在非中央事权、不需要国家统一管理的领域，并不排除地方的规制权力，但地方立法应该严格按照《立法法》规定的权限进行，不得超越立法权限；地方立法与民航规章的关系，应该按照《立法法》确立的原则予以处理。在各层级地方政府中，省级政府应该是最主要的一级，因为通用航空飞行活动往往跨市（县）域，但在省级层次上基本可以解决问题。省级政府具备发展通用航空的资源和条件，应该在立法、规划、协调、政策支持等方面发挥主要作用。

三、通用航空企业

在通用航空规制中，政府主要的规制对象就是通用航空企业。作为被规制者，通用航空企业具有服从行政规制的义务。但是也应该看到，企业并不仅仅是被规制的客体，其具有主体地位。通用航空企业享有财产权、经营自主权等实体性权利和陈述、申辩权等程序性权利，在合法权益受到侵犯时，可以依法申请法律救济，也可以参与政府规制过程，发挥自己的独特作用。

通用航空企业可以参与通用航空立法和政策形成过程。根据《行政法规制定程序条例》和《规章制定程序条例》，起草行政法规、规章，广泛听取有关机关、组织和公民的意见。涉及社会公众普遍关注的热点难点问题和经济社会发展遇到的突出矛盾，减损公民、法人和其他组织权利或者增加其义务，对社会公众有重要影响等重大利益调整事项的，应当进行论证咨询。听取意见可以采取召开座谈会、论证会、听证会等多种形式。[1] 国务院办公厅《关于在制定行政法规规章行政规范性文件过程中充分听取企业和行业协会商会意见的通知》（国办发〔2019〕9 号）就听取意见的对象、方式、反馈机制等做了进一步规定。在理论上，协商式规则制定具有提高规则质量、缩小纠纷范围、减少当事人误解、加速规则制定程序的潜力，但实际效果难以验证，而且有行政机关被“俘获”的风险。[2]

通用航空企业数量有限，利害关系集中，政企关系联系紧密，具备通过协商达成一致的条件。通用航空企业作为通用航空规制最直接的利益相关方，具备参与政府规制过程的专业知识、信息基础等能力和条件，应该积极行使知情权、参与权、表达权和监督权，反映企业合理诉求，维护自身和行业利益。民航局作为规制者，应当注重听取各类有代表性的企业的意见，畅通意见表达渠道，完善意见研究采纳和反馈机制，加强制度出台前后的联动协调，充分激发通用航空企

〔1〕　参见《行政法规制定程序条例》第 13 条，《规章制定程序条例》第 15、16 条。

〔2〕　参见［美］理查德·J. 皮尔斯：《行政法》，苏苗罕译，中国人民大学出版社 2016 年版，第 539 页；［美］朱迪·弗里曼：《合作治理与新行政法》，毕洪海、陈标冲译，商务印书馆 2010 年版，第 207～214 页。

业参与政府规制过程的积极性。

通用航空企业可以在自我规制中发挥主体作用。企业的自我规制是针对特定企业、特定产品实施特定的管理策略,对企业的内部环节特别是高风险环节加以控制,更为具体地规定企业内部的管理体系,以期实现监管目标。企业的自我规制不仅有助于保证产品质量,还有助于通过更高、更为差异化的自我规制,来推行自己的品牌战略,通过产品的差别化定位提高企业在市场中的竞争力。[1] 政府规制可以与自我规制相结合,即国家通过对企业自我规制的标准或原则加以管理,促使其自我规制,以实现政府规制目标。通用航空领域放松规制后,要充分重视企业自我规制的力量,通过引导企业自我规制,填补政府规制的空白,使"他律"和"自律"互相补充、互相融合。近年来,通用航空领域法定自查、航空运营人安全管理体系建设等,都是发挥通用航空企业自我规制作用的体现。

四、行业协会

在我国,行业协会是社会团体的一种,从事某一行业的管理、协调或者服务。相比行政规制,行业协会对其会员的规制也被认为是自治、自律的自我规制,但也面临外部干预过多、外部支持不足等问题。[2] 目前,民用航空领域最主要的全国性协会是中国航空运输协会(以下简称中国航协,China Air Transport Association,CATA),中国航空运输协会通用航空工作委员会是中国航空运输协会的分支机构,其会员包括通用航空运营、通用航空器研发制造、通用航空保障和相关服务、科研及其相关的企、事业单位和社会团体。[3] 近年来,各地也纷纷成立通用航空协会,为本地通用航空从业者提供服务。

行业协会在通用航空规制中的作用主要是:第一,发挥协会在政府部门和通用航空企业之间的桥梁和纽带作用,积极协助政府引导行业健康发展,以受委托组织的身份办理民航局交办事项。第二,代表会员和行业利益,反映通用航空企业正当利益诉求,参与通用航空立法和政策形成过程。第三,积极推进行业自律,反对不正当竞争,建立公平竞争、共同发展的经营理念,维护企业的合法权益,维持公平公正的市场竞争秩序。第四,服务通用航空企业,帮助解决企业经营中的实际困难。第五,开展通用航空交流合作、科学研究、人才培养等工作。

通用航空行业协会介于政府与企业、商品生产者与经营者之间,可以发挥立法和行政手段所不能取代的重要作用。目前,行业协会具有浓厚的"官办"色彩,在自身建设和参与政府规制的能力两方面均有不足,随着政企关系的重塑,

[1] 参见宋华琳:《论政府规制中的合作治理》,载《政治与法律》2016年第8期。

[2] 参见黎军、高俊杰、周卫:《行业自治研究》,中国社会科学出版社2018年版,第57~58页。

[3] 资料来源:中国航空运输协会官方网站2023年6月10日,https://www.cata.org.cn/portal/content/content-list/fzjg-tyhkfh/tyhkfh-fhzzygzgz。

应当重构政府、行业与企业的关系，增强行业协会的自主性和活力，让行业协会能反映行业的整体利益，并能向政府传递真实的信息和诉求。

五、专家和社会公众

现代行政法越来越重视公众参与，以参与者拥有的知识类型为标准，可以将参与者区分为"大众"与"专家"两种理想类型。[1] 通过让公众参与决策过程，可以弥补立法机关对行政组织控制不足的问题，强化对行政组织的监督，在一定程度上弥补当代行政的民主赤字。[2] 通过引入外部专家，有助于行政组织利用外部的专门技能、经验和知识，弥补行政决策过程中信息不充分和知识上的不足，增强行政决策的理性程度。总之，通过外部参与机制，能打破行政组织在组成人员和活动方式上的封闭性，促进行政决策过程中的多元利益协调，防止行政裁量权的滥用，维护公民权利。[3] 我国《宪法》第2条第3款规定，"人民依照法律规定，通过各种途径和形式，管理国家事务，管理经济和文化事业，管理社会事务"，这为将外部力量引入行政规制过程提供了宪法规范基础。

通用航空领域问题的专业性、复杂性，使行政机关越来越需要倚重外部专家的力量。专家的来源主要是民航局所属的高等院校、科研院所以及行业协会、企业等。在通用航空规制中，专家不但参与规制政策的形成，也参与标准制定、适航审定、行政检查和通用航空事故调查，可以说，在通用航空立法执法各个环节，都可以找到专家的"影子"。专家参与弥补了行政机关工作人员专业知识和鉴别能力的不足，为行政机关在立法执法过程中作出科学、有针对性的决定创造了条件，但完全依赖专家判断，也会产生被专家误导、行政机关放弃自己的责任等隐患。在未来，为更好发挥专家的作用，需要进一步完善专家遴选机制，保证专家的多元性、中立性，认真对待专家可能存在的利益冲突；完善专家参与咨询决策和评审过程的程序，通过回避、信息公开、过程记录等制度强化专家责任，促使专家审慎、勤勉地履职尽责。

通用航空领域的社会公众可以分为两类：一类是通用航空消费者或私人用户；另一类是目前还未参与通用航空活动的其他社会公众。前者是通用航空的直接或间接规制对象，具有参与通用航空规制过程的利益基础。消费者和通用航空私人用户的参与，可以对通用航空企业产生制衡作用，使民航局能够作为公共利益的代表更好地平衡各方利益。后者虽然未参与通用航空活动，但也是通用航空的潜在用户，或者受通用航空活动的潜在影响，因此也具备参与资格。当

---

[1] 参见王锡锌、章永乐：《专家、大众与知识的运用——行政规则制定过程的一个分析框架》，载《中国社会科学》2003年第3期。

[2] 参见王锡锌：《当代行政的"民主赤字"及其克服》，载《法商研究》2009年第1期。

[3] 参见马英娟：《政府监管机构研究》，北京大学出版社2007年版，第188页。

前的问题是，从形式上看，公众参与面虽然广泛，但组织化、制度化程度低，公众参与的热情、质量和效果明显不如通用航空企业，基本处于“失语”状态。为改变这一状况，一方面，应该加强通用航空宣传和文化建设，提升通用航空在社会公众中的认知度；另一方面，应该降低公众参与的门槛，匹配公众意见汇总公开以及说明理由的机制，为行业外的公众参与提供便利，否则，公众参与非常容易流于形式，无法真正实现维护公众利益、促进理性决策和约束行政机关的目的。

第四节　民用航空监察员

一、监察员管理制度

中国民用航空监察员（以下简称监察员）是按照规定取得监察员资格的民航各级行政机关的执法岗位工作人员和受民航局委托从事民航行政执法工作的具有管理公共事务职能的事业组织编制内的工作人员。1999 年，民航局依据《民用航空法》《行政处罚法》等法律制定了《中国民用航空监察员规定》（CCAR - 18，已废止），后经多次修订，于 2014 年更名为《中国民用航空监察员管理规定》（CCAR - 18 - R3，已废止）。

党的十九大以来，党中央、国务院对严格规范公正文明执法作出了一系列决策部署，特别是对加强执法人员资格管理、提高执法队伍素质能力提出了新要求。同时，随着民用航空监管执法信息系统的推广应用，监察员的类别、条件、培训与考试要求、证件管理等发生了较大变化，原规定中的部分管理制度已经与实践不相符合，2020 年，交通运输部再次对该规定进行修改，于 2020 年第 7 号令颁布了《中国民用航空监察员管理规定》（CCAR - 18 - R4），对监察员管理分工、履职尽责要求、职权及分类、培训管理、证件管理、法律责任等方面作出了明确的规定。这次修订的主要内容如下。

第一，调整了监察员分级分类制度。一是归并了监察员类别，由原来的安全监管类、经济监管类、综合监管类、督导类归并为监管类和督导类两类；二是根据监察员级别管理新情况，现有的监察员分级制度由初级、中级、高级调整为见习监察员、监察员、高级监察员，在本规章中不再予以体现，由民航局在规范性文件《中国民航监察员执法能力考评暂行办法》中另行制定。

第二，调整了监察员申请、执法和培训要求。一是针对监管资源相对不足的问题，根据有关法律，增加了委托执法的内容和相关要求；二是调整了监察员申请条件，取消申请人须具有一年以上民航行业工作经验的限制，强化了培训和考评要求，增加了无相关严重失信行为记录等要求；三是为提高监察员执法工作质量,增加了取得监察员证后的执法见习期制度,要求执法见习期结束后经评价合格的,方可独立从事民航行政执法;四是调整了监察员培训类别,规定监管类监察员培训包括入门培训和强化培训,同时细化了培训牵头部门制定培训大纲、完善培训档案记录的要求。

第三,调整了监察员证件管理相关制度。增加了签注制度,规定符合一定条件的民航行政机关的监管类监察员可以通过签注取得两个及以上专业的执法资格,以有利于增强监管力量;细化监察员证审验制度,完善监察员证收留、注销制度等。

二、监察员的类别和职权

监察员的类别分为监管类和督导类。监管类划分为航空安全、飞行标准、适航审定、机场、航空安保、空中交通管理、应急管理、网络和信息安全、公共航空运输、通用航空市场、统计价格、财务、综合等监管专业。督导类不划分专业。因执行新颁布的法律、行政法规、部门规章等事由需要新增监管专业的,由民航局有关部门提出,经民航局法制职能部门审查通过后,报民航局批准。

监察员可以依法行使下列职权:(1)监督检查民用航空活动符合民航法律、行政法规、部门规章、行政规范性文件等规定的情况,制止违法行为;(2)按职责分工主持或者参与事故、征候、一般事件等事件的调查;(3)约见或者询问有关单位负责人及其他有关人员;(4)对违法行为进行检查、处理,依法调查取证,查阅、复制、调取有关文件和资料;(5)依法实施行政强制,但是受委托组织中从事民用航空行政执法工作的监察员除外;(6)向所在单位提出行政处罚建议;(7)法律、行政法规、部门规章规定的其他职权。监察员实施行政检查、行政强制和行政处罚等行政执法工作时应当出示监察员证,未出示监察员证的,公民、法人或者其他组织可以拒绝配合。

监察员应当依法行使职权,坚持严格、规范、公正、文明执法。因监察员违法执法导致行政赔偿的,民航行政机关依法承担行政赔偿义务后,应当责令有故意或者重大过失的监察员或者受委托组织承担部分或者全部赔偿责任。监察员在执法过程中存在故意或者重大过失违法行为的,依法追究其法律责任;滥用职权、玩忽职守或者徇私舞弊构成犯罪的,依法追究刑事责任。

受委托组织在执法过程中有下列情形之一的,由民航局有关部门责令改正,并可以依法追究负有责任的管理人员和直接责任人员的责任:(1)违反法律、行政法规或者部门规章规定的;(2)超越委托范围的;(3)不以民航局名义执法的;(4)再委托其他组织或者个人执法的。

三、监察员能力建设

民用航空监察员是民用航空行政执法人员,监察员管理制度是规范民航行政执法人员资格和队伍管理的一项重要制度。伴随民航事业的快速发展,监察员数量有限,而监管对象不断增加,监管要求和监管责任不断加强。以 2019 年为例,全国 2562 名一线监察员共完成 287,712 项内容检查,监管着全国 62 家运输航空公司、238 个运输机场,以及通用航空企业、服务保障企业和行业新业态。[1] 由于监管范围广、监管压力大,传统的监管方式已经不能满足民航快速发展变迁的需要,这对监察员的能力提出了考验。特别是随着通用航空活动主体的增加和新业态的出现,对通用航空采取与运输航空同等标准的“全覆盖”式监管已不可行,这就必须推进监管模式转型,提升监管效能。

作为专业执法力量,监察员应该具备良好的法律素养和相应的专业能力。加强监察员能力建设,可以进一步提升行业监管能力,夯实民航基层一线监管基础,完善民航治理体系,增强治理能力。民航局进行监察员能力建设的主要抓手是监察员培训。根据《中国民用航空监察员管理规定》,监管类监察员的培训分为入门培训和强化培训。其中,入门培训包括入门通识培训和入门业务培训。民航局法制职能部门负责组织入门通识培训,民航局有关部门负责组织相应监管专业的入门业务培训。强化培训包括强化通识培训和强化业务培训。监察员管理部门负责组织本单位监察员的强化通识培训,民航局有关部门负责组织或者认可相应监管专业的强化业务培训。强化通识培训和强化业务培训的学时每两年均不得少于 40 学时。民航局统一编制、公布培训大纲并适时修订。监察员所在单位应当保障监察员培训所需的必要经费。督导类监察员的培训,按照民航局有关要求执行。

---

[1] 参见车彤等编著:《中国民航法治建设研究》,西南交通大学出版社 2021 年版,第 110 页。

第五章　通用航空从业

第一节　行政许可法律制度

一、概述

通用航空业务框架中的47个有效模块，形成了通用航空业产业的分布图。从事通用航空活动，需要符合相应模块的要求，体现在通用航空业务框架中的，主要是事前的行政许可（备案）条件和后续经营过程中的持续合规要求。符合模块要求的条件，获得相应的许可，是通用航空从业的“门槛”。因此，对于通用航空从业资格，需置于行政许可法律制度之下予以把握和分析。

行政许可，是指特定的行政主体根据行政相对人的申请，经依法审查，作出准予或不准予其从事特定活动之决定的行政行为。从政府规制理论来看，行政许可是一种典型的事先规制工具，也是政府部门惯用的监管手段。在特定领域设置行政许可，可以在事先预防风险，保障公共安全；通过控制许可数量等手段，可以规范市场结构，实现对资源的优化配置；发放许可后，行政机关和被许可人之间形成了稳定的法律关系并产生持续联系，有利于行政机关和相对人之间关系的协调，保护被许可人的合法权益。但是，行政许可的消极作用也不容忽视，行政许可过多过滥，限制相对人自由，加大相对人成本，遏制市场竞争，影响公众的积极性、创造性，而且增加行政机关利用许可寻租的风险，容易滋生腐败。因此，需要通过立法对行政许可的实施进行规范，对行政机关的许可权进行监督。

在从计划经济向市场经济转型的过程中，我国行政机关掌握着大量资源，并行使相应的许可权。行政许可项目过多过滥，部门利益滋长，法规之间相互冲突的问题比较严重。2003年，第十届全国人民代表大会常务委员会第四次会议制定了《行政许可法》（2019年修正），我国行政许可立法从分散走向统一，行政许可立法和行政许可制度逐步成熟。包括通用航空在内的各领域有关行政许可的规定，均需与《行政许可法》一致。

《行政许可法》第2条规定：“本法所称行政许可，是指行政机关根据公民、法人或者其他组织的申请，经依法审查，准予其从事特定活动的行为。”第4条至第10条规定了实施行政许可的基本原则，即合法原则，公开、公平、公正原则，便民原则,救济原则,信赖保护原则,监督原则。上述指导思想和原则渗透在行政许可法律制度的各个方面。

二、行政许可的种类和设定

对行政许可事项范围的划定和行政许可设定权的分配,直接影响着公权力与私权利的界限,《行政许可法》第二章对此作了规定。《行政许可法》第 11 条规定了设定行政许可的原则,设定行政许可,应当遵循经济和社会发展规律,有利于发挥公民、法人或者其他组织的积极性、主动性,维护公共利益和社会秩序,促进经济、社会和生态环境协调发展。

从《行政许可法》的立法设计来看,行政许可的事项可以分为两类:一是可以设定许可的事项,二是可以不设定许可的事项。

根据《行政许可法》第 12 条的规定,以下六类事项可以设定行政许可,这同时也是法律对行政许可种类的划分:(1)直接涉及国家安全、公共安全、经济宏观调控、生态环境保护以及直接关系人身健康、生命财产安全等特定活动,需要按照法定条件予以批准的事项;(2)有限自然资源开发利用、公共资源配置以及直接关系公共利益的特定行业的市场准入等,需要赋予特定权利的事项;(3)提供公众服务并且直接关系公共利益的职业、行业,需要确定具备特殊信誉、特殊条件或者特殊技能等资格、资质的事项;(4)直接关系公共安全、人身健康、生命财产安全的重要设备、设施、产品、物品,需要按照技术标准、技术规范,通过检验、检测、检疫等方式进行审定的事项;(5)企业或者其他组织的设立等,需要确定主体资格的事项;(6)法律、行政法规规定可以设定行政许可的其他事项。

根据《行政许可法》第 13 条的规定,可以设定行政许可的事项如果通过以下方式能够予以规范的,就可以不设定行政许可:(1)公民、法人或者其他组织能够自主决定的;(2)市场竞争机制能够有效调节的;(3)行业组织或者中介机构能够自律管理的;(4)行政机关采用事后监督等其他行政管理方式能够解决的。本条是对行政许可设定事项的一种"否定式"规定,意在促使行政机关从传统的万能政府、管理型政府向有限政府、服务型政府转变。

设定行政许可是一种立法行为,上述可以设定行政许可的事项,必须通过一定层次的法律规范来设定。《行政许可法》第 12 条至第 17 条对行政许可的设定权作了具体分配。法律可以设定《行政许可法》第 12 条所列各事项。尚未制定法律的,行政法规可以设定行政许可。必要时,国务院可以采用发布决定的方式设定行政许可。尚未制定法律、行政法规的,地方性法规可以设定行政许可;尚未制定法律、行政法规和地方性法规的,因行政管理的需要,确需立即实施行政许可的,省、自治区、直辖市人民政府规章可以设定临时性的行政许可。临时性的行政许可实施满一年需要继续实施的,应当提请本级人民代表大会及其常务委员会制定地方性法规。

地方性法规和省、自治区、直辖市人民政府规章,不得设定应当由国家统一确定的公民、法人或者其他组织的资格、资质的行政许可;不得设定企业或者其他组织的设立登记及其前置性行政许可。其设定的行政许可,不得限制其他地区的个人或者企业到本地区从事生产经营和提供服务,不得限制其他地区的商品进入本地区市场。

行政法规可以在法律设定的行政许可事项范围内,对实施该行政许可作出具体规定。地方性法规可以在法律、行政法规设定的行政许可事项范围内,对实施该行政许可作出具体规定。规章可以在上位法设定的行政许可事项范围内,对实施该行政许可作出具体规定。法规、规章对实施上位法设定的行政许可作出的具体规定,不得增设行政许可;对行政许可条件作出的具体规定,不得增设违反上位法的其他条件。

除了《行政许可法》第14条、第15条的规定,其他规范性文件一律不得设定行政许可。

三、行政许可制度改革

即使以今天的眼光来看,《行政许可法》的立法理念也是相当先进的。它试图厘清国家与社会、政府与市场的关系,合理划分国家、社会、公民个人的权利(权力)和责任边界,实现行政许可设定和实施的理性化。但是,《行政许可法》的实施效果却不尽如人意,在实践中存在大量规避许可法规定、违法设定许可、变相设定许可、许可数量"边增边减""明增暗减"的现象,给公民、法人和其他组织的活动施加了沉重的负担,《行政许可法》制定的初衷并未完全实现。

产生这些现象的原因比较复杂,从立法层面来说,《行政许可法》条文表述本身存在较大的模糊性和不确定性。第12条、第13条有关设定范围的划定,适用的概念都存在模糊性,特别是第12条对于肯定列举所用措辞为"可以设定",第13条否定式列举所用措辞则为"可以不设定",这种模棱两可的表述使《行政许可法》对许可范围的限制,对公民自治优先、市场优先等理念的倡导欠缺规范效力。从现实层面来说,行政许可权是政府部门"含金量"极高的权力,涉及复杂、广泛的地方利益和部门利益,行政机关总有扩张权力的冲动,落实《行政许可法》的阻力较大。正是因此,从《行政许可法》实施至今,国务院持续推动实施了多轮行政许可(审批)制度改革。特别是党的十八大以来,行政许可制度改革的力度不断加大,内涵不断丰富,各地方、各部门进行了一系列有益的尝试和探索。

行政许可制度改革是"放管服"改革的一个关键环节和重要组成部分。2019年,国务院制定《优化营商环境条例》,提出:"国家持续深化简政放权、放管结合、优化服务改革，最大限度减少政府对市场资源的直接配置，最大限度减少政府对市场活动的直接干预”，并规定国家严格控制新设行政许可。新设行政许可应当按照《行政许可法》和国务院的规定严格设定标准，并进行合法性、必要性和合理性审查论证。对通过事中事后监管或者市场机制能够解决以及行政许可法和国务院规定不得设立行政许可的事项，一律不得设立行政许可，严禁以备案、登记、注册、目录、规划、年检、年报、监制、认定、认证、审定以及其他任何形式变相设定或者实施行政许可。2021 年 8 月，中共中央、国务院印发《法治政府建设实施纲要（2021 – 2025 年）》，提出深入推进“放管服”改革，分级分类推进行政审批制度改革。2022 年 1 月 30 日，国务院办公厅印发《关于全面实行行政许可事项清单管理的通知》（国办发〔2022〕2 号），提出全面实行行政许可事项清单管理，并公布了《法律、行政法规、国务院决定设定的行政许可事项清单》及 996 项行政许可事项。

“放管服”改革构成了当下行政许可领域审批改革的上位概念和制度语境。在实践中，行政许可制度改革的举措包括：取消行政许可，下放许可权限，清单管理，告知承诺制，实施“证照分离”“多证合一”，优化行政许可流程，整合审批机构，加强事中事后监管等。通过行政许可改革，许可或审批事项大幅取消下放、审批主体相对集中、行政许可程序不断优化、办理期限加快压缩，营商环境得到优化。“放管服”改革与法治政府建设深度融合，深刻影响了政府职能体系、依法行政制度体系、行政监管手段和制度的发展变革。[1]

近年来，通用航空许可制度的改革就是在上述大背景下进行的。《民用航空法》对通用航空的从业提出了要求。《民用航空法》第 146 条规定：“从事通用航空活动，应当具备下列条件：（一）有与所从事的通用航空活动相适应，符合保证飞行安全要求的民用航空器；（二）有必需的依法取得执照的航空人员；（三）符合法律、行政法规规定的其他条件。从事经营性通用航空，限于企业法人。”第 147 条规定：“从事非经营性通用航空的，应当向国务院民用航空主管部门备案。从事经营性通用航空的，应当向国务院民用航空主管部门申请领取通用航空经营许可证。”因此，我国通用航空从业条件现在分为两大类：通用航空经营许可和非经营通用航空备案。

〔1〕 参见王敬波：《“放管服”改革与法治政府建设深度融合的路径分析》，载《中国行政管理》2021 年第 10 期。

第二节　通用航空经营许可

一、立法沿革

1986年，国务院《关于通用航空管理的暂行规定》（国发〔1986〕2号，已废止）要求“从事通用航空飞行的单位或个人，经营通用航空业务的企业，都应当履行申请审批手续”，这里“从事通用航空飞行的单位或个人”与“经营通用航空业务的企业”的区分，即有区分经营性和非经营性通用航空活动的意思。[1] 但是依照该暂行规定，对二者进行统一管理，都需要办理通用航空许可证。

《民用航空法》1995年制定时设定了通用航空经营许可，当时的第147条第2款规定：“从事经营性通用航空的，应当向国务院民用航空主管部门申请领取通用航空经营许可证，并依法办理工商登记；未取得经营许可证的，工商行政管理部门不得办理工商登记。”2017年修改时删除了后半句，修改为：“从事经营性通用航空的，应当向国务院民用航空主管部门申请领取通用航空经营许可证。”相关市场主体办理工商登记不再需要民航局的前置审批，实现了由“先证后照”向“先照后证”的转变，更有利于中小企业的诞生。通用航空经营许可的实施主要依靠民航局（交通运输部）制定的部门规章，即《通用航空经营许可管理规定》。

《通用航空经营许可管理规定》的前身是《通用航空企业审批管理规定》（CCAR－135LR），该规章于1996年8月1日以中国民用航空总局第53号令发布，适用于在中华人民共和国境内使用民用航空器从事经营性通用航空活动的企业。未经民航总局或民航地区管理局批准，任何单位和个人不得擅自筹建通用航空企业、购租民用航空器、从事通用航空经营活动。当时，将通用航空企业按经营项目分为三类，甲类为陆上石油服务、海上石油服务、直升机外挂载重、人工降水、医疗救护、航空探矿、空中游览、公务飞行；乙类为航空摄影、空中广告、海洋监测、渔业飞行、气象探测、科学实验、城市消防、空中巡查；丙类为飞机播种、空中施肥、空中喷洒植物生长调节剂、空中除草、防治农林业病虫害、草原灭鼠，防治卫生害虫、航空护林、空中拍照。筹建通用航空企业，需按经营项目分别进行审批和管理。该规章的主要规定了企业设立条件和审批程序，企业的变更、终止和经营许可证管理，罚则等内容。2001年，民航总局对该规章进行了修订，

〔1〕　参见民航局：《对〈国务院关于通用航空管理的暂行规定〉条款的说明》，〔86〕民航局字第0147号。

主要涉及对公务飞行经营的审批要求。[1]

2004年，为配合《行政许可法》的实施，民航总局对《通用航空企业审批管理规定》进行了全面修改，名称改为《通用航空经营许可管理规定》(CCAR－135TR－R2)(已废止)，[2]共分为六章49条，主要修改内容如下：鼓励和支持通用航空发展，放宽了经济准入要求；将经济管理和安全技术管理分开；在规定中增加了航空俱乐部的设立条件等相关内容，对航空俱乐部的设立与管理予以规范；增加了“经营活动的管理与监督”一章；按实施《行政许可法》的要求，对原规定中办理程序和时间要求进行了系统修改。2007年，民航总局对该规定进行了修改，主要涉及许可办理程序、申报材料要求等。修改后的《通用航空经营许可管理规定》(CCAR－135TR－R3)(已废止)共六章42条。[3]

2016年，交通运输部再次对《通用航空经营许可管理规定》(已废止)进行了修改，且将其CCAR部号调整为290部。[4] 这次修改降低了通用航空经营准入门槛。一是取消通用航空经营许可原有的筹建认可环节，充分简化经营许可程序，维护企业的自主决策权。二是降低企业自有航空器的条件，由要求企业设立时的两架航空器须为完全所有权，调整为购买或租赁方式皆可，以此减轻企业设立时的资金压力，同时支持国内飞机租赁业的发展。三是降低企业准入条件，取消了购置航空器自有资金额度的要求，方便投资人开展经营项目，更好地满足市场需求。四是降低企业设立时对基地机场的要求，允许通用航空企业可以与其使用航空器相适应的“起降场地”作为基地机场。同时，2016年《通用航空经营许可管理规定》拓展和清晰了通用航空服务领域。结合市场需求，将原有的甲、乙、丙三类经营项目修改为甲、乙、丙、丁四类，增设丁类项目，把气球、飞艇以及特殊适航证的航空器经营的业务纳入范围。将一些经营项目进行了合并，并新增了部分经营项目。

2018年，为固化民航局开展的多项通用航空政策试点工作取得的可复制、可推广成果，交通运输部对上述规定进行了修改，取消了经营许可与运行许可串联式审批、企业手册等要求。[5] 2019年再次修改，进一步简化许可条件，降低市场准入门槛。[6] 虽然几经部分修改，在通用航空经营许可领域依然有深化简政放权、加强事中事后监管、优化服务的空间，为此，民航局启动了规定的全面修改工作。2020年，交通运输部发布新修订的规定，即现行有效的《通用航空经营许

〔1〕 中国民航总局《关于修订〈通用航空企业审批管理规定〉的决定》，中国民航总局令第102号。

〔2〕 中国民航总局令第133号。

〔3〕 中国民航总局令第176号。

〔4〕 交通运输部令2016年第31号。

〔5〕 交通运输部令2018年第36号。

〔6〕 交通运输部令2019年第30号。

可管理规定》(CCAR - 290 - R3)。[1] 2020年的修改,是落实深化"放管服"改革要求、转变政府职能、深化民航改革工作、推进法治民航建设的需要,修改内容非常广泛,主要体现在以下方面。[2]

第一,贯彻落实民航局"放管结合、以放为主、分类管理"的通用航空发展思路。为分类培育通用航空市场,强化交通服务,扩大公益服务和生产应用等作业服务,鼓励发展驾驶员执照培训、空中游览等服务,重新划分经营项目类别,取消原按注册资金规模划分的甲乙丙丁四分法,采取按飞行活动性质划分的"载客""载人"和"其他"三类,实现对通用航空企业的分类管理。[3]

第二,转变政府职能,减少行政干预,最大限度降低通用航空经营许可条件。在2019年规定大幅取消准入要求的基础上,进一步降低要求。一是落实分类管理思路,降低了对成立非载客类企业航空器数量要求,由两架降低为一架。二是取消除驾驶员之外的航空人员的要求。三是取消通用航空企业设立分公司的备案要求。四是取消对开展经营性通用航空保障业务企业的监督管理要求,进一步厘清监察员对通用航空经营许可管理的监管边界。

第三,推动企业由他律转变为自律,构建通用航空诚信体系。一是落实"信用中国"以及民航诚信体系建设工作要求,本次修订增加了通用航空诚信经营评价体系建设条款。同时,2020年修订明确了记入民航行业严重失信行为信用记录的情形。二是取消通用航空企业年检制度,将由民航行政机关实施年检改为由企业履行年报义务。民航行政机关通过随机抽查企业年报,对发现的问题依法核实、处理。同时,可以结合企业诚信情况,适当调整检查频次。

第四,降低企业经营的制度性成本,服务通用航空企业发展。一是简化通用航空经营许可证载明事项数量,由10项减少为6项。二是取消通用航空经营许可证3年有效期限制,改为长期有效。这样,企业将极大减少申请变更许可证载明事项的次数,许可证载明事项未变更的企业,也无须定期换证,降低了企业管理成本,同时也节约了政府行政资源。三是优化通用航空企业经营活动备案方式,实行网上备案。同时,大幅简化事前备案要求,由按照航空器及具体经营性飞行活动逐项逐次填报,改为"一揽子"备案作业期限、地点、航空器数量等信息,便于民航行政机关准确预判辖区内通用航空经营活动信息,落实属地化监管职责,提升管理效能,同时也解决了事前备案工作量大、信息不准确的问题。四

---

〔1〕 交通运输部令2020年第18号。

〔2〕 参见《关于〈通用航空经营许可管理规定〉的政策解读》,载中国民航局官方网站:http://www.caac.gov.cn/XXGK/XXGK/ZCJD/202008/t20200827_204257.html。

〔3〕 有学者将其概括为由"纵向分类模式"转变为"横向分类模式",参见刘光才、赵洁:《通用航空市场准入法律制度重构研究》,载《北京航空航天大学学报(社会科学版)》2022年第5期。

是明确要求报送实际生产经营数据，便于民航行政机关准确掌握行业发展态势，为后续研究优化行业发展政策等工作提供支撑。

第五，创新许可方式，实行告知承诺制。除事关人民群众生命安全的经营活动外，对绝大多数通用航空经营活动的许可实行告知承诺制审批。民用航空行政机关一次性告知申请人审批条件，申请人以书面的形式承诺其满足通用航空经营许可条件。民航行政机关信赖申请人的承诺、诚信，无须现场审验，依据申请人的承诺直接办理许可审批手续。

第六，创新和完善事中事后监管，增强规章的可操作性。一是根据规章条款所依据的上位法的修订及调整情况，完善相应法律责任条款内容；二是依据上位法，调整了企业经营规范内容，并完善了相应的法律责任；三是明确了通用航空市场管理属地化监管原则；四是明确由民航局另行制定关于载客类通用航空经营活动管理办法以及通用航空经营活动中涉及的危险品管理办法，为后续制定规范性文件提供支撑。

第七，固化通用航空“过度监管”专项督查成果。为解决此前通用航空领域存在的“过度监管”问题，根据民航局党组工作安排，2017 年 10 月下旬至 11 月，民航局在全系统组织开展了通用航空监管专项督查，共发现和收集各类问题 193 项，其中有 9 个涉及通用航空经营许可及市场管理有关问题。经过连续 3 年（2018 ~ 2020 年）对上述规定的修订，通过修改规章的形式，解决了通用航空经营许可及市场管理领域存在的问题。

第八，扶持无人机新业态发展。近年来，我国无人机产业发展迅猛，在世界范围内取得一定先发优势，但总结经验规律和形成规范标准相对滞后，不利于在相关产业领域形成并输出中国标准，巩固并发展我国在无人机领域的产业优势。结合国家相关立法工作，在上述规定中明确了使用民用无人机从事经营性飞行活动的许可规定，完善了市场监管要求相关内容。同时，坚持审慎包容与分类监管原则，扶持无人机在通用航空领域的应用，促进相关产业安全、有序、健康发展。

二、《通用航空经营许可管理规定》的主要内容

2020 年修订后的《通用航空经营许可管理规定》共八章 50 条，以下根据现行《通用航空经营许可管理规定》，介绍通用航空经营许可管理的主要内容。

（一）一般规定

从事经营性通用航空活动的企业，应当取得通用航空经营许可。取得通用航空经营许可的企业（以下简称通用航空企业），应当遵守法律、行政法规和规章的规定，在批准的经营范围内依法开展经营活动。

中国民航局负责对全国通用航空经营许可以及相应监督管理工作实施统一

管理。民航地区管理局负责辖区内的通用航空经营许可以及相应监督管理工作。

实施通用航空经营许可管理遵循下列基本原则:(1)促进通用航空业高质量发展,维护社会公共利益,保护消费者合法权益;(2)符合通用航空发展政策;(3)符合科学规划、市场主导、协调发展的要求;(4)保障飞行、作业以及空防安全。

经营性通用航空活动分为三类。(1)载客类,是指通用航空企业使用符合民航局规定的民用航空器,从事旅客运输的经营性飞行服务活动。(2)载人类,是指通用航空企业使用符合民航局规定的民用航空器,搭载除机组成员以及飞行活动必需人员以外的其他乘员,从事载客类以外的经营性飞行服务活动。(3)其他类,是指通用航空企业使用符合民航局规定的民用航空器,从事载客类、载人类以外的经营性飞行服务活动。载客类经营活动主要类型包括通用航空短途运输和通用航空包机飞行。载人类、其他类经营活动的主要类型由民航局另行规定。其中,载客类中的"客",是指向通用航空企业支付费用,搭乘通用航空企业使用的符合民航局规定的民用航空器,实现从起飞地到降落地运输目的的旅客。载人类中的"人",是指除机组成员以及飞行活动必需人员之外,搭乘通用航空企业使用的符合民航局规定的民用航空器,实现非运输目的的乘员。这种划分与通航业务框架"分类管理"的思路保持了一致。

(二)经营许可条件

申请取得通用航空经营许可的,应当具备下列条件:(1)从事经营性通用航空活动的主体应当为企业法人,企业的法定代表人为中国籍公民;(2)有符合《通用航空经营许可管理规定》第9条要求的民用航空器;(3)有与民用航空器相适应,经过专业训练,取得相应执照的驾驶员;(4)按规定投保地面第三人责任险;(5)法律、行政法规规定的其他条件。

取得通用航空经营许可,申请人应当具有满足下列要求的民用航空器:(1)在中华人民共和国进行登记,符合相应的适航要求;(2)除民航局另有规定外,用于从事载客类、载人类经营活动的民用航空器应当具有标准适航证;(3)与拟从事的经营性通用航空活动相适应;(4)从事载客类经营活动的,至少购买或者租赁2架民用航空器;从事载人类和其他类经营活动的,至少购买或者租赁1架民用航空器。这里的"民用航空器",包括民用有人驾驶航空器和民用无人驾驶航空器。

(三)经营许可程序

申请人应当向企业住所地民航地区管理局提出通用航空经营许可申请,按规定的格式提交下列申请材料并确保其真实、完整、有效:(1)通用航空经营许可申请书；(2)企业营业执照；(3)合法占有使用民用航空器的购买或者租赁合同；(4)民用有人驾驶航空器的国籍登记证、适航证和装配的机载无线电台的执照，民用无人驾驶航空器在民航局“无人机实名登记系统”中的实名登记标志；(5)驾驶员执照；(6)投保地面第三人责任险的投保文件或者等效证明文件。

民航地区管理局应当自受理通用航空经营许可申请材料之日起20日内作出是否准予许可的决定；20日内不能作出决定的，经民航地区管理局负责人批准，可以延长10日，并应当将延长期限的理由告知申请人。准予许可的，民航地区管理局应当自作出决定之日起10日内向申请人颁发、送达通用航空经营许可证(以下简称经营许可证)；不予许可的，应当书面通知申请人，说明理由，并告知申请人享有依法申请行政复议或者提起行政诉讼的权利。

对从事其他类经营活动的经营许可申请，民航地区管理局应当实行告知承诺制审批，但是开展民用航空器驾驶员执照培训业务的除外。所谓“告知承诺制”，是指行政机关在办理有关许可等事项时，以书面形式将法律法规规定的证明义务或者证明条件一次性告知当事人，由申请人书面承诺已经符合这些条件、标准和要求，同时也愿意承担承诺不实的法律责任，申请人作出承诺后，行政机关就不再索要证明，直接予以办理相应事项，并进行事中事后核查。

民航地区管理局应当将颁发经营许可证的相关审核材料报送民航局备案，民航局定期公告通用航空经营许可情况。

经营许可证应当载明：(1)许可证编号；(2)企业名称；(3)企业住所；(4)法定代表人；(5)经营范围；(6)颁发日期。

(四)经营许可证管理

经营许可证分为正本和副本，正本和副本具有同等法律效力。经营许可证正本应当置于通用航空企业住所或者营业场所的醒目位置。

经营许可证所载事项发生变更的，通用航空企业应当自变更事项发生之日起15日内向住所地民航地区管理局提出变更经营许可证载明事项的申请。民航地区管理局应当将经营许可证的变更、注销等情形的相关审核材料及时报送民航局备案，民航局定期予以公告。

除法律、法规、规章另有规定外，经营许可证持续有效。

经营许可证不得涂改、倒卖、出租、出借或者以其他形式非法转让。

发生经营许可证遗失、损毁、灭失等情况的，通用航空企业应当自发生之日起15日内向住所地民航地区管理局申请补发，并在相关媒体发布公告。

通用航空企业有下列情形之一的，民航地区管理局应当依法办理经营许可证的注销手续：(1)因破产、解散等原因被终止法人资格的；(2)通用航空经营许可依法被撤销、撤回或者经营许可证依法被吊销的;(3)法律、法规规定的应当注销的其他情形。

(五)通用航空企业经营规范

通用航空企业开展经营性通用航空活动时,应当持续符合通用航空经营许可条件以及民航局规定的其他要求。

开展经营活动前,通用航空企业应当按照民航局有关信息报送规定要求向住所地民航地区管理局备案经营活动信息;跨地区开展经营活动的,还应当向经营活动所在地区的民航地区管理局备案经营活动信息,并接受监督管理。经营活动结束后,通用航空企业应当按照民航局有关信息报送规定要求及时、真实、完整地报送安全生产经营情况、行业统计数据以及申领民航财政补贴所需信息等有关内容。企业的股权结构、机队构成等基本信息发生变更的,应当按照民航局有关信息报送规定要求,自变更发生之日起15日内完成通用航空管理系统中相关信息的更新。

从事载客类经营活动的通用航空企业,应当按照民航局的有关规定,制定飞行事故应急反应预案和伤亡人员家属援助计划。从事载客类经营活动的通用航空企业,应当按照要求制定运输服务标准和锂电池运输管理手册,内容至少包括客票销售、旅客服务、投诉受理、锂电池运输安全管理、培训、应急处置等方面。

通用航空企业在和通用航空用户、消费者订立合同时,应当充分履行告知义务,全面、真实、准确地向通用航空用户、消费者告知其具备的经营资质、服务标准、投保各类保险以及相应保险金额等信息,保障通用航空用户、消费者的知情权和选择权。

通用航空企业应当在每年3月31日前,通过通用航空管理系统向住所地民航地区管理局报送上一年度的年度报告。年度报告应当包括下列内容:(1)企业简介;(2)经营情况说明;(3)股东情况;(4)董事、监事、高级管理人员、民用航空器、民用航空器驾驶员等专业技术人员情况;(5)其他重要事项。民航局依法公开通用航空企业年度报告报送情况,涉及国家秘密、商业秘密、个人隐私的除外。

《通用航空经营许可管理规定》还对经营许可的监督检查作了全面规定,相关内容将在本书第八章第二节讲解。

三、通用航空经营许可与运行许可联合审定

(一)制度背景

通用航空经营许可,是在市场监管维度对通用航空企业经营资质能力的审核。在经营许可之外,从事通用航空活动,还需要满足相应的运行资质能力,后

者取决于通航企业从事的具体业务。在通用航空“放管服”改革前,企业取得经营许可后,需要再取得相应的运行许可,办理流程比较漫长,颇费周折。2017 年以来,民航局大力推进通用航空“放管服”工作,优化营商环境,先后组织东北、中南地区开展通用航空经营许可与运行许可联合审定(以下简称联合审定)试点。企业通过一次申请、一次联合审定,同步获批两项许可。此举将经营许可和运行许可审定方式由“串联式”改为“并联式”,一方面,极大简化通用航空企业创办程序;另一方面,推动企业经营条件与运行能力同步认定,得到社会各界广泛关注和认可。2019 年 10 月,民航局决定将试点范围扩展至全国。企业开办运营审批时长最少缩减至 7 个工作日,平均用时 20 个工作日左右。截至 2021 年年底,全国已有 64 家通用航空企业通过联合审定的方式获得两项许可。各地区管理局结合辖区实际,初步形成各具特色的管理制度。[1] 2022 年,民航局发布《通用航空经营许可与运行许可联合审定工作程序》(民航规〔2022〕7 号),形成了统一的程序,为开展联合审定提供了制度依据和保证。

《行政许可法》第 6 条规定,实施行政许可,应当遵循便民的原则,提高办事效率,提供优质服务。《优化营商环境条例》第 40 条规定,对实行行政许可管理的事项,行政机关应当通过整合实施、下放审批层级等多种方式,优化审批服务,提高审批效率,减轻市场主体负担。通用航空经营许可与运行许可联合审定,是在不改变行政许可数量和内容的前提下,通过行政许可流程再造,实现民航系统内各部门的协同,提升行政许可效率。

（二）审定程序

联合审定工作程序适用于企业住所地与主运行基地在同一地区管理局,属于下列情形通用航空企业的联合审定工作:(1)在中华人民共和国境内(不含港澳台地区)使用有人驾驶航空器申请从事载客类(通用航空短途运输、通用航空包机飞行)、载人类(石油服务、直升飞机引航、航空医疗救护、空中游览、跳伞飞行服务)和其他类(直升飞机机外载荷飞行、航空喷洒(撒)、通用航空货运、商用驾驶员执照培训)经营项目运营;(2)增加涉及补充运行合格审定的经营项目。

民航局负责对全国范围内的联合审定工作实施统一指导和监督管理。地区管理局负责本辖区内联合审定工作的实施和监督管理。民用航空安全监督管理局(运行办)依据地区管理局授权,参与联合审定工作。

地区管理局设立联合审定工作小组,负责具体实施辖区内的联合审定工作。工作小组成员主要由管理局通航处、飞标处、适航维修处的部门人员组成;必要

〔1〕 参见《解读|〈通用航空经营许可与运行许可联合审定工作程序〉》,载中国民航局官方网站,http://www.caac.gov.cn/XXGK/XXGK/ZCJD/202203/t20220316_212391.html。

时,可增加申请人住所地所属民航监管局(运行办)对应处室成员。地区管理局通航处负责联合审定工作的组织与协调。联合审定工作小组成员按照规章要求和职责分工,协同开展联合审定工作。

地区管理局应当自受理联合审定申请之日起20日内作出是否予以许可的决定;20日内不能作出决定的,经地区管理局负责人批准,可以延长10日,并应当将延长期限的理由及时告知申请人。

通用航空企业可向地区管理局咨询了解民用航空相关法规政策和有关联合审定的流程要求、拟开展经营项目与运行资质能力的对应关系、需提交的申请材料及注意事项等内容。根据申请人诉求,地区管理局联合审定工作小组应及时答复申请人的政策咨询,对申请人的筹建工作予以指导,与其协商确定联合审定相关事宜。

申请人应当按照许可有关要求,准备联合审定申请材料,并通过纸质或电子文件向地区管理局提出联合审定正式申请。申请人提交纸质文件申请的,应将相关申请材料提交地区管理局行政审批服务大厅。申请人提交电子文件申请的,应按照材料清单要求分别在通用航空管理系统、飞行标准监督管理系统(Flight Standards Oversight Program,FSOP)系统上传所需材料。

联合审定工作程序由申请受理、文件审查、现场验证、审批颁证四个阶段组成。

在申请受理阶段,地区管理局联合审定工作小组收到申请后,重点对申请材料进行形式审查,审查要点包括申请事项是否适用联合审定工作程序;申请书内容是否规范完整;申请材料是否齐全、有效,是否符合法定形式等。经初步审核,如申请人提交的申请材料通过形式审查的,地区管理局应当受理其申请,并向申请人出具经营许可与运行许可联合审定申请受理通知书。如申请人提交的申请材料不符合形式审查的,地区管理局应当场或在5日内一次性告知申请人需要补正的全部内容;逾期不告知的,自收到申请材料之日起即视为受理。

在文件审查阶段,联合审定工作小组成员根据协商确定的审定工作进度和职责分工,对申请材料进行审核。在联合审定工作小组成员中,通用航空市场监察员负责经营许可文件审查,飞标监察员、适航维修监察员负责运行许可文件审查。在审定过程中,如发现申请人所提交的申请材料内容不符合规章设定的许可条件,监察员应当以书面形式通知申请人对申请材料的相关内容作出修订;修订后仍不满足许可条件的,联合审定工作小组终止审查,作出不予行政许可的决定,并以书面形式通知申请人。

在现场验证阶段,结合申请材料审查情况,联合审定工作小组对申请人开展实质性审核，现场验证申请人的文实相符情况和实际运营能力。联合审定工作小组经内部沟通并与申请人协商后，确定现场验证的时间、地点、参与人员、审定方式和审定事项等。现场验证由联合审定工作小组或由其授权的监管局(运行办)成员完成。必要时，航空器投入运行前检查，可由联合审定工作小组适航维修监察员提前完成。在现场验证过程中，如发现申请人不能按照民航规章要求实施安全运营的，应当以书面形式通知申请人对运营缺陷进行纠正；纠正后仍不满足条件的，联合审定工作小组终止审查，作出不予行政许可的决定，并以书面形式通知申请人。

在审批颁证阶段，现场验证结果符合许可条件的，联合审定工作小组向地区管理局提出同意颁证意见，由地区管理局作出准予颁发经营许可证和运行合格证的决定。联合审定工作小组应当自作出决定之日起 10 日内向申请人同时颁发通用航空经营许可证和运行合格证。

联合审定程序打通了通用航空经营许可与运行许可的联系，明确了《通用航空经营许可管理规定》(CCAR－290－R3)与《一般运行和飞行规则》(CCAR－91－R4)、《小型商业运输和空中游览运营人运行合格审定规则》(CCAR－135－R3)、《特殊商业和私用大型航空器运营人运行合格审定规则》(CCAR－136)、《民用航空器驾驶员学校合格审定规则》(CCAR－141－R3)的法律适用关系。通用航空经营许可与运行许可联合审定对应的关系如表 5－1 所示。

表 5－1 通用航空经营许可与运行许可联合审定对应关系

许可项目		135 部运行合格审定	136 部运行合格审定	141 部运行合格审定	无须运行合格审定
载客类	通用航空短途运输	√			
	通用航空包机飞行	√			
载人类	石油服务	√			
	直升机引航	√			
	航空医疗救护	√			
	空中游览	√			
	跳伞飞行服务		√		
	航空护林				√
	个人娱乐飞行				√

续表

许可项目		135 部运行合格审定	136 部运行合格审定	141 部运行合格审定	无须运行合格审定
其他类	城市消防				√
	直升机机外载荷飞行		√		
	人工影响天气				√
	航空探矿				√
	航空摄影				√
	海洋监测				√
	渔业飞行				√
	空中巡查				√
	电力作业				√
	航空喷洒(撒)		√		
	空中拍照				√
	空中广告				√
	科学实验				√
	气象探测				√
	表演飞行				√
	通用航空货运	√			
	商用驾驶员执照培训			√	
	私用驾驶员执照培训				√
	运动驾驶员执照培训				√

注:参见《通用航空经营许可与运行许可联合审定工作程序》(民航规〔2022〕7 号)附件 2,具体以实际运营和民航局规章要求为准。

第三节　非经营性通用航空备案

一、立法沿革

《民用航空法》1995 年制定时第 147 条第 1 款规定:“从事非经营性通用航空的,应当向国务院民用航空主管部门办理登记。”

2004 年,民航总局制定了《非经营性通用航空登记管理规定》(CCAR -

285,已废止),在中华人民共和国领域内从事非经营性通用航空活动的任何单位和个人,均应按该规定进行登记,该规章规定了非经营性通用航空登记应具备的条件、提交的材料、办理程序、监督检查、法律责任等内容,是非经营性通用航空登记管理的主要依据。根据该规章的规定,非经营性通用航空登记分为单位登记和个人登记,经民航地区管理局核准后颁发非经营性通用航空登记证,明显是一种控制主体资格的行政许可,其依据为《行政许可法》第 12 条第 5 项,企业或者其他组织的设立等,需要确定主体资格的事项,可以设定行政许可。登记作为一种行政许可类型,其主要特点是对行为人主体资格的控制,未经合法登记、取得特定主体资格的,不得从事相关活动。通过登记,行政机关可以掌握相关信息,并将其固定化、公开化。登记一般没有数量上的限制,行政机关只进行形式审查。但非经营性通用航空登记条件严格,材料手续烦琐,严重抑制了非经营性通用航空活动的需求。截至 2021 年年底,全国非经营性通用航空活动主体共 46 家,多为航空器制造单位、航空训练学校、公益服务组织等,明显滞后于经营性通用航空的发展。[1]

2020 年,国务院印发《关于取消和下放一批行政许可事项的决定》(国发〔2020〕13 号),正式取消"非经营性通用航空登记核准"行政许可项目,改为备案管理。2021 年,全国人民代表大会常务委员会修改《民用航空法》,将第 147 条第 1 款修改为:"从事非经营性通用航空的,应当向国务院民用航空主管部门备案",并增加了未备案的罚则,即第 211 条第 2 款:"从事非经营性通用航空未向国务院民用航空主管部门备案的,由国务院民用航空主管部门责令改正;逾期未改正的,处三万元以下罚款。"从理论上说,行政备案不同于行政许可,它不是对行政相对人主体资格和行为的事先控制,而是一种事中事后监管手段。通过备案机制,行政相对人将信息报送给行政主体备查,使行政主体能够及时掌握相关信息,并实现信息的流通或公开,增强事中事后监管能力。非经营性通用航空活动由登记制改为备案制,在法律上取消了此项许可,便利了非经营性通用航空活动的开展。《优化营商环境条例》第 39 条规定,严禁以备案等形式变相设定或者实施行政许可。在实施非经营性通用航空备案过程中,应该准确把握备案的性质,防止变相演变为事先许可,合理规划备案管理程序,简化备案流程,将备案作为一种信息规制工具,强化行政机关事中事后监管能力。

随着上位法的修改,《非经营性通用航空登记管理规定》(CCAR-285,已废止)失去上位法依据,2022 年 4 月,交通运输部发布《关于废止〈非经营性通用航

---

〔1〕 参见《解读|〈非经营性通用航空备案管理办法〉》,载中国民航局官方网站,http://www.caac.gov.cn/XXGK/XXGK/ZCFBJD/202207/t20220718_214631.html。

空登记管理规定〉的决定》,[1]废止了该规章。

2022年7月,民航局发布了《非经营性通用航空备案管理办法》(民航规〔2022〕24号),《非经营性通用航空备案管理办法》大大简化了备案手续和备案材料,并规定了事中事后监管措施。《非经营性通用航空备案管理办法》的出台,减轻了广大航空爱好者和开展非经营性通用航空活动的单位的负担,降低了从事非经营性通用航空活动的门槛,为非经营性通用航空进一步发展打下了基础。

二、《非经营性通用航空备案管理办法》的主要内容

《非经营性通用航空备案管理办法》共5章21条,以下根据《非经营性通用航空备案管理办法》的主要内容,介绍目前的非经营性通用航空备案制度。

根据《非经营性通用航空备案管理办法》的规定,非经营性通用航空活动是指不以营利为目的的通用航空飞行活动。实践中主要包括单位利用自有航空器从事通用航空飞行活动、航空器实验飞行、个人飞行、娱乐飞行等。民航局负责对全国非经营性通用航空活动的备案以及监督管理工作实施统一管理。民航地区管理局负责辖区内非经营性通用航空活动的备案以及监督管理工作。

非经营性通用航空备案分为主体备案和活动备案,其中,主体备案分为单位(法人或其他组织)备案和个人备案,活动备案是指在飞行活动结束后,报备飞行活动信息的行为。取得通用航空经营许可证的企业,开展非经营性通用航空活动无须另行主体备案。以单位名义开展非经营性通用航空活动的,飞行人员无须另行个人备案。

主体备案和活动备案均通过"通用航空管理系统"(http://ga.caac.gov.cn/gacaac/home.html)完成,全程网上办理。非经营性通用航空活动单位备案,应提交以下材料或信息,并确保内容真实、完整、有效:(1)单位统一社会信用代码或有效法人资格证件等信息;(2)单位法定代表人或负责人的有效身份证件及无犯罪记录声明;(3)依法取得的、符合民航规章要求的航空器驾驶员执照或其相关信息,对于使用民航规章《一般运行和飞行规则》中规定的超轻型飞行器的,不要求其具有驾驶员执照;(4)与拟从事非经营性通用航空活动相适应的航空器国籍证、适航证和无线电台执照或其上述相关信息,对于使用民航规章《一般运行和飞行规则》中规定的超轻型飞行器的,不要求其具有国籍登记证和适航证;(5)有效联系方式。

非经营性通用航空活动个人备案,应提交以下材料或信息,并确保内容真实、完整、有效:(1)个人有效身份证件;(2)个人无犯罪记录声明;(3)依法取得

[1] 交通运输部令2022年第14号。

的、符合民航规章要求的航空器驾驶员执照或其相关信息，对于使用民航规章《一般运行和飞行规则》中规定的超轻型飞行器的，不要求其具有驾驶员执照；(4)有效联系方式。

完成备案后的非经营性通用航空活动主体可在备案材料提交成功后，通过系统下载“非经营性通用航空活动主体备案证明文件”。非经营性通用航空活动主体备案内容发生变更的，应当自变更之日起15个工作日内更新备案内容。

非经营性通用航空活动的备案，应当在飞行活动结束后至次月4日前，填报飞行活动人员、飞行时间、所使用的航空器等相关信息。

从事非经营性通用航空活动的主体，应当遵守法律、法规和民航规章的规定，严格执行民航飞行运行规则、规定和标准，不得损害国家、社会、集体的利益和其他公民的合法权益。开展非经营性通用航空活动时，应当采取有效措施，保证飞行安全，保护环境和生态平衡，防止对环境、居民、作物或者牲畜等造成损害。开展非经营性通用航空活动时，应当确保地面第三人责任险持续有效。

《非经营性通用航空备案管理办法》还对非经营性通用航空的监督检查作了全面规定，相关内容将在本书第八章第二节讲解。

从效力位阶看，《非经营性通用航空备案管理办法》属于行政规定(规范性文件)，无权设定行政处罚，目前，《管理办法》对罚则和信用管理等手段的规定比较模糊。从长远来看，仍以上升为规章层次为宜，如此，可形成以“通用航空经营许可”和“非经营性通用航空备案”为核心的通用航空规章群，实现通用航空法规体系的均衡。

第四节　通用航空飞行员

一、概述

通用航空飞行员是从事通用航空活动的主体，也是通用航空发展的关键因素。截至2017年，美国有近60万飞行员，持各类别(包括运动类、滑翔机、旋翼机等)执照的通用航空飞行员人数约有50万，[1]这个庞大的群体不仅奠定了美国通用航空发达的坚实基础，也成为美国运输航空飞行专业人才的强大储备库。随着我国民用航空业的发展，飞行员紧缺一直是近年来全行业突出的问题，通用航空领域更为严重。根据2014年的数据，我国通用航空飞行员数量约为4500余人，其中的3500余人是在航校(包括飞行学员)，真正投入通用航空业务飞行的飞行

---

〔1〕参见华东地区通用航空产业促进立法研究课题组：《华东地区通用航空产业促进立法研究》，光明日报出版社2019年版，第112页。

员不足1000人,而同时期我国有1631架通用飞机。受限于培训资源、培训条件的严重不足以及通用航空飞行员培养渠道的不畅,目前,我国每年通用航空飞行员培养的人数估计不超过200人,远远不能满足我国通用航空发展需要。[1] 根据从事的活动和职业发展前景,我国通用航空飞行员群体可以分为四类。

第一类是私照飞行员。他们主要是出于兴趣取得执照,进行私用飞行、娱乐飞行等活动,目前我国私用飞行员群体规模较小、飞行活动的飞行时间较少,但随着低空开放的进行和对非经营性通用航空活动的鼓励,这类飞行活动将成为通用航空活动的新增长点。截至2020年,我国私用驾驶员执照(Private Pilot Licence,PPL)持有数为4015人。[2]

第二类是通用飞行员。他们是供职于各个通用航空公司的飞行员,是从事通用航空飞行活动的主力军。但是,由于目前运输航空公司的工作条件及工资待遇远好于通用航空公司,相当多的通用飞行员实际上是暂时供职于通用航空公司。这些飞行员由于种种原因没有完成航空公司的训练课程,不能加入运输航空公司担任副驾驶,在取得运行资质之前,必须在通用航空公司飞行,积累足够的飞行经历。

第三类为飞行学员。他们大部分是各个航空公司招飞的学生,数量可观。由于历史原因,我国民用航空较注重运输航空的发展,航线飞行员培养与通用航空飞行员培养基本是两个不同的培养体系,且有限的飞行员培训资源主要被用于培养航线飞行员,通用航空飞行员的发展则较为缓慢。虽然这些学员绝大多数学成之后将进入运输航空公司,但在学习过程中的飞行活动属于通用航空活动,是我国通用航空飞行小时数的重要组成部分。

目前,我国通用航空飞行员的培养模式主要有两种:一是学历教育培养模式(学历+执照),存在于中国民用航空飞行学院这样的民航院校;二是非学历技能培养模式,主体是民航局认证的飞行员执照培训机构,以及一些不具备培训航线飞行员资质的通用航空公司。按照局方标准及要求,飞行学员先进行英语和电器仪表等理论培训,再进行上机实践培训,获得飞行私照和商照后,就可进入通用航空公司或航空学校工作。但由于我国通用航空市场刚刚兴起不久,通用航空公司普遍较弱,难以参照运输航空公司那样批量化送培飞行学员;同时,通用航空公司业务不稳定,工作条件和工资待遇远远比不上运输航空公司,志愿从事通用航空的飞行员很少,这使得通用航空飞行员的生源受限。对于飞行培训单位来讲,民营航校不管是从经济效益,还是从学成率考虑,航线运输飞行员培

[1] 参见高远洋:《我国通用航空飞行员培养之道》,载《中国民用航空》2014年第4期。
[2] 参见中国民用航空局:《2020年民航行业发展统计公报》,2021年6月。

养才是其业务重点,通用航空飞行员培养占比很少。[1]

第四类是飞行教员。这一群体职业稳定,收入较高,人员变化不明显,很少对通用航空的其他领域产生影响。

无论上述哪一类群体,从事通用航空飞行活动,都需要取得相应的航空器驾驶员执照(超轻型飞行器除外)。[2] 类似于机动车驾驶执照,航空器驾驶员执照是一种针对个人的许可。《行政许可法》第12条第3项规定,提供公众服务并且直接关系公共利益的职业、行业,需要确定具备特殊信誉、特殊条件或者特殊技能等资格、资质的事项,可以设定行政许可。《民用航空法》第40条第1款规定,航空人员应当接受专门训练,经考核合格,取得国务院民用航空主管部门颁发的执照,方可担任其执照载明的工作。第42条第1款规定,航空人员应当接受国务院民用航空主管部门定期或者不定期的检查和考核;经检查、考核合格的,方可继续担任其执照载明的工作。这里的"航空人员"包括驾驶员。

二、驾驶员执照制度

关于驾驶员执照管理的主要民航规章是《民用航空器驾驶员合格审定规则》(CCAR-61-R5),该规章于1996年发布,原名为《民用航空器驾驶员和飞行教员合格审定规则》,2016年更名为《民用航空器驾驶员合格审定规则》(已废止),2018年进行了第五次修订。[3] 修改的总体方向是降低人员资质要求,促进各类通用航空活动发展,例如,对于运动驾驶员执照和私用驾驶员执照,允许非训练机构进行训练,取消运动驾驶员执照和私用驾驶员执照训练机构审批的行政许可;根据无人机发展情况,补充无人驾驶航空器驾驶员执照和等级内容,同时,为避免规章内其他仅反映有人机特点的条款对无人机驾驶员的适用,仅列出适用性条款,具体规定另行制定;在体检方面也通过认可机动车驾驶证体检合格要求等规定降低了获取运动驾驶员执照的体检合格要求;为促进运动类航空的发展,明确在外国或我国香港特别行政区、澳门特别行政区颁发的运动类执照换发我国执照时,取消实践考试要求等。

该规章共分为13章,分别为:总则、一般规定、增加等级和特殊规定、学生驾驶员执照、运动驾驶员执照、私用驾驶员执照、商用驾驶员执照、飞机类别多人制机组驾驶员执照、航线运输驾驶员执照、飞行教员等级、法律责任、附则。

---

[1] 参见李文龙:《关于民航强国建设下通用航空飞行员培养提升对策分析》,载《才智》2017年第14期。

[2] 超轻型飞行器及其部件和设备不要求按航空器适航审定标准进行审定,也不要求具有适航证,局方对驾驶超轻型飞行器的人员没有航空知识、年龄及经历的具体要求,也不要求其具有航空人员执照及体检合格证。参见《一般运行和飞行规则》(CCAR-91-R4)第91.807条。

[3] 参见交通运输部《关于修改〈民用航空器驾驶员合格审定规则〉的决定》,交通运输部令2018年第37号。

根据从事活动和驾驶民用航空器的类别、级别、型别的不同，驾驶员执照实施分类管理。美国的飞行执照分为学生飞行员执照、运动飞行员执照、休闲飞行员执照、私人飞行员执照、商用飞行员执照、航线运输飞行员执照等六类。高级执照的持有人可以行使相对低级执照的权利。[1] 我国的驾驶员执照也包括六类，由低到高依次为学生驾驶员执照、运动驾驶员执照、私用驾驶员执照、商用驾驶员执照、飞机类别多人制机组驾驶员执照、航线运输驾驶员执照，各有不同适用范围和资格要求，执照持有人相应行使不同的权利，以下进行简要介绍。

学生驾驶员执照根据航空器类别分为飞机、直升机、飞艇、倾转旋翼机、初级飞机、自转旋翼机、滑翔机、自由气球、小型飞艇等九类。申请运动驾驶员执照的学生驾驶员，无须办理学生驾驶员执照，但须遵守对学生驾驶员的单飞要求及一般限制。

运动驾驶员执照根据航空器类别分为初级飞机、自转旋翼机、滑翔机、小型飞艇和自由气球五个等级。运动驾驶员执照持有人可以在相应类别和级别等级的航空器上担任机长，不得从事商业航空运输运行，禁止在自由气球上实施夜间飞行。

私用驾驶员执照根据航空器类别分为飞机、直升机、飞艇、倾转旋翼机四个级别。私用驾驶员执照持有人可以不以取酬为目的在非经营性运行的相应航空器上担任机长或者副驾驶。私用驾驶员执照持有人不得以取酬为目的在经营性运行的航空器上担任机长或副驾驶，也不得为获取酬金而在航空器上担任飞行机组必需成员。

商用驾驶员执照根据航空器类别分为飞机、直升机、飞艇、倾转旋翼机四个级别。商用驾驶员执照持有人具有下列权利：(1)行使相应的私用驾驶员执照持有人的所有权利；(2)在以取酬为目的经营性运行的航空器上担任机长或副驾驶，但不得在相应运行规章要求机长应当具有航线运输驾驶员执照的运行中担任机长；(3)为获取酬金而担任机长或副驾驶。商用驾驶员执照持有人的权利限制是：带有飞机类别等级的商用驾驶员执照持有人如未持有同一类别和级别的仪表等级，局方将在其执照上签注“禁止在飞机转场飞行中为获取酬金而载运旅客”。在规章规定的违法情形下，执照持有人不再具有商用驾驶员执照权利。

飞机类别多人制机组驾驶员执照，持有人具有下列权利：(1)行使飞机类别的私用驾驶员执照持有人的所有权利；(2)在多人制机组运行中行使飞机类别仪表等级的权利；(3)在其执照签注型别等级的飞机上行使副驾驶权利；(4)在

[1] 参见[美]杰里·A. 艾肯伯格(Jerry A. Eichenberger)：《美国通用航空法：法规解析与应用》(第3版)，陈静娴译，航空工业出版社2014年版，第15页。

单驾驶员运行的飞机中行使商用驾驶员执照权利之前,执照持有人应当符合本章规定的与飞机类别相应的商用驾驶员执照飞行经历和飞行技能要求,并取得商用驾驶员执照;(5)在单人操纵的航空器上,行使仪表等级权利应当完成附加训练。在规章规定的违法情形下,执照持有人不再具有多人制机组驾驶员执照权利。

航线运输驾驶员执照根据航空器类别分为飞机、直升机、倾转旋翼机三个级别。航线运输驾驶员执照持有人具有下列权利:(1)航线运输驾驶员可以行使相应的私用和商用驾驶员执照以及仪表等级的权利;(2)航线运输驾驶员可以在从事公共航空运输的航空器上担任机长和副驾驶;(3)如果飞机类别的航线运输驾驶员执照持有人以前仅持有多人制机组驾驶员执照,除非其飞行经历已满足规章中对在单驾驶员运行的飞机中行使商用驾驶员执照权利的所有要求,否则,在其执照的多发飞机等级上签注"仅限于多人制机组运行"。在规章规定的违法情形下,执照持有人不再具有多人制机组驾驶员执照权利。

申请每一类执照,都应具备相应的资格、航空知识、飞行技能和飞行经历要求。需要进行体检,接受相应的培训并完成考试,考试分为理论考试和语言能力考试,以及实践考试。符合相应条件的申请人,应当向民航局指定管辖权的地区管理局提交申请执照或等级的申请,申请人对其申请材料实质内容的真实性负责,并按规定交纳相应的费用。地区管理局受理后,应当在 20 个工作日内对申请人的申请材料完成审查,并作出颁发或不颁发执照的决定。经局方批准,申请人可以取得相应的执照或等级。批准的航空器类别、级别、型别或者其他等级由局方签注在申请人的执照上。驾驶执照的有效期为:临时执照不超过 120 天;学生驾驶员执照为 24 个月;其他驾驶执照为 6 年。执照持有人应在执照有效期期满前 3 个月内向局方申请重新颁发执照,并出示最近一次有效的熟练检查或定期检查记录。航空人员应当接受局方定期或者不定期的检查和考核;经检查、考核合格的,方可继续担任其执照载明的工作。

在我国,飞行教员分为运动教员、基础教员、仪表教员、型别教员四类。申请运动教员,需持有运动驾驶员执照;申请基础教员,需持有商用驾驶员执照或者航线运输驾驶员执照;申请仪表教员,需持有附加仪表等级的商用驾驶员执照或者航线运输驾驶员执照,并带有相应于所申请教员等级的航空器类别等级;申请型别教员,需持有带有仪表等级的商用驾驶员执照或者航线运输驾驶员执照,并带有相应于所申请教员等级的航空器类别、级别等级和型别等级。除此之外,还应具备相应的知识要求和飞行教学能力。

第六章　通用航空飞行

第一节　空　　域

一、空域的概念和属性

空域(airspace)是地球表面以上可供航空器运行的一定范围的空气空间。空域(空气空间)与外层空间对应,外层空间与空气空间最大的区别是,一国的主权只及于空气空间,而不能拓展到外层空间。

领空是与空域紧密相连又有所区别的一个概念。《国际民用航空公约》将领空界定为领土上空的空气空间,即一个国家的领土和领海之上的空气空间。理论界通常把领空界定为处在一个国家主权支配之下,在国家疆界之内的陆地和水域之上的空气空间。

领空属于国际法范畴,具有典型的国家主权属性,领空主权原则也成为国际法的基本原则之一,并被国际条约所承认和各国国内法所肯定。《国际民用航空公约》明确规定了国家领土主权原则,并将其阐述为"缔约各国承认每一国家对其领土之上的空气空间具有完全的和排他的主权"。我国《民用航空法》第2条明确规定,中华人民共和国的领陆和领水之上的空域为中华人民共和国领空。中华人民共和国对领空享有完全的、排他的主权。空域虽然也具有国家主权属性,但其侧重于国家对空域的管理和对空域资源的利用,因此,其属性更为复杂。对此,我们可以从空域的物理属性、经济属性和法律属性三个角度进行探讨。[1]

1. 空域的物理属性。空域的物理属性是指空域所具有的界限范围、气候状况等自然地理特征。首先,空域是空中交通工具在大气空间中的活动范围,也是空中交通服务提供者向空域用户提供服务的场所,因此,空域作为实现空中交通的物理空间,应当具有明确的上下界限范围,亦应当具有特定的气候状况,包括大气环流、气象等,这是空域基本的、固有的物理属性。其次,空域既然是空中交

---

〔1〕 本部分参见高志宏:《低空空域管理改革的法理研究》,法律出版社2019年版,第21~24页;栾爽:《民用无人机法律规制问题研究》,法律出版社2019年版,第82~84页。

通的物理空间,必然以空气作为介质,具有一定的界限范围、容量大小和连续性,航空器能实现不间断飞行且其运行原理和运动特点受到空域的限制。最后,空域的自然地理属性决定了其具有明显的技术特征。空气介质的状况决定了空域资源的质量,地磁场使人类可以通过各种技术手段形成空域的信息场。采用不同的技术手段和管理方式,空域资源的利用效率不同,空域的容量也将不同。

2. 空域的经济属性。空域的界限性决定了其容量是有限的,空域的使用价值决定了其具有自然资源的经济属性。当然,在不同国家、不同时期,空域的利用价值也有所不同。在航空业迅猛发展的今天,空域的经济价值日益凸显,已成为一种稀缺资源。当今世界各国都把空域视为一种特殊的"天然资源",空域能够产生经济价值和经济效益,此即空域的经济属性。空域的有限性和稀缺性决定了空域的经济属性,空域的经济价值体现在为航空器提供空间载体,为各种民用、军用航空活动提供服务。随着航空运输业的发展,空域已成为宝贵的国家资源,合理、充分地利用有限的空域资源就显得尤为重要。然而,与一般物品相比,空域的经济属性具有特殊性。其一,空域可重复使用,空域资源是一种流量资源,对空域的利用必须是即时的。只有在使用的情况下,空域才能体现出它的价值,未被使用的空域是不能产生经济价值的。航空器飞离某空域,该空域仍可以为其他航空器服务,并且如果空域当时未被有效利用,过后是无法弥补的,此即空域资源的可重复利用性和即时性。空域的这一特性要求我们合理划设和科学管理空域资源,从而使其产生更大的经济效益。其二,空域属于公共资源,是公共物品,具有公共属性。它不属于任何个人或者团体,必须为整个社会服务,全体社会成员都有权利加以利用。空域资源的这一特性要求国家对空域的管理必须站在全社会的立场,做到公平公正,确保社会公众享有平等使用空域的权利。其三,空域资源的利用涉及政策、体制、资金技术等多方面。随着空中交通的不断发展,空域资源相对空中交通活动需求的有限性和稀缺性问题日益突出,这也成为制约空中交通快捷、有序发展的"瓶颈"。就我国而言,空域因素往往也是航班延误的重要原因之一。因此,需要科学管理空域资源,提高空域资源的利用率。

3. 空域的法律属性。空域的法律属性是指空域在法律层面的特征,是由于人使用空域资源而通过法律赋予的特殊属性。首先,空域的法律属性体现在其主权属性方面。前已述及,领空具有典型的国家主权属性,国家空域与国家领空、领土一样不容侵犯,都体现了一个国家的主权与尊严。空域与领土具有不可分割性,与领空更是本质相同的法律概念,因而空域具有国家主权属性,不容许任何他国侵犯,他国的航空器只有在被允许的情况下才能进入本国空域。其次,空域涉及飞行安全、防空安全、国家安全、公共安全。航空活动日益复杂,一旦发生事故,后果往往很严重,所以安全是空域管理的首要目标。为此,世界各国都对空域进行安全监管,包括进行空域规划、实施空中交通管制、提供地面保障等。我国向来把安全作为空域管理的重中之重,实施较为严格的空域管制,采取较为保守的空域开发利用的态度。当然,在不同时期,空域管理的价值目标应有所偏重,并在安全和效益之间寻求平衡点,而不能一味地强调安全而设置苛刻的飞行条件和审批程序,造成空域资源的闲置浪费,更不能为了单纯追求效益而牺牲安全。空域安全需要航空器、航空法规、航空管制和地面设施及保障部门的密切配合,保障空域安全需要通信、导航、雷达,气象、航行情报和其他飞行保障部门的密切协同,需要军民航统筹兼顾、合理安排,需要航空器严格按审批标准和飞行要求进行飞行活动。最后,空域的法律属性还表现在对空域的划设、使用、管理上,也即国家作为管理者对空域的划设、使用、监管等方面行使国家权力。例如,出于政治、经济、军事、安全以及空中交通服务等需要,在划设空域时常常对飞行活动附加一些限制条件,如飞行规则、机载设备、飞行方向等。又如,在必要时通过设立空中管制区、空中禁区和空中危险区等来保护重要城市、重要目标、军事目标等。

二、空域的分类和使用

空域分类,是指根据空域的使用需求,按照一定分类标准以及国家空域政策将本国空域进行科学划分和实施类别化管理的行为。空域是有限的国家资源,尤其是可航行的且服务于军事航空(包括警用飞行)、公共运输航空和通用航空的空域资源更是非常有限。与此同时,这三类用户对于空域的使用需求范围、需求重点以及使用方式并不完全一致,甚至会产生一定的冲突。因此,有必要对空域进行合理分类,从而保证有限的空域资源得到安全、充分、有效、合理的利用。[1]

(一)域外的空域分类情况

空域分类的目的是在可接受的安全水平范围内,对空域进行差别化管理,尽可能地为航空器提供灵活、机动的空域范围,提高空域资源的利用效率。《国际民用航空公约》附件 11 明确规定,空中交通服务空域必须按规定进行分类和命名。同时,为了规范仪表飞行规则(Instrument Flight Rules, IFR)和目视飞行规则(Visual Flight Rules, VFR)[2]对航空人员、航空器和环境的不同要求,明确各类空域仪表飞行规则和目视飞行规则的服务种类。国际民航组织制定了空域分

---

〔1〕 参见高志宏:《低空空域管理改革的法理研究》,法律出版社 2019 年版,第 24 页。

〔2〕 飞行规则分为通用飞行规则、目视飞行规则和仪表飞行规则三个部分。仪表飞行是完全或者部分地按照航行驾驶仪表,判定航空器飞行状态及其位置的飞行。目视飞行是指在可见天地线和地标的条件下,能够判明航空器飞行状态和目视判定方位的飞行。

类标准,将空域划分为A、B、C、D、E、F、G七种基本类型,分别对飞行种类、间隔提供对象、提供的服务类型、能见度及距云的距离、速度限制、要求的无线电限制、接受无线电许可七个方面进行了规定。[1] 国际民航组织的空域划分为世界各个国家制定自己的空域分类提供了参考。

美国将其空域分为绝对管制空域,管制空域和非管制空域,用来区分仪表飞行、目视飞行和飞行高度,在非管制空域基本上只提供活动咨询和安全告警服务。在空域种类划分上,美国空域分为A、B、C、D、E、G六类。A类为绝对管制区,横跨美国全境,只有IFR飞行;B类为终端管制区,建立在繁忙机场附近,IFR、VFR均可飞行;C类为机场雷达服务区,建立在中型机场,与B类空域的最大区别是,C类飞行员要保持和管制员的通信联络;D类为管制地带,建立在有管制塔台的机场;E类为过渡区,空中交通管制只负责IFR间的间隔,E类空域是美国面积最大、应用最广的一类空域;G类为非管制空域,由飞行员本人负责飞行安全。

澳大利亚的空域等级划分与国际民航组织的相关标准一致,分为管制空域和非管制空域两大类,包括A、C、D、E、G五类,在各类空域中按照是否实现卫星雷达信号覆盖为标准,尚未实现卫星雷达信号覆盖的空域的限制程度相对较低。

欧洲民航会议(European Civil Aviation Conference,ECAC)在欧洲建立了单一天空,即建立连续的、不受国家边界限制的空域,并根据实际情况对国际民航组织的空域分类标准进行了引入和变通,提出了U、K、N三类空域。U类空域是未知空中交通环境的空域类型,同国际民航组织空域分类模型中的G类空域对应;K类空域是已知空中交通环境的空域类型,以国际民航组织的D类和E类空域为基础;N类空域是已知交通意图环境的空域类型,以国际民航组织的A类和C类空域为基础。[2]

虽然国际民航组织及世界各国在空域划分问题上存在较大差异,空域的具体范围和管制措施也有诸多不同,但大多都认可低空空域是空域管理中的重要一类。例如,在澳大利亚的空域分类中,G类为低空空域,属于非管制空域。

(二)我国的空域分类

我国《民用航空法》规定,国家对空域实行统一管理。划分空域,应当兼顾民用航空和国防安全的需要以及公众的利益,使空域得到合理、充分、有效的利用。空域管理的具体办法,由国务院、中央军委制定。2000年,国务院、中央军

---

[1] 参见《国际民用航空公约》附件11《空中交通服务》(第15版,2018年7月)。

[2] 参见刘光才、刘美君:《我国低空空域开放的法律探讨》,载《中国民用航空》2009年第11期;栾爽:《民用无人机法律规制问题研究》,法律出版社2019年版,第84~86页。

委联合制定了《飞行基本规则》,[1] 2003 年制定了《通用航空飞行管制条例》。[2]

在民航规章层面,最主要的规章是 2004 年民航总局制定的《民用航空使用空域办法》(CCAR-71),[3]该办法第 8 条规定,空域应当根据航路、航线结构,通信、导航、气象和监视设施以及空中交通服务的综合保障能力划分,以便对所划空域内的航空器飞行提供有效的空中交通服务。根据该办法第二章,航路、航线地带和民用机场区域设置高空管制区、中低空管制区、终端(进近)管制区和机场塔台管制区,通常情况下,分别称为 A、B、C、D 类空域。A 类空域为高空管制空域。在我国境内标准大气压高度 6000 米以上的空间,可以划设高空管制空域。在此空域内飞行的航空器必须按照仪表飞行规则飞行,并接受空中交通管制服务。B 类空域为中低空管制空域。在我国境内标准大气压高度 6000 米(含)至其下某指定高度的空间,可以划设中低空管制空域。C 类空域为进近管制空域。其通常是指在一个或者几个机场附近的航路、航线汇合处划设的、便于进场和离场航空器飞行的管制空域。它是高空管制空域或者中低空管制空域与机场管制地带之间的连接部分。D 类空域为机场管制地带。机场管制地带通常包括起落航线和最后进近定位点之后的航段以及第一个等待高度层(含)以下至地球表面的空间和机场机动区。在 B、C、D 类空域内飞行的航空器,可以按照仪表飞行规则飞行,并接受空中交通管制服务;对符合目视气象条件的,经航空器驾驶员申请,并经相应的管制单位或塔台管制室批准,也可以按照目视飞行规则飞行,并接受空中交通管制服务。

低空空域是国家空域体系的重要组成部分。但是,目前国际上尚未确立低空空域的概念,也没有形成统一的低空空域标准。我国一般将 6000 米(含)以下的高度划设为"中低空空域",将 1000 米(含)或 3000 米(含)以下的高度划为"低空空域"。低空空域开展的飞行活动项目多种多样,适用的航空器类型繁多。低空空域的需求主体大致可分为通用航空、警用航空和军事航空三类。其中,通用航空是低空空域的主要使用者。

(三)通用航空空域的划设与使用

通用航空飞行,必须向空管部门申请飞行空域。如果通用航空飞行所使用的空域不在已经划设的机场飞行空域、航路、航线范围内,则需要申请划设临时

[1] 2000 年 7 月 24 日国务院、中央军委令第 288 号公布,根据 2001 年 7 月 27 日《国务院、中央军委关于修改〈中华人民共和国飞行基本规则〉的决定》第一次修订,根据 2007 年 10 月 18 日《国务院、中央军委关于修改〈中华人民共和国飞行基本规则〉的决定》第二次修订。

[2] 2003 年 1 月 10 日国务院、中央军委令第 371 号公布。

[3] 2004 年 5 月 26 日中国民航总局令第 122 号公布。

飞行空域。《通用航空飞行管制条例》第二章规定了飞行空域划设与使用的要求。

从事通用航空飞行活动的单位、个人,根据飞行活动要求,需要划设临时飞行空域的,应当向有关飞行管制部门提出划设临时飞行空域的申请。划设临时飞行空域的申请应当包括下列内容:(1)临时飞行空域的水平范围、高度;(2)飞入和飞出临时飞行空域的方法;(3)使用临时飞行空域的时间;(4)飞行活动性质;(5)其他有关事项。划设临时飞行空域的权限批准为:(1)在机场区域内划设的,由负责该机场飞行管制的部门批准;(2)超出机场区域在飞行管制分区内划设的,由负责该分区飞行管制的部门批准;(3)超出飞行管制分区在飞行管制区内划设的,由负责该管制区飞行管制的部门批准;(4)在飞行管制区间划设的,由中国人民解放军空军批准。批准划设临时飞行空域的部门应当将划设的临时飞行空域报上一级飞行管制部门备案,并通报有关单位。

划设临时飞行空域的申请,应当在拟使用临时飞行空域7个工作日前向有关飞行管制部门提出;负责批准该临时飞行空域的飞行管制部门应当在拟使用临时飞行空域3个工作日前作出批准或者不予批准的决定,并通知申请人。临时飞行空域的使用期限应当根据通用航空飞行的性质和需要确定,通常不得超过12个月。因飞行任务的要求,需要延长临时飞行空域使用期限的,应当报经批准该临时飞行空域的飞行管制部门同意。通用航空飞行任务完成后,从事通用航空飞行活动的单位、个人应当及时报告有关飞行管制部门,其申请划设的临时飞行空域即行撤销。对于已划设的临时飞行空域,从事通用航空飞行活动的其他单位、个人因飞行需要,经批准划设该临时飞行空域的飞行管制部门同意,也可以使用。

三、空域管理体制

综观世界各国空域管理体制,大致可以分为三种模式。第一种是统一管制模式,即由单一的机构领导全国的空域管理工作,对全国范围内的所有飞行活动进行集中管控的空域管理体制。该模式又可再分为军方统管、政府统管、企业统管三种类别,以美国、日本、德国、俄罗斯、加拿大、巴西等国为代表。第二种是军民联合管制模式,即由军航和民航通过成立一个联合机构领导全国的空域管理工作,对全国内的飞行活动联合进行管控的空域管理体制,英国、印度等国采用这种模式。第三种是军民协调管制模式,即军航和民航分别建立各自的空管系统、实施各自领域的空域管理,并由国家建立一定的协调机制以解决二者之间的矛盾冲突等问题的空域管理体制,以法国、南非等国为代表。[1]

---

〔1〕 参见高志宏:《低空空域管理改革的法理研究》,法律出版社2019年版,第34~35页。

从时间维度看,我国的空域管理体制大致可以划分为三个阶段。[1]

第一阶段为1949～1980年,采用空军统一代管体制。中华人民共和国成立后,民用航空一度隶属于军队管理。这一时期,我国国内外安全形势严峻,国土防空任务繁重,且民用航空使用空域占比极低,因而采取空军统一代管民用航空模式,民航局属于军队编制,实行军事化或半军事管理方式。1950年,中央军委颁布《飞行基本规则》,这是我国关于空域管理的首部专门性法规,也是当时我国空域管理的主要法律依据。根据该规则,民航局隶属于空军领导,空域管理权限由空军统一管制,这一空域管理组织架构特点一直持续到20世纪70年代末期。

第二阶段为1980～1993年,采用"军航领导、民航管理"体制。1980年,我国开始推行民航管理体制改革,中国民航不再实行军队编制,逐步按照政企分开原则开放民航市场,完善航空公司、机场、空管服务等产业架构。整体而言,这一阶段属于"军航领导、民航管理"体制,虽然仍由军队统一管制空域,但对于民用航空则交由民航部门实施指挥。质言之,我国空域在空军统一管制下,军用航空器由军方指挥,民用航空器由民航实施指挥,二者所属的管制区和飞行指挥也分别由其在全国划分。在空域管理主体方面,这一时期也有变化。1986年我国成立了国务院、中央军委空中交通管制委员会(以下简称国家空管委)[2]和国家空中交通管制局,共同负责全国范围内的飞行管制工作;次年,国家空中交通管制局在国务院精简机构改革中被撤销;1990年,国家空管委进行改革,成立了国家空管委办公室,设在总参作战部,国家空管委统一领导全国空管工作,国家空管委办公室具体承办国家空管委的日常工作,但整体而言,仍由空军组织实施飞行管制。

第三阶段为1993年至今,逐步采用同一空域统一管理体制。1993年年底,国务院、中央军委确立了与国际航空空域管理体制接轨的改革方向,并提出了我国空域管理体制改革三步走目标,最终实现"全国统一管制、统一指挥"。1994年,我国进一步探索民航管理体制改革,成立民航总局和七大地区空管局,形成了两级管理组织架构。国家民航总局空管局行使空管服务和管理职能,七大地区空管局按照行政区划设立,民用航空行业内部实行企业化运作。1994年4月1日,展开将京广深航路交由民航管制指挥的试点,于1996年6月30日起将京沪及沪广航路交由民航空管系统指挥,于2000年6月30日起将全国范围内26条航路移交民航空管系统指挥。至此,全国航路从空军交由民航统一管制指挥,

---

〔1〕 参见高志宏:《我国低空空域管理体制改革的历史变迁与未来取向》,载《海南大学学报(人文社会科学版)》2019年第1期。

〔2〕 2020年,国家空管委重组为中央空管委,详见本章第三节。

实现“同一空域统一管制”的第二步改革全面展开,但这一进程极为缓慢。2001年,我国民航管理体制改革进一步深化,即把我国31个省级机场的民航管制、雷达、通信、导航、气象、情报等服务职能分离,组建空管中心(站),属于事业单位性质,受所在地区空管局(业务方面)和民航监管局(行政方面)的双重领导。可见,这一阶段我国以空军为主导的空域管理体制格局并未发生根本性变化,空域管理仍然是国家空管委统一领导,军航、民航分别对航路内外提供管制服务。2007年9月,民航总局按照“政事分开、运行一体、垂直管理”的基本思路对民航空域管理体制进一步改革,确立了由民航空管局、民航地区空管局、空管分局(站)构成的三级民航管理体系。

从空域管理主体看,当前我国仍属于中央空管委统一管理的组织架构。在中央空管委领导下,军航、民航分别形成层次化的领导关系,并通过地区空管协调委进行协调。从空域管理权限看,军航和民航有一定的职责分工,即军航为军用飞行提供空中交通服务,民航管理部门对民用航空航线范围内的空域实施管制。我国空域管理的组织架构如图6-1所示。

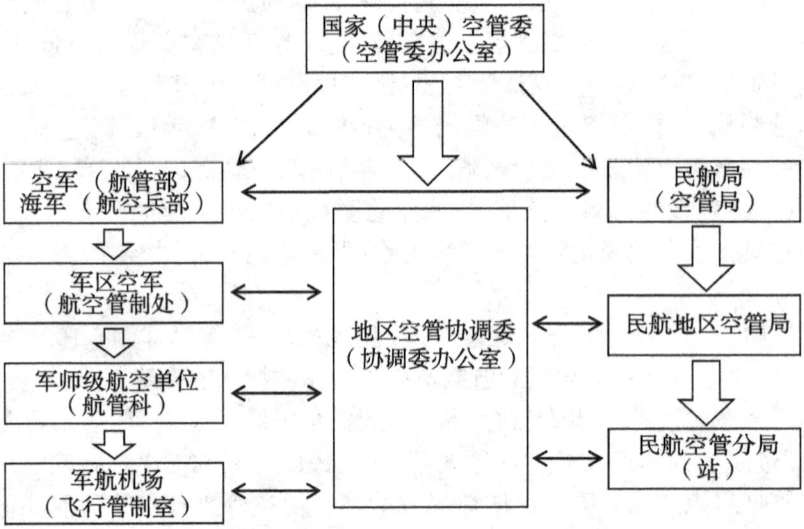

图6-1 我国空域管理的组织架构

资料来源:高志宏:《我国低空空域管理体制改革的历史变迁与未来取向》,载《海南大学学报(人文社会科学版)》2019年第1期。

第二节　通用航空飞行管制

一、概述

飞行是所有通用航空活动的中心,通用航空组织、管理、运行的各个环节,都是为了服务和保障飞行活动,否则就将失去意义。通用航空飞行所涉及的法律制度包括空域管理、飞行规则、管制规则以及服务保障管理等,是由法律、法规、民航规章和技术标准组成的复杂系统。

涉及通用航空飞行的主要法律规范,除《民用航空法》之外,在法规层面主要有国务院、中央军委联合制定的《飞行基本规则》《通用航空飞行管制条例》,国务院制定的《民用航空器适航管理条例》[1]等。在民航规章层面,主要有《民用航空使用空域办法》(CCAR－71)、《一般运行和飞行规则》(CCAR－91－R4)、[2]《民用航空空中交通管理规则》(CCAR－93TM－R6)[3]等。

其中,《一般运行和飞行规则》于2004年制定,制定时既包含了一般飞行规则,也包含了特殊规则,其中一些章节是专门针对通用航空的规定。例如,C章"特殊的飞行运行",M章"农林喷洒作业飞行",N章"旋翼机机外载荷作业飞行",O章"超轻型飞行器",P章"跳伞"等。因此,当时的《一般运行和飞行规则》内容上既有一般性规定,又分别对公共运输航空和通用航空运行作了区别规定。近年来,《一般运行和飞行规则》的体系框架、分级分类、审定要求、运行标准等内容已经不能很好地适应通用航空发展需要。2022年交通运输部对《一般运行和飞行规则》进行了第4次修改,统筹排布了4件规章的整体架构。将原《一般运行和飞行规则》中短途空中游览相关规定移入《小型商业运输和空中游览运营人运行合格审定规则》;将商业非运输运营人训练飞行相关规定移入《民用航空器驾驶员学校合格审定规则》;将商业非运输运营人和私用大型航空器运营人审定、航空器代管、农林喷洒作业、直升机机外载荷作业飞行相关规定移入《特殊商业和私用大型航空器运营人运行合格审定规则》,并相应对各通航运行的管理规则作出调整。2022年《一般运行和飞行规则》修订的主要内容有:一是按照运行一般性要求、人员、航空器、飞行规则、特殊运行及航空器维修等进行划分,对规章的章节结构和具体内容进行了重新编排;二是将另一规章《维修和改装一般规则》(已废止)的内容纳入本规章"航空器维修"一章,同时简化了基

[1] 1987年5月4日国务院发布。

[2] 交通运输部令2022年第3号。

[3] 交通运输部令2022年第36号。

本飞行仪表和设备的具体要求，删减了大量附录内容，《维修和改装一般规则》同时废止；三是增加了大量基础术语定义，降低规章理解难度，提升可操作性。[1] 修订后的《一般运行和飞行规则》成为比较纯粹的“一般”规则，规定民用航空运行的一般原则与要求，不再规定具体的运行活动，公共运输航空和通用航空的具体活动相应交由其他各专门规章予以规范，这就为相对独立的通用航空法规体系的形成创造了条件。通用航空的运行和飞行，需要在遵循《一般运行和飞行规则》的基础上，同时符合相应专门性规章的要求。1990 年 5 月 26 日颁布的《中国民用航空空中交通管制工作规则》，并于 1994 年进行了修改，1999 年修订该规则时，将名称修改为《中国民用航空空中交通管理规则》，2017 年修订该规则时将名称修改为《民用航空空中交通管理规则》，同时还纳入了有关法律法规对通用航空空中交通管理方面的规定，以及对无人驾驶自由气球和无人驾驶航空器的管理作出了专门规定，2022 年再次作出修改。

除民航规章外，《通用航空飞行任务审批与管理规定》（参作〔2013〕737 号）是总参谋部民航局发布的涉及通用航空飞行的一部重要的规范性文件。该规定的制定背景是为落实国务院、中央军委于 2010 年印发的《关于深化我国低空空域管理改革的意见》（国发〔2010〕25 号），该规定对军用、民用航空在通用航空飞行方面的审批权进行了划分，即军航负责涉及国防安全的通用航空飞行任务审批，民航则负责其他通用航空飞行任务审批，总体上体现了军航向民航让渡通用航空飞行管理权限的趋势。按照行政审批制度改革的要求，该规定首次对通用航空飞行任务审批实行“负面清单”式管理，明确规定除 9 种情况外，其他通用航空飞行任务一律不需要申请和审批，体现了“法无禁止即可为”的基本原则。按照国务院简政放权的要求，将民航行业管理部门负责的相关通用航空飞行任务审批权限下放到民航地区管理局，进一步满足企业运营要求，简化审批程序。

二、飞行计划申请

可预知性是影响飞行安全的重要因素，来源不明且高速运行的航空器会对空中交通安全造成极大的威胁，为了避免这种情况，提高飞行的可预知性就显得非常必要。出于对国防安全的考虑，在对通用航空的飞行监管中，军方对民航通用航空器长期坚持“看得到、叫得住、管得住”的原则，但是，以民航系统现有的监管手段、监管机构和监管办法，很难做到对通用航空飞行的实时监控，地理偏远、分散面广的飞行活动容易成为监管盲区。正是因此，我国的空域管理体制非常严格，对通用航空飞行活动实施接近“一事一审批”的飞行计划报批制度。

《民用航空法》第 74 条规定，民用航空器在管制空域内进行飞行活动，应当

---

〔1〕 参见《解读|〈一般运行和飞行规则〉等 4 件涉及通用航空管理的规章》，载中国民航局官方网站，http://www.caac.gov.cn/XXGK/XXGK/ZCJD/202202/t20220209_211635.html。

取得空中交通管制单位的许可。根据该条规定,未得到空管部门放行许可的航空器不得在我国空域内飞行。虽然此处并未明确说明空管放行需要有可用的飞行计划,但是《民用航空法》第178条规定,外国民用航空器,应当按照中华人民共和国国务院民用航空主管部门批准的班期时刻或者飞行计划飞行;变更班期时刻或者飞行计划的,其经营人应当获得中华人民共和国国务院民用航空主管部门的批准。实际上,无论中国或外国的航空器,提交可用的飞行计划是取得空中交通管制单位许可的前提。

《飞行基本规则》第35条第1款规定,所有飞行必须预先提出申请,经批准后方可实施。该条第2款、第3款进一步说明了不同类型、不同区间飞行的审批部门。这就形成了军方和民航局分工管理的体制。

所谓飞行计划报批,是指航空器在进入空域开始飞行之前,根据要求向空中交通管制部门报告和申请飞行计划,以确保空中交通管制部门提前了解和全面掌握所负责空域航空器的进出和运行状况,便于空中交通管理和指挥、搜寻、救援的管理过程。简言之,飞行计划是飞行器进入天空的准入申请。飞行计划报批的重要性不言而喻。根据报备的飞行计划,空中交通管制部门对自己所负责空域内航空器的进出和运行可以提前了解,便于进行指挥和管理,避免空中不安全事态的发生。反之,如果一个飞行器未按提交的飞行计划在特定时间出现在其应出现的空域范围内,空管部门可以按照其提交的飞行计划进行调查,及时避免飞机偏航。一旦发现该航空器发生意外事故,也便于尽快展开救援。[1]

《民用航空空中交通管理规则》第五章第五节规定了“飞行申请和飞行计划”,主要内容:按规定需要提出申请的飞行活动,未经批准不得执行。新型航空器首次投入飞行前,航空器运营人、所有人应当向管制单位提供航空器的有关性能数据。航空器驾驶员或者其代理人应当按照规定时间在航空器起飞前向起飞机场的空中交通服务报告室提交经批准的飞行计划,其内容应当符合《民用航空飞行动态固定电报格式》(MH/T4007)的要求。航空器驾驶员或者其代理人应当按照规定时间,在航空器预计撤轮挡时间前向航空器起飞机场的空中交通服务报告室提出飞行计划修订申请,应当在确定飞行计划取消后立即通知起飞机场的空中交通服务报告室取消飞行计划。

《民用航空空中交通管理规则》第10条规定,在临时飞行空域内进行通用航空飞行的,由从事通用航空飞行活动的单位、个人负责组织实施,并对其安全负责。在起降点飞行的组织指挥,由从事通用航空飞行活动的单位、个人负责。第188条规定,从事通用航空飞行活动的单位或者个人在组织各类飞行活动时,

---

〔1〕 参见高志宏:《低空空域管理改革的法理研究》,法律出版社2019年版,第192页。

应当制定安全保障措施,严格按照批准的飞行计划组织实施,并按照要求报告飞行动态。第189条规定,从事通用航空飞行活动的单位或者个人应当遵守《通用航空飞行管制条例》,按规定申请划设和使用空域,遵守飞行活动管理的规定和空中交通管制的要求,保证飞行安全。以下主要依据《通用航空飞行管制条例》,介绍通用航空飞行计划的申请流程及要求。

从事通用航空飞行活动的单位、个人实施飞行前,应当向当地飞行管制部门提出飞行计划申请,按照批准权限,经批准后方可实施。飞行计划申请应当包括下列内容:(1)飞行单位;(2)飞行任务性质;(3)机长(飞行员)姓名、代号(呼号)和空勤组人数;(4)航空器型别和架数;(5)通信联络方法和二次雷达应答机代码;(6)起飞、降落机场和备降场;(7)预计飞行开始、结束时间;(8)飞行气象条件;(9)航线、飞行高度和飞行范围;(10)其他特殊保障需求。使用机场飞行空域、航路、航线进行通用航空飞行活动,其飞行计划申请由当地飞行管制部门批准或者由当地飞行管制部门报经上级飞行管制部门批准。使用临时飞行空域、临时航线进行通用航空飞行活动,其飞行计划申请按照下列规定的权限批准:(1)在机场区域内的,由负责该机场飞行管制的部门批准;(2)超出机场区域在飞行管制分区内的,由负责该分区飞行管制的部门批准;(3)超出飞行管制分区在飞行管制区内的,由负责该区域飞行管制的部门批准;(4)超出飞行管制区的,由中国人民解放军空军批准。

飞行计划申请应当在拟飞行前1天15时前提出;飞行管制部门应当在拟飞行前1天21时前作出批准或者不予批准的决定,并通知申请人。执行紧急救护、抢险救灾、人工影响天气或者其他紧急任务的,可以提出临时飞行计划申请。临时飞行计划申请最迟应当在拟飞行1小时前提出;飞行管制部门应当在拟起飞时刻15分钟前作出批准或者不予批准的决定,并通知申请人。在划设的临时飞行空域内实施通用航空飞行活动的,可以在申请划设临时飞行空域时一并提出15天以内的短期飞行计划申请,不再逐日申请;但是每日飞行开始前和结束后,应当及时报告飞行管制部门。使用临时航线转场飞行的,其飞行计划申请应当在拟飞行2天前向当地飞行管制部门提出;飞行管制部门应当在拟飞行前1天18时前作出批准或者不予批准的决定,并通知申请人,同时按照规定通报有关单位。

飞行管制部门对违反飞行管制规定的航空器,可以根据情况责令改正或者停止其飞行。

最后,还需要特别说明私人飞行申请的问题。私人飞行是私人为满足个人需要从事的飞行活动,它是人类进行航空活动的最初目的,通过技术创新,使人类能够自由地翱翔在蓝天。在通用航空发达国家,私人飞行是通用航空的主要类别之一。例如,在美国,私人和娱乐飞行航空器占据最大份额,在所有活跃航空器中占67.1%。[1] 在我国,由于飞行计划的管理体制只对接通用航空企事业单位,私人飞行申请非常困难,缺乏相应的申请渠道。2018年6月11日,民航局运行监控中心、空管局联合下发《关于明确私人飞行申请等有关问题的通知》(局发明电〔2018〕1543号)。该通知称,为落实民航局通用航空专项督查问题的整改工作,经研究,对涉及通用航空飞行计划的有关问题进行明确。这一举措有助于推动私人飞行的发展和消费类通用航空市场的成长。

根据该通知,私人飞行是指中华人民共和国境内的中国公民驾驶民用航空器,以个人名义从事非经营性的通用航空飞行活动。申请私人飞行的预先飞行计划应当具备下列条件:(1)预先飞行计划的申请人,应当为航空器驾驶员本人;(2)使用的航空器应当具备民用航空器的国籍登记证、适航证和无线电台执照(民用航空规章对此类证照不做要求的航空器除外),并保证在运行期间持续有效;(3)持有有效的飞行人员体检合格证和飞行驾驶执照(民航规章对此类证照不做要求的飞行人员除外);(4)航空器运行应当符合《一般运行和飞行规则》(CCAR-91-R4)所有适用章和条款的要求;(5)投保法律、法规规定的保险。

私人飞行的预先飞行计划申请人应根据飞行活动范围,参照通用航空企事业单位的预先飞行计划申报程序,向相应的民用航空预先飞行计划管理部门提交预先飞行计划申请。申请时需提交的材料有:(1)预先飞行计划申请书,主要包括:申请人身份信息和联系方式,航空器国籍、型别、呼号、注册号,任务性质,起降地点,飞行时间、次数,飞行区域、航路、航线、高度,飞行规则等飞行要素;(2)私人飞行申请的相关资质符合性承诺书。

民航局运行监控中心、空管有关单位根据职责范围负责预先飞行计划受理和审批工作,并提供7×24小时服务。申请人可通过传真、业务电报、信息系统等方式申请预先飞行计划。

预先飞行计划管理部门应根据私人飞行活动范围分类负责其预先飞行计划的管理工作:对在民航空管管制范围以内从事私人飞行的预先飞行计划申请进行审批管理;对在民航空管管制范围以外从事私人飞行的预先飞行计划申请进行备案管理。

三、飞行任务审批

《通用航空飞行管制条例》第14条规定,从事通用航空飞行活动的单位、个人有下列情形之一的,必须在提出飞行计划申请时,提交有效的任务批准文件:(1)飞出或者飞入我国领空的(公务飞行除外);(2)进入空中禁区或者国(边)界线至我方一侧10公里之间地带上空飞行的;(3)在我国境内进行航空物探或

〔1〕 参见吕人力主编:《中国通用航空蓝皮书:中国通用航空业研究报告(2019)》,中国民航出版社2019年版,第9页。

者航空摄影活动的;(4)超出领海(海岸)线飞行的;(5)外国航空器或者外国人使用我国航空器在我国境内进行通用航空飞行活动的。这就在"飞行计划申请"流程之外又增加了一类"飞行任务审批"流程。

"飞行任务审批"不同于"飞行计划申请",是在涉及国家安全等某些特殊情形下,除履行正常的飞行计划申请外,还需进行飞行任务审批,提交有效的任务批准文件。2013 年之前,对飞行任务审批的规定并不很明确,一些单位对于一些本不需要审批的飞行任务也进行了报批,给企业和相关审批机构带来了不必要的麻烦。《通用航空飞行任务审批与管理规定》对此予以了明确,对军用、民用航空在通用航空飞行方面的审批权进行了划分。以下主要依据该规定,对通用航空飞行任务审批与管理加以介绍。

国务院民用航空主管部门负责通用航空飞行任务的审批;原总参谋部(现中央军委联合参谋部,后文不再赘述)和军区、军兵种有关部门主要负责涉及国防安全的通用航空飞行任务的审核,以及地方申请使用军队航空器从事非商业性通用航空飞行任务的审批。

外籍航空器或者由外籍人员单独驾驶的我国航空器,不允许在我国境内从事航空摄影、遥感测绘、矿产资源勘查等重要专业领域的通用航空飞行;无人驾驶的航空器,不允许在国家重要目标和国家重大活动场所上空从事通用航空飞行。国家航空器不得参与商业性通用航空飞行活动,特殊情况下,根据中央国家机关有关部门需求和地方政府请求,可以执行以支援国家经济建设为目的的通用航空飞行任务。

在 9 种情况下,需要办理飞行任务申请和审批手续:(1)航空器进出我国陆地国界线、边境争议地区我方实际控制线或者外籍航空器飞入我国领空的(不含民用航空器沿国际航路飞行),由民用航空局商原总参谋部、外交部审批。(2)航空器越过台湾海峡两岸飞行情报区分界线的(不含民用航空器沿国际航路飞行),由民用航空局商原总参谋部、国务院台湾事务办公室审批;飞入香港、澳门地区的,须先通过相关渠道征得香港、澳门特别行政区政府有关部门同意。(3)航空器进入陆地国界线、边境争议地区实际控制线我方一侧 10 公里的(不含民用航空器沿国际航路飞行),由民航地区管理局商所在军区审批;越过我国海上飞行情报区的(不含台湾海峡地区和沿国际航路飞行),由民航地区管理局商所在军区空军审批,报相关军区备案。进入上述地区或越过海上飞行情报区执行森林灭火、紧急救援等突发性任务的,由所在飞行管制分区指挥机构(航管中心)审批并报军区空军备案。(4)航空器进入空中禁区执行通用航空飞行任务,由民用航空局商原总参谋部审批;进入空中危险区、空中限制区执行通用航空飞行任务,由民航地区管理局商军区空军或者海军舰队审批。(5)凡在我国从事涉及军事设施的航空摄影或者遥感物探飞行,其作业范围由民航地区管理局商相关军区审批;从事涉及重要政治、经济目标和地理信息资源的航空摄影或者遥感物探飞行,其作业范围由民航地区管理局商相关省、自治区、直辖市政府主管部门审批。(6)我国与相邻国家联合组织跨越两国边境的航空摄影、遥感物探等通用航空飞行,由原国土资源部(现为自然资源部)商外交部、民用航空局、原总参谋部提出意见,报国务院审批。(7)外籍航空器或者由外籍人员驾驶的我国航空器使用未对外开放的机场、空域、航线从事通用航空飞行,由民用航空局商原总参谋部审批。(8)中央国家机关有关部门、地方人民政府和企业事业单位使用军用航空器进行航空摄影(测量)、遥感物探,以及使用原总参谋部直属部队航空器或者使用军区所属航空器跨区从事通用航空飞行的,由原总参谋部审批。使用军区所属航空器在辖区内进行其他通用航空飞行的,由相关军区审批;使用海军、空军所属航空器进行其他通用航空飞行的,由海军、空军或者海军舰队、军区空军审批。(9)国家组织重大活动等特殊情况下的通用航空飞行,按照国家和军队的有关规定要求审批。除上述九种情况外,通用航空飞行任务不需要办理任务申请和审批手续,但在飞行实施前,须按照国家飞行管制规定提出飞行计划申请,并说明任务性质。

凡需审批的通用航空飞行任务,通常由飞行任务执行单位向审批部门提出申请,由审批部门商有关单位后办理批复。对申请审批的通用航空飞行任务,审批机关应当要求申请人提供飞行任务申请文件,内容包括:任务性质、执行单位和机组人员国籍、主要登机人员名单,航空器型号、数量和注册地,使用机场(临时起降场),作业时间和作业范围,以及其他需要特别说明的事项。凡需审批的通用航空飞行任务,申请人应当至少提前 13 个工作日向审批机关提出申请,审批机关在收到申请后 10 个工作日内作出批准或者不批准的决定,并通知申请人。对执行处置突发事件、紧急救援等任务临时提出的通用航空飞行任务申请,审批机关应当及时予以审批。

对越出我国海上飞行情报区执行海上石油生产保障、海洋监测、海事巡航执法、海上救助勤务、海洋资源调查等飞行任务的审批,通常每年集中办理一次审批手续。

通用航空飞行需在野外(含水面)临时起降且不涉及永久设施建设的,临时起降场地由实施通用航空飞行的单位或者个人自行勘选,连同飞行计划一并报所在飞行管制分区。临时起降场地的选择,必须避开飞行繁忙地区、军事禁区、军事管理区,不得影响飞行安全和重要目标安全。

已经民航管理部门批准设立的通用航空机场,其机场数据信息由民航地区管理局报军区空军备案。地方政府和企事业单位建设通用航空机场和带有固定设施临时起降点的审批,由国务院机场建设主管部门和军队有关部门另行规定。

通用航空飞行所需航空情报资料,由飞行活动主体向民用航空局航空情报服务机构申请订购。通用航空企业需使用军用机场、军用航图等信息资料时,由民用航空局航空情报服务机构统一向军队主管部门申领,经军队主管部门审核同意后提供。涉密资料按照保密要求提供、管理和使用。

凡需审批的通用航空飞行任务,其航空器应当配有二次雷达应答机,或者备有能够保证操作人员与军民航空管部门沟通联络、及时掌握航空器位置的设备。

通用航空飞行的起飞、着陆标准由机长或者飞行员根据适航标准、气象条件和任务要求确定。

军民航空管部门对处置突发事件、紧急救援等突发性任务飞行,应当优先予以保障。民用航空管理部门和军队有关部门应当建立健全通用航空指挥保障机制,主动通报有关情况,及时掌握任务延误情况及原因,协调解决通用航空飞行的指挥和保障问题。

四、飞行保障

关于通用航空飞行保障的规定,主要见于《通用航空飞行管制条例》第四章、《通用航空飞行任务审批与管理规定》部分条款。2021 年,民航局以管理程序的形式印发了《通用航空空管运行规定》(AP－93－TM－2021－01),将空中交通服务分为管制范围内与管制范围外的空中交通服务。管制范围内的通用航空飞行活动应当按照民用航空管制单位的要求接受空中交通管制服务,从民用运输机场起飞的通用航空飞行活动,应当获得民用航空管制单位发放的放行许可。管制范围外的通用航空飞行活动的放行,由通用机场提供空中交通服务的部门、组织或从事通用航空飞行活动的单位、个人自行协调通用航空飞行活动所涉及空域的飞行管制部门,经相关飞行管制部门同意后方可实施。

根据《通用航空飞行管制条例》,通信、导航、雷达、气象、航行情报和其他飞行保障部门应当认真履行职责,密切协同,统筹兼顾,合理安排,提高飞行空域和时间的利用率,保障通用航空飞行顺利实施,对于紧急救护、抢险救灾、人工影响天气等突发性任务的飞行,应当优先安排。

从事通用航空飞行活动的单位、个人组织各类飞行活动,应当制定安全保障措施,严格按照批准的飞行计划组织实施,并按照要求报告飞行动态。从事通用航空飞行活动的单位、个人,应当与有关飞行管制部门建立可靠的通信联络。在划设的临时飞行空域内从事通用航空飞行活动时,应当保持空地联络畅通。在临时飞行空域内进行通用航空飞行活动,通常由从事通用航空飞行活动的单位、个人负责组织实施,并对其安全负责。飞行管制部门应当按照职责分工或者协议,为通用航空飞行活动提供空中交通管制服务。

从事通用航空飞行活动需要使用军用机场的，应当将使用军用机场的申请和飞行计划申请一并向有关部队司令机关提出，由有关部队司令机关作出批准或者不予批准的决定，并通知申请人。从事通用航空飞行的民用航空器临时使用军用机场时间不超过一年的，由管理该机场的军级单位审批，超过一年的按现行有关规定办理审批手续，机场管理单位按照《通用航空民用机场收费标准》收取保障费用。

从事通用航空飞行活动的航空器转场飞行，需要使用军用或者民用机场的，由该机场管理机构按照规定或者协议提供保障；使用军民合用机场的，由从事通用航空飞行活动的单位、个人与机场有关部门协商确定保障事宜。

在临时机场或者起降点飞行的组织指挥，通常由从事通用航空飞行活动的单位、个人负责。从事通用航空飞行活动的民用航空器能否起飞、着陆和飞行，由机长（飞行员）根据适航标准和气象条件等最终确定，并对此决定负责。

通用航空飞行保障收费标准，按照国家有关国内机场收费标准执行。

低空飞行服务保障体系建设是解决通用航空飞行申报和运行监控的重要技术手段，也是通用航空飞行获取信息的重要途径。总体而言，我国低空飞行服务保障体系建设相对滞后，服务保障能力严重不足，无法满足低空空域有效开发利用的需要，难以为通用航空发展提供有效支撑，是制约通用航空顺畅飞行的一个瓶颈。2018 年，民航局印发了《低空飞行服务保障体系建设总体方案》（民航发〔2018〕100 号），明确了低空飞行服务保障体系建设的总体思路、布局和功能定位，提出了加强低空飞行服务保障能力建设和低空飞行服务保障体系的运行管理的措施和要求，通过该方案的实施，有望补齐我国低空飞行服务保障能力的短板。

第三节　低空空域管理改革

一、低空空域管理改革的基本情况

随着我国通用航空快速发展，行业规模日益扩大，应用领域不断拓展，飞行种类日益增多，飞行需求渐趋旺盛，对低空空域的需求与日俱增。但是，低空空域资源未能充分利用，与通用航空用户和社会公众期望还有较大差距。2010 年，国务院、中央军委发布《关于深化我国低空空域管理改革的意见》，我国低空空域管理改革拉开序幕。

该意见提出，改革的总体目标是，通过 5 ~ 10 年的全面建设和深化改革，在低空空域管理领域建立起科学的理论体系、法规标准体系、运行管理体系和服务保障体系,逐步形成一整套既有中国特色又符合低空空域管理规律的组织模式、制度安排和运作方式,充分开发和有效利用低空空域资源。该意见将低空空域管理改革分为试点阶段、推广阶段、深化阶段等三个阶段,并提出分类划设低空空域、加快推进深化低空空域管理改革试点、构建低空空域法规标准体系、建立高效便捷安全的运行管理机制、加强低空空域管理配套设施建设、完善通用航空服务保障体系、建立健全飞行人员培训机制、加强低空空域飞行安全监控和管理、建立低空空域管理评估监督机制等九个方面的任务和措施。

该意见发布十余年来,我国低空空域管理改革在上述若干方面都有所推进,但总体进展比较缓慢,不能令行业满意。以空域使用为例,该意见提出"分类划设低空空域",按照管制空域、监视空域和报告空域划设低空空域,区分不同模式实行分类管理试点。管制空域,航空用户申请飞行计划,空管部门掌握飞行动态,实施管制指挥;监视空域,航空用户报备飞行计划,空管部门监视飞行动态,提供飞行情报和告警服务;报告空域,航空用户报备飞行计划,向空管部门通告起飞和降落时刻,自行组织实施,空管部门根据用户需要,提供航行情报服务。空军会同有关单位和部门,统筹公共运输航空、通用航空和军事航空低空使用需求,研究提出各类低空空域划设方案报国家空管委审批,逐步调整审批权限。各类低空空域垂直范围原则为真高 1000 米以下,可根据不同地区特点和实际需要,具体划设低空空域高度范围,报批后严格掌握执行。民航局会同空军研究论证在现行航路内、高度 4000 米(含)以下,按监视空域管理办法为通用航空飞行提供空中交通服务。2014 年,国家空管委公布了《低空空域使用管理规定(试行)》(征求意见稿),就空域的分类和准入条件、飞行计划申请报备等事项作出了规定,基本体现了该意见的目标,但该规定后来被搁置,至今没有正式出台。

2010~2020 年,国家在成都、珠海等多地推行低空空域管理改革试点,但没有在全国或者全省的范围铺开,低空空域管理体制改革进展缓慢。2020 年之后,低空空域管理改革力度进一步加大。2020 年 9 月,湖南成为全国首个全域低空空域管理改革试点拓展省份,到 2022 年 5 月,湖南省低空空域(3000 米以下)分类划设管制、监视、报告三类空域共 171 个,规划常态化低空目视飞行航线 97 条,并建立空域灵活转换机制,真正实现湖南省全域 1000 米以下空域划设无缝衔接,大幅拓展了低空可飞空域范围,总规划面积达到 24.1 万平方公里。[1] 2023 年 3 月 27 日,湖南省低空空域协同运行空管保障协议签订仪式在长沙举行。湖南全省实行低空空域协同运行管理,标志着湖南全域低空空域管理改革试点圆满收官,在中国低空空域管理改革和通用航空产业发展史上具有"里程

---

〔1〕 参见《湖南省全域低空空域管理改革试点工作成效新闻发布会》,载国务院新闻办公室官方网站,http://www.scio.gov.cn/xwfb/dfxwfb/gssfbh/hn_13843/202207/t20220716_244367.html。

碑”意义。此次签订的协议，从空域申请、计划申报、放行许可、动态通报、飞行指挥、异特情处置等 11 个方面明确了 29 项条款，进一步明确军地民各方权责义务，提升空管服务质量，保障湖南低空改革全域运行顺利实施。[1]

海南自由贸易港在全国率先建设完成首个覆盖省级区域的低空空域空管服务保障示范区和首个军用、民用航空双认证的通航飞行服务站，并于 2020 年 12 月开始试行低空飞行“当天申报当天起飞”的管理制度。[2] 2021 年，江西省获批 7 片试点空域和 2 条试点航线。2022 年 1 月，成功上线江西省通用航空飞行协调与服务系统，让江西通用航空飞行做到了“能报、能批、能看、能管”，实现对全省低空空域的无缝监视、运营管理、安全防范等，在全国率先实现“军地民”一网通办。[3]

2020 年，国家空管委重组为中央空管委。2021 年 4 月，“中央空中交通管理委员会”在公开报道中首次亮相，时任国务院副总理韩正兼任该机构主任。隶属关系由国务院、中央军委调整到中共中央，即由中央直接领导，领导层次从副国级提升到正国级。另外，从机构名称来说，从“管制”变“管理”。一字之差，内涵丰富，体现了从相对封闭、严格的管控向更为开放、科学的管理思路转变，推进空域管理体制改革和空域精细化改革、低空空域改革。另外，在原有体制下，国家空管委办公室设在中央军委联合参谋部，这是军队主导空中管制的体现。此次改革后，中央空中交通管理委员会单设办公室，规格为部级。[4]

上述情况说明国家对低空空域管理改革更加重视，在 2010 ~ 2020 年低空空域管理改革成果的基础上，新一轮的低空空域管理改革已经展开，低空空域管理改革正从分散试点走向省域整合阶段，并在空域管理体制上有所调整。

二、低空空域管理存在的问题与完善方向

本部分将在当前的形势和条件下，结合国家最新的改革思路，讨论低空空域管理存在的问题，并就未来完善的方向提出建议。通用航空产业各项指标无论如何增长，如果“飞不起来，飞不顺畅”，终究缺乏坚实的发展基础和广阔的发展空间。由于低空空域管理改革进展缓慢，我国低空空域管理存在的许多问题实际上是多年来已被反复讨论的痼疾，其中，最突出的问题表现在低空空域分类划设、低空空域管理体制、低空飞行审批制度三个方面。

---

〔1〕 参见《湖南全域低空空域管理改革试点收官》，载网易 2023 年 3 月 28 日，https://www.163.com/dy/article/I0TET3L10514R9NP.html。

〔2〕 参见《点评|2020 年度通用航空十大新闻》，载中国民航网 2021 年 3 月 18 日，http://www.caacnews.com.cn/1/6/202103/t20210318_1321297.html。

〔3〕 参见《低空空域管理改革助推江西低空经济高质量发展》，载网易 2022 年 8 月 6 日，https://www.163.com/dy/article/HE308V3J05503O4L.html。

〔4〕 参见《正国级领衔中央新机构首次亮相，释放重大信号》，载网易 2021 年 4 月 2 日，https://www.163.com/dy/article/G6J0UJDN053579XX.html。

（一）低空空域分类划设

本章第二节介绍了我国空域划分的情况。尽管《民用航空使用空域办法》划分的A、B、C、D四类空域并非仅适用于航线运输飞行，但是《通用航空飞行管制条例》规定，从事通用航空飞行活动的单位、个人，根据飞行活动要求，需要划设临时飞行空域的，应当向有关飞行管制部门提出划设临时飞行空域的申请。[1] 由此可见，我国通用航空并不存在即时可用的空域，只能先申请临时空域，再进行飞行活动。这导致我国通用航空飞行活动所能使用的空域与航线运输所能使用的空域属于两套不同的体系，造成了通用航空飞行的极大不便。

我国目前的空域划分仍然沿用20世纪80年代的管理方式，将空域划分为高空管制区、中低空管制区、进近管制区和塔台管制区，所有空域都是管制空域。与国际民航组织空域划分体系相比，我国的空域划分显得简陋，而且空域闲置浪费现象比较严重，空域资源得不到充分利用。如果说，A、B、C、D四类空域划分标准和飞行规则尚能应对航线运输航空的需求，那么，对于高度灵活的通用航空而言，目前的空域划分标准和飞行规则则显得过时和僵化。

完善低空空域分类划设，首先应该通过立法明确“低空空域”概念。目前，我国立法中尚无低空空域的概念和划分标准，低空空域只是实践中和文件中约定俗成的概念，这导致我国低空空域分类改革始终缺乏法律的支撑。《民用航空法》第72条规定，“空域管理的具体办法，由国务院、中央军事委员会制定”。因此，系统性地推进低空空域分类划设，即使不修改《民用航空法》，也至少要依据该授权条款，在行政法规层次上对低空空域的概念、管理、划分标准等进行明确，并通过下位法进一步细化，完成低空空域管理法规和标准体系建设。2023年11月，《空域管理条例（征求意见稿）》公开征求意见，将空域分为A、B、C、D、E、G、W七类；2023年12月，民航局发布了《国家空域基础分类方法》，这标志着我国空域分类划设取得了突破，低空空域法规和标准体系正在加速形成。

其次，应该明确空域划设的原则和方法，更新低空空域管理的理念。空域划设和使用应当尽可能符合《国际民用航空公约》及其附件的标准和建议措施，同时考虑我国国情，在保证空域安全的前提下，最大限度利用空域资源。《民用航空法》第71条规定：“划分空域，应当兼顾民用航空和国防安全的需要以及公众的利益，使空域得到合理、充分、有效的利用。”这就要求空域管理者充分认识到空域的资源属性，采取科学的划分标准和管理方法，变静态管理为动态管理，实现空域使用率和使用效益的最大化。

最后，应该明确低空空域的具体分类、提供的服务和准入条件。根据通用航

[1] 参见《通用航空飞行管制条例》第7条。

空的飞行特点和我国现有的技术手段、保障能力，要求所有通用航空飞行用户“看得到、叫得住、管得住”并不现实，坚持这一要求，势必导致在飞行环节（特别是起飞前）的过度监管。《关于深化我国低空空域管理改革的意见》和《低空空域使用管理规定（试行）》（征求意见稿）对管制空域、监视空域和报告空域的划分的方向是正确的，但是迟迟未形成国家正式立法。2022 年制定的《湖南省通用航空条例》[1]第三章为“低空空域”，率先在地方立法层面提出省人民政府发展改革部门“按照管制空域、监视空域、报告空域和目视飞行航线等类别划设空域”，[2]这是一个值得注意的现象。未来或许可以采取“地方试点—地方立法—中央立法”的路径，通过地方立法先行，推进低空空域立法。

（二）低空空域管理体制

《民用航空法》第 70 条规定，“国家对空域实行统一管理”。国家空管委（中央空管委）是代表国家实施统一管理的机构。但是，我国空域管理体制在具体实施过程中，却演变为军航和民航分别管理的多头体制。空域管理由空军具体组织实施全国飞行管制工作，民航可以使用的空域仅占极小部分，只有在航路、航线和机场管制区域才由民用航空管理。军方（包括空军、海军）管理的空域，如果民用航空需要使用，必须经过军方严格审批。空域使用偏重静态管理，缺乏灵活性。

这种情况的形成有其历史原因，中华人民共和国成立后相当长的一段时期内，我国国家安全形势严峻，北方边境、东南沿海等地面临的国防压力较大，空域管理理应以国防为主，优先保障军事飞行需要。并且，当时民用航空飞行非常有限，而且在民航隶属于军航的体制下，建立在国家空域安全基础之上的军事化空域管理体制，与民航发展没有明显矛盾。因此，在当时，严格的空域管理体制发挥了积极作用。然而，随着我国周边安全形势的变化，空域资源的经济价值、社会价值日益凸显，民用航空的发展空间、应用领域逐渐拓展，尤其是通用航空的社会需求大大增强，军用、民用航空使用空域的矛盾也更加突出，传统空域管理体制越来越显示出不适应性。

我国空域管理体制不利于空域资源尤其是低空空域资源的公平分配与高效使用，存在多头管理、互相扯皮等种种弊端，管理体制僵化。空域管理主体涉及军用航空、民用航空等多类型、多层次管理机构，职责交叉，彼此之间协调性差，管制效率低下，甚至存在权力寻租的可能。尤其是在该管理体制下，有管制权的单位不了解具体飞行情况，管制难以满足实际飞行需要；而无管制权的单位了解具体飞行情况，却难以实施管制调配。这种信息不对称、不及时的状况往往会造

〔1〕 2022 年 7 月 28 日湖南省第十三届人民代表大会常务委员会第三十二次会议通过。

〔2〕《湖南省通用航空条例》第 17 条。

成沟通困难、监管主观随意性大，极易造成飞行冲突，极大降低了管制效率。具体到低空空域管理方面，由于审批部门过多、审批环节复杂、审批时间过长，难以满足通用航空对于空域使用时效性和机动性的要求，极易造成通用航空需求与实际管制工作的脱节。当前，缺乏专门的、具体的、可操作的低空空域管理相关规定，亦缺乏专门的低空空域管理机构，大大降低了低空空域的使用效率。[1]

就低空空域管理体制的改革方向而言，总体趋势应该从"以军航为主"转向"以民航为主"，破除多头管理、条块分割的积弊，落实《民用航空法》第70条，从形式上的统一管理走向实质上的统一管理。但是，这一过程不仅涉及经济利益、个人自由、行政体制，还涉及军航和民航的权限划分、国家安全等敏感问题，不是民航系统自身能解决的问题。最终，需要以修改《民用航空法》或者制定军民统一的"航空法"的方式，作出顶层设计，对我国空域管理的主体和地位、权限和职责、监督与救济等问题加以规定。2020年，中央空管委成立，隶属关系由国务院、中央军委调整到中共中央，体现了中央在更高层次上协调空域管理权限，推进空域管理体制改革的意图。在现有的体制下，比较具有可行性的措施是进一步明确军航和民航各自的空域管理权限，建立常态化的军用、民用航空协调机制，增强现行管理体制的可操作性，进一步降低协调成本。

（三）低空飞行审批制度

目前，我国对各类民用飞机基本实行无差别化管理，运输与通用航空、通用航空各类别飞行都采用相同的任务审批、计划审批管理办法，采取相同的管制指挥办法。随着通用航空的快速发展，越来越难以满足通用航空飞行的要求。我国低空飞行审批制度存在的突出问题是飞行申请和审批程序复杂、环节多、用时长，烦琐的程序导致我国低空空域资源利用率低，严重制约了通用航空事业的发展。

通用航空活动对飞行的机动性、时效性要求较高，在现行空域运行管理机制下，通用航空使用空域的审批项目过多、涉及单位多、时间长，直接影响飞行组织与实施。通用航空飞行，需要申请临时空域，申报飞行计划，在规定情形下还需申报飞行任务，经常需要跨区域、跨军用民用航空协调，任何一个环节出现问题都将导致通航飞行难以顺利实施。这成为通航企业运营中最大的难题。例如，从老山机场到扬泰机场，须协调7个部门，从苏州到扬泰须协调9个部门，而且要提前一天报飞行计划，起飞前1小时才能确定最终能否飞。通航机场自有空

---

〔1〕 参见高志宏：《我国低空空域管理体制改革的历史变迁与未来取向》，载《海南大学学报（人文社会科学版）》2019年第1期。

域没有自主权，即使是本场训练飞行，有时也因空管原因难以保障[1]；烦琐的飞行审批大大增加了低空空域使用者的成本，降低了通用航空企业经营的可预期性，削弱了通用航空企业的经营能力。近年来，我国“黑飞”事件不断的原因，一方面是飞行人员法律意识淡薄，可能根本不知道通用航空飞行的审批规定；另一方面是对飞行限制过多，管理过于严格，正常的审批渠道不通畅，阻碍了通用航空用户的正常需求。

尽管近年来民航局在推动简化飞行审批材料和程序方面作了很大的努力，但“飞行难”的问题并未得到根本解决。低空飞行审批制度存在的问题，与严格的空域使用制度、多头交叉的空域管理体制密切相关，必须与上述问题统筹解决。就飞行审批制度自身的改革来说，除了从行政主体自我规制的角度推进行政审批制度改革，继续推进精简申请材料、简化申请流程、推行网上通办等措施外，更需要转变观念，承认行政相对人（通用航空用户）的主体地位，肯定和尊重相对人具有使用低空空域飞行的权利，减少审批过程中的随意性、不可预见性。尽管审批主体涉及军方，但飞行计划审批本质上属于一类许可，应该参照《行政许可法》的精神和要求，对于不予批准的飞行申请，应该说明理由，并建立相应的权利保障机制。通过审批主体和申请人的交流互动，扭转审批主体和申请人双方权利义务的失衡状态，逐步形成基于明确规则的审批制度。

[1] 参见华东地区通用航空产业促进立法研究课题组：《华东地区通用航空产业促进立法研究》，光明日报出版社2019年版，第46～48页。

第七章 通用机场

第一节 概 述

一、我国通用机场的基本情况

通用航空器起降需要必要的场地和设施。通用航空具有快捷、机动的特点，只需有合适的起降场所就可以飞行，一些小型通用飞机可以在土跑道上安全起降，一些低速飞机甚至可以在平整的麦田里降落。通用机场的建设可以为居民提供交通运输服务和医疗、应急救援等社会公共服务，促进通用航空消费，保障工农林业生产作业，而且具有一定的军事价值。因此，通用机场的修建对于支撑通用航空飞行活动意义重大，是通用航空发展的重要基础设施和战略资源。

世界各国都非常重视机场的规划和建设。美国是世界上拥有机场数量最多的国家。美国现有19,000多个陆地机场、直升机场和水上机场以及其他起降设施。其中，3330个机场包含在FAA国家综合机场系统计划中，向公众开放，并有资格获得美国联邦资金资助。政府出资修建通用机场主要出于服务社会的公益目的。在美国国家综合机场系统中，有2952个机场提供空中医疗、空中灭火、执法、抢险救灾等通用航空服务，并为偏远社区提供航空出行服务，在FAA的通用机场分类中将这些机场归为通用机场。这些通用机场构成了一个广泛的机场网络，为经济社会发展作出了重要贡献，形成了一个为公众利益服务的、多样化的通用机场网络。[1] 在过去几十年中，我国通用航空发展迅速，但是通用机场的发展相对缓慢，无论是从机场的数量、规模还是运行管理水平上与航空发达国家相比都存在较大的差距。2008年年底，我国共有取得运行许可的通用机场71座，覆盖面严重不足。近年来，在通用航空利好政策推动和市场积极培育的合力作用下，省、市、县三级政府发展通用航空的积极性被充分调动，我国的通用机场建设进入了崭新的快速发展时期。特别是2017年民航局《通用机场分类管理办法》发布以来，取证通用机场数量处于快速增长态势。2018年，全行业颁证通用

---

〔1〕 参见曹学明、刘海迅：《中美通用机场分类技术标准差异分析》，载《中国民用航空》2014年第2期。

机场数量为202个,2019年为246个,2020年为339个,2021年年底达到370个。根据民航局发布的《"十四五"通用航空发展专项规划》(民航发〔2022〕8号),到2025年,在册通用航空机场数(A、B类合计)将达到500个。

虽然中国通用机场发展前景良好,但在目前阶段,通用机场规划、布局、建设、运营过程中还存在相当多的问题,亟待解决。[1] 一是政府层面对通用机场的规划、布局、建设缺乏科学性,早些年机场建设滞后,近年来随着地方发展通用航空的热情增加,又有重复建设、盲目建设的倾向;二是通用机场建设周期长,建设成本较高;三是重视通用机场数量的增长,忽视机场的运营与管理,通用机场建设、运行与管理人才匮乏,经营理念落后,运营成本高但经济效益低;四是通用机场投融资渠道较窄,资金缺口较大;五是机场安全管理手段落后,存在一定安全隐患。造成这些问题的一个重要原因是通用机场法规体系的不健全,无论在公法还是私法领域,都存在诸多法律上的空白和模糊地带,导致通用机场建设、管理、运行的实际工作中面临诸多问题。

二、民用机场立法

1986年,国务院发布了《民用机场管理暂行规定》(国发〔1986〕43号,已废止),该规定共14条,主要内容是,民用机场由中国民用航空局管理。民用机场必须具备一定条件,申领机场使用许可证。使用机场的单位和个人应按规定交付机场使用费和服务费等。此外,该规定还对民用机场的使用、废弃及国际机场的开放、机场土地占用、净空、环境保护、违反该规定的处罚等作了相关规定,但随着民用航空事业的发展,该规定因不能适应机场发展的需要,于2001年废止。

我国1995年制定的《民用航空法》(已被修改)第六章规定了民用机场的概念、建设使用、净空保护、机场管理、环境保护等事项。当时,《民用航空法》要求民用机场应当持有机场使用许可证,方可开放使用。2018年《民用航空法》第五次修正,对机场使用许可制度进行了修改。经过修改,只有对公众开放的民用机场(包括运输机场和通用机场),才需在取得机场使用许可证后方可开放使用,其他民用机场按照规定进行备案即可。[2] 这一规定大大减轻了通用机场的取证负担,一些专门从事作业飞行的通用机场可以不再通过申请行政许可取得许可证,而是仅备案即可开展生产经营活动。

---

〔1〕 参见张亮编著:《供给侧结构性改革:"新常态"下中国通用航空产业发展战略研究》,中国民航出版社2017年版,第141~144页;郭晓平:《我国通用机场建设管理现状及对策建议》,载《空运商务》2021年第8期。

〔2〕 参见2018年12月29日第十三届全国人民代表大会常务委员会第七次会议《关于修改〈中华人民共和国劳动法〉等七部法律的决定》。

2009年,国务院制定了《民用机场管理条例》(已被修改),[1]这是我国唯一一部专门针对机场的行政法规。《民用机场管理条例》明确了民用机场"公共基础设施"的定位,规定了民用机场的建设和使用、安全和运营管理、安全环境保护等内容,并对违反条例的行为设置了相应的罚则。《民用机场管理条例》第2条第2款规定"民用机场分为运输机场和通用机场",首次在行政法规层面对民用机场进行了分类和定义,为分别规范运输机场和通用机场的不同规划建设、运行许可、安全运营等奠定了基础。但是其重点在于规范运输机场,对通用机场多使用参照或作出原则规定的形式,尽管在实际运行中通用机场在建设标准、安全要求以及净空保护要求等方面都低于运输机场,但是法律法规对通用机场规定的模糊性也导致了在通用机场规划、建设等很多方面又不得不依照运输机场的标准来管理的矛盾局面。[2]

在民航规章层面,与机场相关的现行有效的规章主要有《运输机场使用许可规定》(CCAR-139CA-R4)、《运输机场建设管理规定》(CCAR-158-R2)、《运输机场运行安全管理规定》(CCAR-140-R2)、《运输机场专业工程建设质量和安全生产监督管理规定》(CCAR-165-R1)、《民用机场专用设备管理规定》(CCAR-137CA-R4)、《民用运输机场突发事件应急救援管理规则》(CCAR-139-Ⅱ-R1)、《民用机场航空器活动区道路交通安全管理规则》(CCAR-331SB-R1)、《民用航空运输机场航空安全保卫规则》(CCAR-329)、《民用机场飞行程序和运行最低标准管理规定》(CCAR-97FS-R3)等。从上述规章名称即可以看出,我国民航规章体系中缺乏专门针对通用机场的立法。为应对这种情况,民航局发布了一些规范性文件,比较重要的有《通用机场分类管理办法》(民航发〔2017〕46号)、《关于实施〈通用机场分类管理办法〉有关事项的通知》(民航发〔2018〕18号)、《B类通用机场备案办法(试行)》(民航规〔2019〕74号)、《通用机场空管运行管理办法》(AP-83-TM-2021-01)等。另外,《通用机场建设规范》(MH/T 5026-2012)是规范通用机场建设,确定通用机场的建设规模、运行设施的行业标准,在实践中发挥着重要作用。

随着民用机场的属地化改革,地方政府对机场的监督管理职责加重,许多地方制定了关于机场的地方性法规或地方政府规章。如《湖北省民用机场净空安

---

〔1〕 2009年4月13日国务院令第553号公布,根据2019年3月2日《国务院关于修改部分行政法规的决定》修订。

〔2〕 参见刘贺:《关于〈民用机场管理条例〉中通用机场条款的思考》,载《北京航空航天大学学报(社会科学版)》2021年第6期。

全保护条例》[1]《贵州省民用运输机场管理条例》[2]《吉林省民用机场管理条例》[3]等。随着通用航空的发展,各地在立法和修法活动中也开始对通用机场作出有针对性的规定。例如,《湖南省通用航空条例》[4]第二章为"通用机场",对通用机场的主管部门、建设规划、管理等作了规定。地方立法为规范机场建设发展、提升机场管理水平发挥了积极的作用,积累了经验。

三、民用机场的法律地位

改革开放之前,机场属于民航总局管理,政企不分现象严重,管理较为落后,机场的服务意识不强,服务水平不高。在2002年民用航空业的重组中,组建6大集团公司,90个机场进行属地化管理改革,机场渐渐开始走向公司化运营,并陆续出现了首都机场等多家机场上市公司。随着中国经济社会的发展,旅客、货主和航空公司对机场的服务需求越来越强烈,机场设施的公共使用需求也不断增加,在法律上确定机场的法律地位,从而促进其管理、投资与服务模式的改革势在必行。2009年制定的《民用机场管理条例》第3条规定:"民用机场是公共基础设施",这就明确了机场的定位。关于机场的法律地位,可以从公法和私法两方面解析。

(一)机场的公法地位

从公法角度看,机场可以定位为一种"公物"。公物是大陆法系的概念,作为行政的物的手段而属于行政组织法的一部分。公物是指这样的物品,或者服务于行政活动(如办公大楼),或者是供公众无须许可(如街道、道路、广场)或根据特定许可(如学校)使用。这些物有一个共同的特点,即它们的目的都是直接服务于公众利益。也正是为了实现公物的这种公共功能,公物的法律地位主要被打上了公法的烙印。[5] 公物法的存在形式包括国家和地方公共团体的公物管理法、公物管理规则、财产管理法等。结合《民用机场管理条例》对机场公共基础设施的定位及其相关规定,可以从以下角度把握机场的公法地位。

第一,机场提供公共物品,其目的是服务公共利益。民用机场作为公共交通基础设施,是航空运输的平台,承担着为广大旅客、航空运输企业和货主提供安全优质服务的职能,服务和带动区域社会经济发展,从这个角度讲,民用机场具有公益性。特别是一些地处经济欠发达或边远地区的小型机场、通用机场,更具有明显的社会效益。机场作为公共基础设施,应当为公众提供均质化的普遍服

---

[1] 2010年12月4日湖北省第十一届人民代表大会常务委员会第十九次会议通过。

[2] 2014年3月19日贵州省第十二届人民代表大会常务委员会第八次会议通过,2023年11月29日贵州省第十四届人民代表大会常务委员会第六次会议修正。

[3] 2015年5月26日吉林省第十二届人民代表大会常务委员会第十七次会议通过。

[4] 2022年7月28日湖南省第十三届人民代表大会常务委员会第三十二次会议通过。

[5] 参见应松年主编:《当代中国行政法》(第2卷),人民出版社2018年版,第650页。

务,不得偏离公共利用目的而进行差别对待,这应该是机场设立和运营的基本出发点。

第二,机场有特别的利用和管理规则。为了增进公物设立的目的,维持公物的正常功能,需要设置相应的利用和管理规则。对于机场来说,通过特别法规定其利用和管理规则的理由在于:机场多为国家投资所有,或公私合作兴建,并接受政府补贴,基于国家所有权和国有资产管理权限可以设定相关管理规则。另外,机场使用和运营过程中涉及旅客、航空运输企业以及其他驻场单位的安全,为保障公共安全,需要设定一定的规则,在机场范围内的单位和个人必须遵守。对于一般社会公众(旅客)来说,机场的利用属于公共利用中的自由利用,即无须许可地加以使用。对于航空运输企业和其他驻场单位来说,机场的利用属于公共利用中的许可利用,这主要是因为机场容量和保障能力的限制。

第三,为了对机场进行有效的利用和管理,需要赋予机场一定的管理权。行使管理权的主体为机场管理机构。根据《民用机场管理条例》第 15 条的规定,运输机场的安全和运营管理由依法组建的或者受委托的具有法人资格的机构(机场管理机构)负责,但是未规定通用机场的管理机构和管理方式。《民用机场管理条例》详细规定了机场管理机构在民用机场安全和运营管理、安全环境保护中的职责,但是没有赋予机场管理机构实施行政处罚、行政强制等行政执法权。[1] 因此,机场管理机构不具有行政主体地位,其对机场内设施、人员的管理,类似于公园、图书馆等设施的管理,是基于公物利用关系产生的管理权,不同于行政主体对一般社会公众的管理。

(二)机场的私法地位

在《民用机场管理条例》制定过程中,关于机场的法律地位,存在公共基础设施、公益性设施、公司实体财产的争议,立法者选择了前者。[2] “公益性”最大的特点是不以营利为目的,主要为公众提供服务。而公共基础设施虽有一定的公益性,要为公众提供服务,但同时也有收益性的一面。民用机场投资大、运行成本高,如果只强调公益性,既大大增加了政府的财政负担,也会制约机场的经营主动性,不利于机场运营效率和管理水平的提高。如果只强调收益性,政府不对机场予以扶持,我国的民用机场特别是占大多数的中小机场将难以生存和发展。[3] 由此可见,机场收费有其现实需求。《民用航空法》第 68 条规定:“民用

---

〔1〕 参见孙伟社:《机场管理机构行政执法权研究》,载《民航管理》2016 年第 10 期。

〔2〕 参见王立志:《海峡两岸机场法律地位比较研究》,载《北京航空航天大学学报(社会科学版)》2013 年第 6 期。

〔3〕 参见崔立勇、张光辉:《民用机场:“公共”“公益”差在哪?》,载《中国经济导报》2009 年 7 月 30 日,第 B06 版。

航空器使用民用机场及其助航设施的，应当缴纳使用费、服务费；使用费、服务费的收费标准，由国务院民用航空主管部门制定。”这确立了“使用者付费”的原则。

机场的公共基础设施的定位，并不排除其营利性。从理论上说，对公物利用者收费，也不一定对其公共利用功能产生影响。经过多轮体制改革，我国机场已经完成了企业化改造，彻底实现了政企分开，成为市场经济中的经营主体，这对于机场改进服务意识，提升服务质量，进行差异化运营是有利的，关键是要避免违背机场的公共利用目的，在市场竞争过程中不得通过不公平竞争、垄断等方式排除使用者对公物的利用。

在机场范围内，旅客之间、旅客与航空公司之间、旅客与机场及机场各营业机构之间均存在复杂的法律关系，这些关系多为私法关系。总体而论，机场与承运人具有合同关系，至于属于何种合同，则依据合同内容与目的判断，不可一概而论。机场与旅客之间一般不存在明确的合同关系。[1]

第二节 通用机场的建设和管理

如前所述，我国民用航空法规体系中缺乏专门针对通用机场的立法。通用机场的建设和管理，主要依据法律对民用机场的统一规定，或者参照运输机场的规定。针对通用机场的特殊规定，主要体现在民航局发布的行业标准、规范性文件中。

一、通用机场的定义和分类

《民用航空法》第53条对民用机场的概念作了定义，“本法所称民用机场，是指专供民用航空器起飞、降落、滑行、停放以及进行其他活动使用的划定区域，包括附属的建筑物、装置和设施”。《民用机场管理条例》将民用机场分为运输机场和通用机场，并分别作了定义。其中，运输机场是指为从事旅客、货物运输等公共航空运输活动的民用航空器提供起飞、降落等服务的机场；通用机场是指为从事工业、农业、林业、渔业和建筑业的作业飞行，以及医疗卫生、抢险救灾、气象探测、海洋监测、科学实验、教育训练、文化体育等飞行活动的民用航空器提供起飞、降落等服务的机场。[2]

与运输机场相比，通用机场数量更多、差异性更大，有必要通过分类采取不

〔1〕 参见王立志：《海峡两岸机场法律地位比较研究》，载《北京航空航天大学学报（社会科学版）》2013年第6期。

〔2〕 参见《民用机场管理条例》第84条。

同的管理模式。通用机场的分类的目的是科学合理地确定机场建设的内容和规模，充分发挥建设资金效率，而且有助于全国通用机场的布局规划，构建和完善高效的全国民用机场体系。现行规范对通用机场有不同的分类方法。2012 年民航局发布的行业标准《通用机场建设规范》，将我国通用机场分为三个类别：一类指具有 10～29 座航空器经营性载人飞行业务，或最高月起降量达到 3000 架次以上的通用机场；二类指具有 5～9 座航空器经营性载人飞行业务，或最高月起降量在 600～3000 架次之间的通用机场；三类是除一、二类外的通用机场。该分类标准考虑了机场对公众利益的影响程度，并对航空器座位数作了明确规定，但是与机场规模、机场技术类别以及机场使用功能等无关，对通用机场建设技术标准和建设规模确定的指导意义非常有限。[1]

2017 年，民航局发布《通用机场分类管理办法》，根据通用机场是否对公众开放分为 A、B 两类。其中，A 类通用机场即对公众开放的通用机场，指允许公众进入以获取飞行服务或自行开展飞行活动的通用机场；B 类通用机场即不对公众开放的通用机场，指除 A 类通用机场以外的通用机场。A 类通用机场又分为三级，A1 级通用机场指含有使用乘客座位数在 10 座以上的航空器开展商业载客飞行活动的 A 类通用机场；A2 级通用机场指含有使用乘客座位数在 5～9 座之间的航空器开展商业载客飞行活动的 A 类通用机场；A3 级通用机场指除 A1、A2 级外的 A 类通用机场。所谓商业载客飞行，指面向公众以取酬为目的的载客飞行活动。通过分类，对 A、B 类通用机场分别进行差异化管理。

二、通用机场的建设

通用机场的建设工作总体上可分为机场选址、可研立项、建设实施、验收审批等阶段。从项目法人或所有者的角度看，则需要经历机场建设审批的全过程，协调各方，在选址设计阶段，由于同时涉及政府与军用、民用航空三方，审批部门多，建设审批流程比较烦琐，程序较为复杂。从 2014 年以后，新建通用机场项目由国家发改委下放到省级人民政府，军方审批权限目前在中央军委联合参谋部，民航审批权限目前在地区管理局。政府方面主要负责立项审批。军方主要负责选址阶段的空域与临时起降点审批，验收审批阶段的空司验收及日常使用阶段的年度复核。民航地区管理局负责审查通用机场的场址，颁发通用机场使用许可证，并对机场进行日常监管与检查。[2] 以下简要介绍地方政府和民航系统内通用机场审批流程。

通用机场在项目启动建设之前，应符合省政府通用航空发展规划或通用机

〔1〕 参见曹学明、刘海迅：《中美通用机场分类技术标准差异分析》，载《中国民用航空》2014 年第 2 期。

〔2〕 参见于一：《建一座通用机场是一种什么样的体验》，载《空运商务》2017 年第 8 期。

场布局规划，除常规的规划、土地、环评手续外，通用机场项目立项还涉及军方场址以及民航场址审查等前置意见。考虑通用机场项目的特殊性，从确保项目顺利实施的角度出发，通用机场项目应充分考虑预选场址的空域资源、军用民用航空飞行矛盾、本场净空条件以及土地属性等关键问题，同时应事先征求文物、地震、交通、水利、环保等部门对预选场址的评估意见。通用机场工程建设以及设备安装调试结束后，建设单位应组织竣工验收，对于验收中发现的问题应在限定时间内组织整改。申请各类财政资金和建设补贴的通用机场，应做好项目立项、土地手续、图纸设计、招投标、建设管理、竣工验收、预算决算等各环节的资料申报和管理工作。[1]

通用机场场址审核由机场建设项目投资人向所在地民航地区管理局提出申请，并提交场址说明材料。民航地区管理局对通用机场拟定场址是否满足航空器起降要求及是否对邻近机场产生影响出具审核意见。通用机场场址说明材料应当说明拟定场址的有关状况，包括以下内容：(1)场址的基本情况，包括地理位置、场地状况、建设内容(含可能的未来规划)；(2)机场运行的相关影响因素，包括空域条件、气象条件、电磁环境、净空环境、环境影响以及与城乡建设和土地利用规划的相容性。通用机场场址说明材料应由具有咨询、设计等相关资质的机构编制。相关材料如需相关部门认可，应取得相关部门意见。对于通用机场建设项目投资人报送的场址说明材料，民航地区管理局应当在20个工作日内出具审核意见。如需要，民航地区管理局应当对拟定场址进行现场踏勘，复核报告内容，对报告提出可能的补充要求。[2]

通用机场项目的专业报告编制单位，应具备相应的民用航空咨询资质。通用机场工程项目中的场道、灯光、导航等工程的施工企业应具备相应的民用航空专业工程施工资质。通用机场项目应根据业务发展需要配置必要的设备，其中，通信、导航灯光、安检、油车等设施设备应取得民用航空或地方管理部门的认证或许可。

通用机场的电台、导航、气象等设施的场址应在机场取得立项批复后进行审批或备案，机场电台频率应同步取得民用航空和地方政府无线电管理部门的审批手续和开放许可。通用机场的飞行程序和《空域方案》应结合机场工程施工进度同步完成，取得军用、民用航空管理部门同意。

三、通用机场许可和备案

原《民用航空法》第62条第1款规定："民用机场应当持有机场使用许可

[1] 参见黄涛主编：《通用航空中高级管理人才培训教材》，北京航空航天大学出版社2021年版，第126～127页。

[2] 参见《通用机场分类管理办法》第9～11条。

证,方可开放使用。”该款2018年被修改为:“国务院民用航空主管部门规定的对公众开放的民用机场应当取得机场使用许可证,方可开放使用。其他民用机场应当按照国务院民用航空主管部门的规定进行备案。”2021年修正时,沿用该款的规定。目前,对公众开放的通用机场(A类)主要依据《通用机场分类管理办法》实施许可管理,不对公众开放的通用机场(B类)主要依据《B类通用机场备案办法(试行)》实施备案管理。

(一)A类通用机场的使用许可管理

《民用航空法》第62条第2款规定:“申请取得机场使用许可证,应当具备下列条件,并按照国家规定经验收合格:(一)具备与其运营业务相适应的飞行区、航站区、工作区以及服务设施和人员;(二)具备能够保障飞行安全的空中交通管制、通信导航、气象等设施和人员;(三)具备符合国家规定的安全保卫条件;(四)具备处理特殊情况的应急计划以及相应的设施和人员;(五)具备国务院民用航空主管部门规定的其他条件。”《民用机场管理条例》第18、19条规定,通用机场投入使用应当具备下列条件:(1)有与运营业务相适应的飞行场地;(2)有保证飞行安全的空中交通服务、通信导航监视等设施和设备;(3)有健全的安全管理制度、符合国家规定的民用航空安全保卫条件以及处理突发事件的应急预案;(4)配备必要的管理人员和专业技术人员。通用机场投入使用的,通用机场的管理者应当向通用机场所在地地区民用航空管理机构提出申请,并附送相关材料。地区民用航空管理机构应当自受理申请之日起30个工作日内审查完毕,作出准予许可或者不予许可的决定。准予许可的,颁发通用机场使用许可证;不予许可的,应当书面通知申请人并说明理由。

《通用机场分类管理办法》对申请A类通用机场许可证的条件作了进一步规定。具体要求:运营人具有法人资格;运营人对机场具有运营权;机场飞行场地满足相关技术标准要求;具有对飞行场地进行检查和维护的制度安排;具有符合要求的《机场手册》;民航局规定的其他条件。

对于A1级和A2级具有跑道供固定翼飞机起降的机场和表面直升机场,还应当具备下列条件:具有机坪运行管理制度;具有满足要求的消防能力;具有针对航空安全突发事件的应急预案。

对于A1级跑道型机场和表面直升机场,还应当具备下列条件:具有为防止未经授权的人员、车辆误入机场活动区以及体型较大的动物进入机场活动区的管控措施;具有残损航空器搬移预案。

申请A类通用机场许可证,机场运营人应当按要求报送《A类通用机场使用许可证申请书》及申请书列明的附件材料。民航地区管理局收到《A类通用机场使用许可证申请书》后,应当根据下列情况分别做出处理:(1)申请材料存在可以当场更正的错误的,允许申请人当场更正;(2)申请材料不齐全或者不符合规定形式以及文件复印件与原件不符的,应当在5个工作日内一次告知申请人需要补正的全部内容,逾期不告知的,自收到申请材料之日起即为受理;(3)申请材料齐全、正确、符合规定形式,或者申请人按照要求提交全部补正申请材料的,民航地区管理局应当受理申请,接收申请文件,同时向申请人出具受理通知书,退还有复印件的文件原件;(4)经过一次告知补正后,申请材料仍不齐全、不正确,或不符合规定形式的,民航地区管理局应当作出不予受理的决定,并向申请人书面告知理由,退还申请文件。对于已受理的许可证申请,民航地区管理局应当自受理之日起20个工作日内完成审查。20个工作日内不能完成审查的,经民航地区管理局负责人批准,可以延长10个工作日,并应当将延长期限的理由告知申请人。审查期间需要对申请材料的实质内容进行核实的,民航地区管理局应当指派两名以上工作人员进行现场核查。对符合规定条件的,应当作出准予许可的决定,并向申请人颁发A类通用机场使用许可证,同时报送民航局;对不符合条件的,应当作出不予许可的决定,并将不予许可的决定及理由书面通知申请人,并告知申请人享有依法申请行政复议或者提起行政诉讼的权利。

民航地区管理局在对使用许可证申请审核过程中,可以要求申请人提供相关补充材料,所需时间不计入工作日。

取得A类许可证的通用机场(以下简称持证机场)运营过程中相关信息发生变化,与许可证或《机场手册》载明信息不符的,通用机场运营人应当向民航地区管理局报告,并提交变更部分的说明资料。民航地区管理局收到通用机场运营人关于相关信息变化的说明材料后,应当对变更事项进行审核,并在5个工作日内予以答复。审核情形复杂的,可以延长至20个工作日。对于符合要求的,应当变更许可证或准许运营人变更《机场手册》,并对变更予以记录。对于不符合要求的,应当驳回通用机场运营人的申请并书面告知理由。逾期不答复的,视同同意变更。

持证机场的运营人应当按照经所在地民航地区管理局审核的《机场手册》的规定对机场的运行实施管理,确保机场安全、规范、有效地运行。民航地区管理局应当不定期对持证机场进行运行检查。如持证机场未能按《机场手册》的规定运行的,民航地区管理局应当责令限期改正。逾期未改正的,民航地区管理局应当责令持证机场暂时停止对公众开放运营或者停止使用相关设施、设备;相关问题予以改正后,经审查同意,方可恢复运营和使用。

持证机场在运营中出现不符合机场许可条件的情形,且逾期未改正或无法改正的,民航地区管理局应当撤销许可证。许可证被撤销或者通用机场运营人放弃许可证的,民航地区管理局应当注销许可证,及时公布许可证注销信息,并报送民航局。

(二)B 类通用机场备案管理

B 类通用机场是指不对公众开放的通用机场。根据《B 类通用机场备案办法(试行)》第 2 条的规定,不对公众开放的通用机场是指不向通用航空载客、空中游览等业务活动提供服务的机场。B 类通用机场实施备案管理。民航局对全国 B 类通用机场备案实施统一监督管理。各地区管理局对辖区内的 B 类通用机场备案实施监督管理。B 类通用机场运营人(以下简称运营人)应当通过通用机场信息管理系统填报备案信息,提交备案申请。运营人应当对填报信息的真实性、准确性和完整性负责。

机场备案信息应当对社会公开,允许公众免费查询和使用,并接受社会监督。任何单位或个人有权向民航局或地区管理局举报涉及 B 类通用机场备案的违法行为,接到举报的部门应当及时处理。

机场备案信息提交成功后,管理局应当在 5 个工作日内通过系统予以公布。填报信息不完整或不符合要求的,管理局应当在 5 个工作日内通过系统一次性反馈运营人。运营人应当完善信息,重新提交申请。民航局、地区管理局及其委托机构可对备案信息进行复核。当发现机场实际情况与填报信息不符时,应当要求运营人更正;运营人拒绝更正的,由地区管理局撤销其备案,并记入民航行业严重失信行为信用记录。

运营人应当对备案信息进行动态更新,确保与机场实际情况一致。运营人应当对备案信息与机场实际运行情况进行定期复核,复核周期不超过一年。运营人决定关闭机场不再运营的,应当通过系统主动注销备案信息。

B 类通用机场的命名应当以确定机场具体位置并区别于其他机场为准则,并符合下列要求:(1)机场名称一般由所在地县级以上行政区划名称,后缀机场专名;(2)机场专名通常使用机场所在地乡(镇)、村名称,并不得与同行政区划内的其他机场专名重复。城市市区内的直升机场专名可自行确定,但不得带有歧视性、侮辱性语言,不得违反公序良俗。

地区管理局应当督促辖区内有关运营人进行备案。对于应当备案而拒绝备案的,由地区管理局责令改正;拒绝改正的,由地区管理局将其记入民航行业严重失信行为信用记录,并将情况抄报当地县级以上有关人民政府。运营人在机场备案过程中存在弄虚作假行为的,由地区管理局撤销其备案、记入民航行业严重失信行为信用记录,并将情况抄报当地县级以上有关人民政府。

四、通用机场空管运行管理

为落实全面深化改革工作要求,鼓励和推动通用航空发展,提升运行安全水平,民航局于 2021 年以管理程序的形式印发了《通用机场空管运行管理办法》

(AP-83-TM-2021-01),对通用机场的空中交通管理与服务作了规定。根据该办法,民航局负责统一管理全国通用机场空管运行工作。民航地区管理局负责监督管理和检查本辖区通用机场空管运行工作。地区管理局可以根据本辖区内通用机场空管运行特点,简化或调整本辖区管制、通信导航监视、气象、情报等从业人员的岗位培训和考试要求。民航地区空管局、空管分局(空管站)应当为通用机场管制、通信导航监视、气象、情报等服务提供必要的技术支持和业务指导。

通用机场应当按照分类管理的要求和本场运行情况,提供相应的空中交通服务、通信导航监视服务、航空气象服务和航空情报服务,建立运行规范和程序,并明确提供各类服务的范围、方式和内容等。通用机场可以根据运行需求从民航地区空管局、空管分局(空管站)和其他机场空管运行单位引接必要的飞行计划、监视、气象、情报等信息。民航地区空管局、空管分局(空管站)和其他机场空管运行单位应当予以支持。通用机场应当加强空管安全管理,建立健全安全生产责任制和安全管理制度,改善安全运行条件,提高安全水平。鼓励通用机场建立空管安全管理体系,并向地区管理局备案。

通用机场委托其他单位提供相关服务的,应当报地区管理局备案。通用机场应当与被委托单位签订协议明确责任与义务,通用机场仍承担运行安全管理主体责任。

(一)空中交通服务

通用机场使用空域为临时飞行空域的,应当按照《通用航空飞行管制条例》的要求,由从事通用航空飞行活动的单位、个人负责组织实施飞行活动,并对其安全负责。当满足下列条件之一时,通用机场应当提供机场管制服务:(1)通用机场本场管制范围内有10座以上航空器商业载客飞行,或同一时刻本场管制范围内10座以下航空器商业载客飞行不少于两架;(2)通用机场月起降架次不少于600架次。

通用机场不提供机场管制服务时应当按照《通用航空飞行管制条例》的要求,明确本场通用航空活动组织单位和运行安全责任。通用航空活动组织单位应当与本场其他相关通用航空飞行活动单位、个人明确运行规则。

提供机场管制服务的通用机场,可通过固定塔台、塔台指挥车或其他新技术应用的方式提供机场管制服务。通用机场应当对在本场首次应用的新技术进行安全评估。

通用机场提供机场管制服务期间,应当安排至少1名持注册有效执照的管制员值勤。

持有军航管制员执照申请通用机场民航管制员执照的,可视同完成管制基础专业培训。经地区管理局批准,其申请经历要求可视情降低,但不得低于规定时间和次数要求的1/2。

从事通用航空飞行活动的单位、个人应当遵守当地飞行管制部门的要求,按照批准的飞行计划实施飞行活动。通用航空飞行活动超出通用机场临时空域,但不涉及民航空管管制范围(包括航路、航线、民用机场进近管制区内的进离场航线以及获得批复的可引导区域、终端管制区和塔台管制范围)的,由从事通用航空飞行活动的单位、个人负责组织实施,并对其安全负责。如需相关民航管制单位提供飞行情报服务和告警服务,由从事该飞行活动的单位、个人协调民航管制单位。通用航空飞行活动涉及民航空管管制范围的,应当接受相关民航管制单位提供的空中交通服务。

(二)航空情报服务

A类通用机场应当提供航空情报服务,B类通用机场可根据运行需求自愿提供航空情报服务。通用机场航空情报服务可以委托其他航空情报服务机构或飞行服务站提供。委托提供航空情报服务的通用机场可以不配备航空情报人员。

提供航空情报服务的通用机场应当向所在地的地区航空情报服务机构提供及时、准确、完整的航空情报原始资料、相关审批文件和相关飞行校验报告等材料。通用机场应当对原始资料的真实性和准确性负责,并保持资料的可追溯性。

(三)航空气象服务

A类通用机场应当提供航空气象服务,B类通用机场可根据运行需要提供航空气象服务。提供航空气象服务的通用机场,应当获取飞行所需的气象情报和气象信息。提供的航空气象服务内容包括:提供本机场的天气实况、预报及机场警报;提供飞行所需的相关机场、区域的气象资料。通用机场航空气象服务可以委托民航气象服务机构或当地气象部门提供,通用机场提供航空气象服务所使用的气象设备(含仪器仪表)应当符合民航气象的技术规范,提供的航空气象服务及产品应当满足机场的运行需要。

A类通用机场应当将本场的气象情报和气象信息与通航服务站或者地区通航服务中心进行及时交换。

(四)通信导航监视服务

提供机场管制服务的通用机场应当根据运行需求,配置满足机场管制服务所需的通信导航监视设施设备,并保持运行条件和状况良好。不提供机场管制服务的通用机场,根据实际需求合理配置相关设施设备。

通用机场设置、使用地面民用航空无线电通信导航监视台(站),应当按照《中国民用航空无线电管理规定》办理无线电频率使用许可,并到相应无线电管理机构办理电台执照。

飞行服务站可使用全国统一的低空甚高频地空通信频率 122.050 兆赫兹(MHz)、129.750 兆赫兹,其无线电台(站)发射功率应当不大于 10 瓦。设台单位应当到台(站)所在地方无线电管理机构办理无线电台执照,并向台(站)所在地区管理局民航无线电管理机构进行备案,并提交以下材料:(1)包含无线电台(站)具体用途、技术方案、台(站)管理措施、相应专业技术人员情况等内容的报告;(2)无线电台执照。

通用机场设置通信导航监视设备的,可不配备固定的航空电信人员,可采取服务外包等方式提供通信导航监视服务,其相应人员应当取得航空电信人员执照。设置通用航空通信导航监视设备的通用机场承担设备的运行安全管理主体责任,保证通信导航监视设备运行符合民用航空有关规定和技术标准。

通用机场设置导航设备的,设备开放与运行按照《民用航空导航设备开放与运行管理规定》执行。通用机场设置通信和监视设备的,设备开放和运行实施备案管理。民航局和地区管理局通过定期或者不定期方式对导航设备运行情况及导航台电磁环境对导航设备影响情况实施监督检查。

第三节 通用机场法律制度的完善

一、制定专门规范通用机场的民航规章

综观民用航空立法、修法情况,可以看到机场领域的民航规章立法基本都经历了统一规范运输机场和通用机场,然后再删除通用机场相关规定的过程。1998 年制定的《民用机场使用许可规定》(CCAR-139CA,已废止)第 2 条将民用机场分为公共航空运输机场和通用航空机场,但后面对申请使用许可证的条件等方面均未作区分,而是以“民用机场”为管理对象统一规定,2005 年修订时,在许可条件方面作出了区分,但从整体架构和篇幅上来看仍然以运输机场为主。2018 年修订时,完全删除了通用机场相关规定,名称也修改为“运输机场使用许可规定”,不再要求通用机场参照执行。2004 年制定的《民用机场建设管理规定》(CCAR-158,已废止)虽然在第 2 条区分了运输机场和通用机场,但是全篇均以运输机场为对象,仅在附则中规定通用机场工程的规划与建设参照执行,2018 年修订时完全删除了通用机场相关规定并将名称修改为“运输机场建设管理规定”。2007 年制定的《民用机场运行安全管理规定》(CCAR-140,已废止)第 2 条区分了运输机场和通用机场,但也要求“通用机场的运行安全管理参照本规定执行”,2019 年将规章名称修改为“运输机场运行安全管理规定”,删除了通

用机场参照执行的规定。由此可见,近年来,民航规章的修改趋势是不再将运输机场的严格要求适用于通用机场,改变过去简单套用运输机场标准的情况。但是,删除相应的通用机场条款给当前法律的适用造成了无法可依的局面,导致通用机场的建设方、运行方不知道按照何种规定开展工作。[1] 为应对上述问题,民航局近年来发布了一系列规范性文件,但其效力位阶较低,且内容并不全面,只能说是权宜之计。当前,我国民航规章体系中缺乏专门规范通用机场的规章,导致民航规章体系中对运输机场和通用机场规范的失衡。

在《"十四五"民航立法专项规划(2021－2025年)》中,民航局拟制定《通用机场管理规定》,在规章层次规范通用机场的定义和分类分级、管理主体和职责、场址管理、命名、使用许可及备案、运营管理等事项。可以预见,未来我国通用机场的立法走向是摆脱对公共运输机场规定的参照、准用状态,并相对独立于对民用机场的一般规定,形成以规章层次的《通用机场管理规定》为核心、以相应的配套文件和行业标准、技术标准为补充的通用航空机场的分类、许可、备案、建设、管理、运行体系。

二、修订《民用机场管理条例》中通用机场条款

《民用机场管理条例》施行以来,民用航空发展迅速,运输机场与通用机场的区别也越发明显,无论规划与建设的主体、行政许可的程序和形式,还是安全运行的要求,通用机场经历了完全不同于运输机场的发展轨迹和发展方向。因此,《民用机场管理条例》关于通用机场的条款已经不能满足通用机场实践发展需要。目前,《民用机场管理条例》的修订已经提上议事日程。在《民用机场管理条例》修订中,对通用机场的完善可以考虑以下方面。[2]

第一,关于通用机场的分类,以"是否对公众开放"作为通用机场分类标准的要求,既有上位法《民用航空法》的依据,也被《通用机场分类管理办法》等民航局的文件实施,应该吸收进条例中。

第二,关于民用机场的建设,涉及民航局、地方政府、军方三方,流程复杂烦琐,存在职权交叉的地带,协调难度较大。由于民航局立法权的限制,不可能在民航规章层次解决这一问题,有必要在行政法规层面进一步细化通用机场的建设要求,不能仅做原则性规定。尤其是通用机场规划和建设审批权限已下放至地方政府,有必要明确规范地方政府与民航局各自职责。

第三,关于民用机场的使用,由于《民用航空法》已经修改为许可和备案分

---

〔1〕 参见刘贺:《关于〈民用机场管理条例〉中通用机场条款的思考》,载《北京航空航天大学学报(社会科学版)》2021年第6期。

〔2〕 参见刘贺:《关于〈民用机场管理条例〉中通用机场条款的思考》,载《北京航空航天大学学报(社会科学版)》2021年第6期。

类管理,条例也需要进行相应调整,明确通用机场申请使用许可证的条件和不对公众开放的通用机场的备案程序。

第四,关于通用机场的安全和运营,应当正视通用机场安全运行的特点,实行分级分类管理,适当放宽要求,与民用航空安全保卫、事故调查领域的相关规定相衔接。

第五,关于法律责任,应根据违反通用机场管理的具体情形,区别于依照运输机场要求,设置相应的罚则。同时,依照《行政处罚法》的要求,规范相关行政处罚的设定和实施。

第八章　通用航空事中事后监管

第一节　概　　述

一、政府监管模式转型与行政法治发展

近年来，我国政府监管理念、监管原则和监管手段发生很大变化，政府整体的监管模式正在快速转型。这一转型过程有两个显著特征：一是突出“放管服”改革的主导方向，简政放权、放管结合、优化服务，充分发挥市场在资源配置中的决定性作用，更好发挥政府作用，减少政府对市场活动的直接干预；二是将互联网、大数据、人工智能等新技术引入监管过程中，提升监管效能，丰富监管手段，增强监管的精准性、有效性。监管新政刺激了行政法治的发展与法治理念的革新，也给传统法治理念和法律制度带来了很多挑战。

第一，政府监管模式的转型对政府法治建设提出了更高的要求。党的十八大以来，全面依法治国上升为国家战略，习近平总书记强调，推进全面依法治国，法治政府建设是重点任务和主体工程。[1] 在此背景下，政府依法行政的要求全面升级。在政府监管模式转型过程中，处理改革与法治的关系需要做到重大改革于法有据，新的事中事后监管手段需要健全的法治保障，行政执法过程中的执法公示、执法全过程记录、重大执法决定法制审核等制度，对执法人员的执法能力提出了更高要求。

第二，多元主体共治的格局需要明确各方的权力和责任。与传统的政府独享监管权模式所不同的是，新时代的监管越来越强调协同性和集成性，越来越离不开政府之外的社会组织、行业协会、第三方专业机构和市场主体的积极参与、支持和配合。国务院《关于加强和规范事中事后监管的指导意见》（国发〔2019〕18号）是近年来事中事后监管改革的纲领性文件，明确提出了建构“市场自律、政府监管、社会监督互为支撑的协同监管格局”。除行政系统内部纵向和横向协同监管外，还需要充分发挥市场主体、行业协会和社会公众的作用。市场主体

---

〔1〕 参见习近平：《坚定不移走中国特色社会主义法治道路　为全面建设社会主义现代化国家提供有力法治保障》，载《求是》2021年第5期。

是安全生产和产品质量的第一责任人,应当通过完善内部质量安全控制、生产经营过程控制机制实现自我规制。行业协会负担着行业自治的重要责任,应当通过完善自治规范、行业标准等措施提升行业自治水平。社会公众承担着自律、参与和监督多重使命,应当充分发挥社会监督作用。[1] 其他治理主体兴起后,政府作为资源的掌控者、规则的制定者和其他治理主体的协调者,依然是合作治理的中心。在合作治理网络中,需要以法律规则明确各方的权力和责任,准确界定其在社会治理中的角色和地位,从而激发多元主体活力,形成有序参与社会共治的格局。

第三,分级分类监管策略使事中事后监管的地位更加突出。与传统的人盯人、普遍撒网式的无限监管模式不同,新时代的监管越来越强调科学性和精准性,这离不开对被监管对象的精细化分类和量体裁衣式的差异化安排。在"放管服"改革中,随着大量行政许可的取消、简化,过去政府所倚重的事前规制手段的地位相对下降,事中事后监管的重要性日趋凸显,这对政府事中事后监管能力和手段提出了新的要求。分级分类监管就是为了改变监管机关疲于奔命的局面而提出的降低监管成本、提升监管效能的策略。除作为事前规制手段的行政许可、行政审批和传统的行政处罚、行政强制等事后规制手段外,近年来,以分级分类为基础的信用监管、"双随机、一公开"监管等新的监管方式层出不穷,事中事后监管的实践大为发展。

政府监管模式的转型,直接影响行政机关的行为模式。从行政法学和政府规制理论的角度看,行政行为类型和政府规制手段越来越多样,行政机关的规制"工具箱"中的工具及其组合日趋丰富。

在传统的行政行为类型中,行政许可、行政处罚、行政强制作为有专门立法规范的典型的行政行为,在实践中执法规范化水平不断提高。许多规制手段虽未在行政行为法体系中被类型化,但已经被频繁运用于监管实践中。失信联合惩戒、行业禁入措施等在各领域运用,具有明显的威慑和制裁效果。行政检查的样态发生了一定的变化,在日常监督检查的基础上,又实行"双随机"抽查、重点检查、飞行检查等检查方式。在强制性手段之外,政府还通过行政指导、行政协议、行政奖励、行政补贴、行政约谈等非强制手段达成监管目标,增加了监管中的协商、合作因素。此外,由于技术的发展,行政机关获取信息的能力大大增强,并采取一系列基于信息的规制手段,例如,强制信息披露、信用评级等。面对具体的行政监管领域,需要在"合法性"和"最佳性"两个维度上展开研究:一方面通过类型化作业,提升各类规制手段的规范化水平,确保行政活动不逸脱法治框架

---

[1] 参见章志远:《行政法学总论》(第2版),北京大学出版社2022年版,第498页。

和基本原则；另一方面评估各类规制手段的有效性，研究其各自的特点、不足和适用场域，探索行政活动方式选择与组合的法理，推动行政目标和行政任务的实现。[1]

二、通用航空事中事后监管改革

在国家整体监管模式转型的大背景下，各个行政领域都在对政府监管模式进行革新和探索，通用航空监管也不例外。在通用航空领域，上述政府监管理念、监管原则和监管手段的变革都有体现，伴随"两个框架"的实施和通用航空法律制度的变革，积累了丰富的实践，并且有自己的特点。

2016年，国务院办公厅发布的《关于促进通用航空业发展的指导意见》（国办发〔2016〕38号）确立了"市场主导，政府引导，安全第一，创新驱动，重点突破，全面推进"的基本原则，为此，民航局提出了通用航空领域"放管结合，以放为主，分类管理"的指导思想，这奠定了通用航空领域监管改革的基调。

"放松规制"是通用航空监管改革的主要手段。近年来，随着《民用航空法》和民航规章的修改以及一系列政策文件的配套实施，通用航空许可的条件不断放宽，流程不断压缩，通用航空从业的"门槛"大幅降低了。在放松事前规制的同时，事中事后监管措施必须跟上，否则就会出现监管的"真空地带"，影响运行安全。因此，完善事中事后监管手段，提升事中事后监管能力，成为民航局近年来的制度建设重点。2019年，民航局先后发布《关于推进精准监管工作的意见》（民航发〔2019〕9号）、《关于全面规范运用行业监管手段的指导意见》（民航发〔2019〕19号），提出实施精准监管，进一步提高行业监管效能，推进行业治理能力现代化；发挥法治对行业发展的保障作用，规范民航行政机关准确、有效地进行行业监管，促进民用航空企事业单位依法、合规地组织生产经营活动，从而拉开了民用航空监管改革的序幕。总结这两个文件的主要内容和近年来的行业实践，通用航空事中事后监管应该遵循以下原则。

（一）依法监管

依法监管是依法行政的必然要求。全面规范运用民用航空行业监管手段，应当严格界定政府事权范围。民航行政机关和监察员应该严格依据法定职权和三定方案履行职责，不得滥用职权、超越职权，不得在无上位法依据的情况下增加行政相对人的义务或者减损行政相对人的权益，不得自行变更法律和政策确定的标准、条件等。要处理好政府监管与企业自治、行业自律、市场决定的关系，尊重企业的自主经营权，发挥市场对资源配置的决定作用，不得随意干涉企业自主经营活动或者替代企业从事管理活动。

---

〔1〕 参见朱新力、唐明良等：《行政法基础理论改革的基本图谱："合法性"与"最佳性"二维结构的展开路径》，法律出版社2013年版，第83页。

民航行政机关在履行职责的过程中，具有实施行政检查、行政处罚、行政许可、行政强制和下达行政命令等权力，上述权力的行使，需要依据相关法律。这里的法律依据不是仅包括以《民用航空法》为顶点，以民航规章为主体的民航法规体系，而是必须全面关照整个国家法律体系，例如，《安全生产法》《行政处罚法》《行政许可法》《行政强制法》等。行政行为的实施应该具备相应的法律依据和事实基础，符合法定条件，遵循法定程序。没有明确法定程序的，应当遵循正当程序原则，包括事先告知行政相对人，向行政相对人说明行政行为的依据、理由，听取陈述和申辩，对行政相对人提出的事实、理由和证据进行复核，告知行政相对人救济途径等。

（二）综合监管

《关于全面规范运用行业监管手段的指导意见》提出，民航行政机关实施行业监管，对多种监管手段并用的，按照以下原则统筹考虑：应用必用原则，是指法律法规规章明确要求应当采取的处理措施，不得随意变更和减少；过罚相当原则，是指执法手段应当与行政相对人的过错程度相适应，避免不当关联、畸轻畸重等不合理、不公正等情况；权益相对原则，是指在确保实现行政目的的前提下，执法手段对行政相对人权益造成的不利影响应被控制在尽可能小的范围和限度之内；信息公开原则，是指民航行政机关运用各项监管手段的情况应当及时向社会公开。该意见所列举的监管手段包括行政强制、行政处罚、行政许可、行政约见、经济调控、纪律惩戒、信用管理、社会监督等。实际上，民用航空领域的监管手段并不限于上述八种，而且还在丰富和完善之中。

在具体的监管活动中，民航行政机关应该统筹考虑各类监管手段的可适用性，选择最为合适的监管手段或监管手段的组合，以达成监管目标，促进相对人依法、合规开展生产经营活动。

（三）精准监管

根据《关于推进精准监管工作的意见》，民用航空业内的精准监管是根据监管实际，合理调配准确投放监管资源，实施有针对性的监管，实现监管资源使用效率的最大化。其主要内容是创新监管思路，区分民用航空安全管理和经济管理、通用航空与运输航空的不同特点，结合企业的自我管理意愿与能力，对监管对象和监管事项进行分级分类，不断聚焦监管重点。提高检查计划编制的针对性，提升处理问题的有效性，实现分类施策，让有限的监管资源发挥更大的监管效能，监管计划编制更为科学，监管资源配置更趋合理，监管效能发挥更加充分，有效化解行业发展提出的高质量监管需要和监管水平不足的矛盾。

精准监管的立足点是通用航空与公共运输航空，以及通用航空内部各领域产业状况的差异。与公共运输航空相比，通用航空领域企业规模小而数量多，企业经营水平较低,盈利能力较弱,市场分散,这决定了政府对通用航空市场的监管应该采取与公共运输航空不同的策略。如果按照对公共运输航空企业的“人盯人”式的监管方式和监管标准实施对通用航空的监管,行政机关的监管资源是不能胜任的,监管效果也未必明显。针对通用航空的监管,应该按照管理事项、管理标准、管理方式和管理程序四个方面,根据风险程度的高低,对不同类型通航活动规定不同的监管事项与管理方式,满足通用航空法规体系框架的要求。例如,加大通用航空企业法定自查、局方不做行政检查的范围,确需保留的监管事项,要根据通用航空实际降低符合性判断标准,放松对风险较低的通用航空非载客非经营事项的监管。采用自律和他律相结合、以自律为主的方式,依托法定自查、使用信用手段实施管理。

对以无人机为代表的通用航空领域的新兴产业、业态,应探索包容审慎监管。一方面,要坚持底线思维,特别关注无人机设计、制造、飞行的安全问题以及无人机技术应用可能造成的不良社会后果,对潜在风险要及时发现,尽早指导和纠正;另一方面,要尊重企业的经营自主权,包容创新,不能简单套用公共运输航空或其他通用航空领域的监管要求,限缩新产业、业态的发展空间。

上文所述各类监管方式,在通用航空领域都有所体现。考虑法律规范依据的明确性以及通用航空领域的特点,以下重点介绍几类事中事后监管手段。

第二节 行政检查

一、民用航空行政检查的一般要求

在行政法上,行政检查是行政机关对行政相对人是否依法从事生产、生活和其他社会活动而进行查看的行政行为。[1] 行政检查是行政机关常规性的行政职责,在行政管理活动中普遍存在,可以说,凡是行政机关都有与其职权范围相匹配的行政检查权。行政检查是行政机关实现行政管理职能的基本手段,通过行政检查,行政机关可以发现行政相对人是否有违法行为,督促其守法,确保行政法律秩序的正常,保护公共利益和第三人的合法权益。行政检查还是行政机关搜集信息资料的重要途径。“情报是燃料,没有它行政机器就无法发动。”[2] 在行政检查过程中,行政机关通过各种方式获取行政信息,这些信息作为基础性事实资料,成为后续行政机关正确执法和作出有关行政行为的基础。从行政过程的角度看,行政检查具有阶段性和不确定性,它是行政过程的一个中间环节:

〔1〕 参见章剑生:《现代行政法专题》,清华大学出版社 2014 年版,第 85 页。

〔2〕 [美]伯纳德·施瓦茨:《行政法》,徐炳译,群众出版社 1986 年版,第 82 页。

如果在检查过程中没有发现问题,行政活动就此终止;如果发现了问题,会引发后续的各种行政处理措施。

在民航法规体系中,《民用航空行政检查工作规则》(CCAR - 13 - R1)[1]是专门规范民用航空行政检查行为的规章,其第 2 条第 1 款规定:“本规则所称的行政检查是指民航行政机关及其委托的组织和法律法规授权的组织依据有关法律、法规和规章,对从事民用航空活动的公民、法人或者其他组织实施的察看、了解和掌握其遵守有关法律、法规、规章和规范性文件的情况,督促其履行义务的行为。”第 3 条规定:“行政检查应当遵循依法、公开、便民、合理的原则。”以下依据该规章,介绍民用航空行政检查的一般要求。

(一)行政检查的实施机关、人员及职责

民航局和民航地区管理局可以自己的名义独立行使相应的行政检查权。民航局制定行政检查规定和制度,指导监督全国的民航行政检查工作。民航局可以在全国范围内组织实施行政检查。地区管理局制定落实民航局行政检查规定和制度的实施办法,在本辖区范围内组织、指导民航安全监督管理局开展行政检查。安全监督管理局应当依据地区管理局的分工和授权实施行政检查。地区管理局之间对行政检查范围或者检查事项有争议的,报民航局确定。

民航行政机关的职能部门,应当以本机关名义承办具体行政检查事项,不得以该部门名义实施行政检查。

依法接受民航行政机关委托实施行政处罚及其他行政管理事项的其他组织,应当以委托机关的名义实施行政检查。

民航行政机关实施行政检查的工作人员应当具备监察员资格。不具备监察员资格的其他工作人员或者专业人员,可以在监察员的带领下,协助检查。

监察员在行政检查过程中发现现行法律、法规和规章存在问题的,应当向本级民航行政机关政策法规部门书面提出法律、法规和规章的立、改、废、释建议。

实施行政检查的工作人员对在行政检查中了解到的当事人的商业秘密或者个人隐私承担保密责任,不得擅自向他人披露。

(二)行政检查的实施程序

民航行政机关组织实施行政检查,应当编制行政检查计划。民航局各职能部门应当明确行政检查大纲或者其他类型的行政检查要求,指导管理局编制检查计划。行政检查计划应当根据工作职责、人员编制和被检查人的守法信用实际情况等编制,包括检查时间、被检查人、检查内容和频次,及民航行政机关认为必要的其他内容。

---

[1] 交通运输部令 2016 年第 40 号。

地区管理局的职能部门、安全监督管理局认为确有需要,改变行政检查计划的,由本单位负责人批准。对于检查计划之外的临时性检查工作,地区管理局、安全监督管理局对可以通过调整检查时间与行政检查计划相结合的,应当结合后组织实施;对不可与检查计划相结合的,作为新增检查项目组织实施。

民航行政机关及其监察员应当根据行政检查计划或者经本级行政机关负责人批准,实施行政检查。监察员实施行政检查,应当出示中国民用航空监察员证件,并向被检查人告知行政检查事项。被检查人认为监察员与行政检查事项有直接利害关系的,可以申请其回避。被检查人对监察员依法履行行政检查职责,应当予以配合,不得拒绝、阻挠。

监察员应当将行政检查的时间、地点、内容、发现的问题及其处理情况,作出书面记录,并由监察员和被检查的个人、单位的负责人或者单位负责人授权的人员签字;拒绝签字的,监察员应当将情况记录在案,并向本行政机关报告。

民航行政机关对行政检查中发现的问题,应当作如下处理:(1)已构成违法,但依法可以不予行政处罚的,或者违反规范性文件的,应当发出整改通知书责令立即改正或者限期改正。(2)已构成违法,依法应当予以行政处罚的,按照行政处罚程序,实施行政处罚。(3)依法应当采取行政强制措施的,按照第五章规定的程序实施行政强制措施。(4)对检查中发现的事故隐患,应当责令立即排除;重大事故隐患排除前或者排除过程中无法保证安全的,应当责令从危险区域内撤出作业人员,责令暂时停产停业或者停止使用相关设施、设备;重大事故隐患排除后,经审查同意,方可恢复生产经营和使用。(5)对不再具备安全生产条件的单位和个人,按照行政许可撤销程序,撤销原许可决定。(6)依法应当予以关闭的,报请县级以上人民政府按照国务院规定的权限决定。(7)明显涉嫌犯罪的,应当按照国务院相关规定,移送公安机关或者人民检察院。对于直接涉及安全风险的违法行为,可以在对安全风险进行综合分析的基础上,依法作出行政处理决定。

民航行政机关应当对检查发现的问题进行跟踪,督促被检查人按期改正,并按照下列情况分别处理:(1)已经按照要求改正违法行为的,行政检查程序终结;(2)未能按照要求完成整改的,记录相关情况,并书面通报其上级主管部门或者县级以上地方人民政府,同时就整改事项申请人民法院强制执行;(3)未能按照要求完成整改,依法可以行政处罚的,予以处罚。

民航行政机关及其监察员对行政检查中发现的问题,已履行法定安全监管职责,依法进行处理的,行政检查程序终结。

民航行政机关应当按照民航行政机关执法案卷管理规定建立行政检查档案,对行政检查过程中形成或者收集的文件资料立卷归档。行政检查后进入行政处罚程序的，行政检查过程中形成或者收集的文件资料与行政处罚文件资料一并立卷归档。

二、通用航空行政检查的主要内容

根据管理方式和被检查对象的不同，通用航空检查可以分为针对通用航空企业的经营许可检查和针对从事非经营性通用航空活动的单位和个人的检查。

（一）通用航空经营许可检查

通用航空企业取得经营许可后，在经营过程中应该持续符合许可条件，合法合规地开展经营活动，因此，行政机关需要进行必要的监督检查。《通用航空经营许可管理规定》第六章对通用航空经营许可监督检查作了全面、完整的规定。

民航局建立健全通用航空经营许可及相应监督管理工作的监督检查制度，及时纠正通用航空经营许可和相应监督管理过程中的违法行为。民航地区管理局对辖区内的经营性通用航空活动实施监督管理，建立健全相应监督检查制度，依法查处违法开展的经营性通用航空活动。对跨地区违法开展经营性通用航空活动的通用航空企业，违法行为发生地民航地区管理局依法进行查处后，应当及时将违法事实、处理结果抄告通用航空企业住所地民航地区管理局，并报民航局备案。

通用航空企业应当配合民航局、民航地区管理局行政执法人员的监督检查，如实、完整地提供有关情况和材料，不得隐瞒或者提供虚假信息。

通用航空企业存在违法行为需要改正的，民航地区管理局应当责令其改正或者限期改正。

民航地区管理局采取告知承诺制审批方式作出行政许可决定后，应当对通用航空企业的承诺内容是否属实进行检查。发现通用航空企业实际情况与承诺内容不符的，应当撤销其通用航空经营许可并依法予以处罚。

任何自然人、法人和其他组织有权向民航局、民航地区管理局举报违法开展的经营性通用航空活动；民航局、民航地区管理局应当依法予以核实、处理。

民航局建立健全通用航空诚信经营评价体系，组织开展诚信经营评价。对诚信评价记录好的通用航空企业，可以依法减少检查频次或者豁免检查；对诚信评价记录差的通用航空企业，依法增加检查频次。通用航空企业违反本规定，有下列情形之一的，依法记入民航行业严重失信行为信用记录：（1）拒绝接受或者拒不配合民航行政机关依法开展的监督检查的；（2）拒不执行民用航空行政机关依法作出的改正或者限期改正要求的；（3）从事无证无照经营的；（4）在申请通用航空经营许可或者接受民用航空行政机关检查等工作过程中，提供虚假材料、虚假证言证词的；（5）采取告知承诺制审批方式取得许可，但实际情况与承诺内容不符被撤销经营许可的；（6）侵害通用航空用户、消费者合法权益，引发重大社会影响的。

(二)非经营性通用航空检查

《非经营性通用航空备案管理办法》第四章规定了针对从事非经营性通用航空活动的单位和个人的监督检查。

民航地区管理局应当对辖区内非经营性通用航空活动主体实施监督管理,按职责依法查处违法开展的非经营性通用航空活动。从事非经营性通用航空活动的单位和个人,应当配合民航地区管理局依法开展的监督检查,真实、完整地提供有关情况和材料。

非经营性通用航空活动主体有履行能力但拒不执行民航地区管理局依法作出的行政决定的,由民航地区管理局责令限期执行,仍拒不执行的,依照法律法规和信用管理等有关规定予以处理,并将有关情况通报民航飞行计划审批管理部门。非经营性通用航空活动主体在进行非经营性通用航空活动备案或者接受民航地区管理局检查过程中,提供虚假材料、虚假证言证词的,由民航地区管理局责令改正并依照法律法规和信用管理等有关规定予以处理,有关情况通报民航飞行计划审批管理部门。对于未进行备案或备案内容发生变更,逾期未更新的非经营性通用航空活动主体以及活动结束后未按要求进行信息填报备案的单位,民航地区管理局依据《民用航空法》等有关规定,予以处罚。

三、通用航空检查制度的新发展

以民航局《关于推进精准监管工作的意见》为政策依据,近年来,民航系统内行政检查制度有多方面的变化,这些变化在通用航空领域尤为明显。

(一)检查事项"清单式"管理

通用航空行政检查涉及的范围广泛、内容庞杂、方式多样,在实践中,一些行政检查事先没有详细的检查计划,也未事先通知被检查人,随意进行检查或无具体标准和目的的检查,严重影响了企业的正常生产经营。2018 年,民航局建设了民航行业监管执法信息系统(Supervision and Enforcement System,SES),作为民航行政机关开展行政执法工作的电子化平台。[1] SES 系统已成为民航行业监管执法的最重要系统,其监管事项库对行政检查事项实施"清单式"管理,未纳入事项库的,一律不得作为行业监管事项开展行政检查,并建立了通用航空领域的符合性判断标准。通过不断优化和改进事项库的管理,确保符合性判断标准、法规库、相对人的适用类型等内容同检查内容一并更新,保证各项内容协调一致。

对行政检查事项实施"清单式"管理,从源头上限定了行政检查的启动程

---

〔1〕 SES 系统的网址为:https://ses. caac. gov. cn/ses/。

序，提升了行政监管的公平性、规范性和有效性，减少了对企业正常生产经营活动的打扰，并减少了权力寻租的空间，对于解决通用航空领域过度监管的问题具有重要意义。

（二）全面应用“双随机、一公开”检查方式

“双随机、一公开”，即随机抽取检查对象、随机选派执法检查人员，抽取情况和查处结果及时向社会公开。通过提升抽查的随机性来保障抽查的有效性，通过公开发挥市场和社会力量的监督作用，从而填补由于放松事前监管而可能带来的监管真空，纠正选择性执法、政企共谋等可能的风险。2016 年修改后的《民用航空行政检查工作规则》（CCAR－13－R1）第 6 条规定“在行政检查工作中依法采取随机确定检查人员和随机选择检查对象的行政执法方式”，正式将“双随机”检查方式引入民用航空行政检查中。

“双随机、一公开”监管被认为是市场监管理念和方式的重大创新，2019 年，国务院发文要求将“双随机、一公开”作为市场监管的基本手段和方式，除特殊行业、重点领域外，原则上所有日常涉企行政检查都应通过双随机抽查的方式进行，取代日常监管原有的巡查制和随意检查。[1] 问题在于，民用航空是否属于“特殊行业、重点领域”，以及“双随机、一公开”的监管方式在民用航空诸领域的可适用性。

截至 2021 年年底，我国共有运输航空公司 65 家，获得通用航空经营许可证的传统通用航空企业 599 家，获得通用航空经营许可证的无人机通用航空企业 12，663 家。民航局的思路是，区分公共运输航空和通用航空、区分安全类事项和经济类事项。对于公共运输航空来说，一方面，因其涉及公共安全且社会影响较大；另一方面，企业数量较少，监管机关有能力对接各个企业，因此，对公共运输航空企业，特别是其中的安全类事项实施全覆盖的重点监管。对于通用航空来说，因为活动类型不同，企业数量多且分散，监管机关没有足够的资源和能力实施全覆盖监管，所以必须坚持分类监管的总体原则，开展不同方式、不同频率、不同强度的监管。民航局针对通用航空采取了重点监管与双随机监管相结合的策略。一是根据活动的不同风险类型实施监管，对于与公共运输航空有较大相似性的通用航空短途运输、通用航空包机飞行进行重点监管，对于从事其他活动的通用航空公司采取双随机监管，确保监管对象全覆盖；二是根据安全类事项和经济类事项的不同特点，经济类事项的事中监管以“双随机、一公开”全覆盖为原则，明确检查事项年抽查比例、年抽查企业比例，全覆盖周期等；三是根据企业自我管理意愿和能力的强弱，对于自我管理意愿弱、能力低的企业，行政机关要

---

〔1〕 参见国务院《关于在市场监管领域全面推行部门联合“双随机、一公开”监管的意见》（国发〔2019〕5 号）、国务院《关于加强和规范事中事后监管的指导意见》（国发〔2019〕18 号）。

加大监管力度和监管频率,督促、帮助企业落实主体责任;四是广泛采用非现场监管方式,节约监管资源。2021 年,民航局公布了《民用航空随机事项清单》,[1]列明了民用航空领域 899 项行政检查事项,梳理该清单可以发现,通用航空领域适用双随机的检查事项不局限于经济类事项,对于民用航空领域的一般规定,在通用航空领域具备可适用性的前提下,都采取了双随机的检查方式。这说明通用航空行政检查的方式已经与公共运输航空有明显差异,即前者以双随机检查为原则,后者(特别是在安全类事项中)以全覆盖为原则。

(三)推行企业法定自查制度

2015 年,民航局开始在行业推行法定自查工作。2017 年,民航局下发了《关于在全行业推广行业监管模式调整改革的通知》(民航发〔2017〕159 号)和《关于民航单位法定自查有关问题的通告》,作为法定自查工作开展的直接依据,法定自查工作全面铺开。2022 年 9 月,民航局下发了《民航单位法定自查工作规范》(民航规〔2022〕51 号,AC－13－LR－2022－01),原《关于民航单位法定自查有关问题的通告》同时废止。该工作规范体现了《安全生产法》的相关要求,梳理归纳了行业成熟做法和经验,推动法定自查与相关工作的融合衔接,推动生产经营单位能力提升。

根据《民航单位法定自查工作规范》,法定自查是"法定要求的符合性自查"的简称,指民航生产经营单位以监管事项库为基础建立法定自查事项清单,并利用法定自查事项清单,采取技术、管理措施,持续检查、监控生产经营过程各要素、各环节,落实作为民航安全管理体系核心的风险分级管控和隐患排查治理制度要求,及时纠正偏差、消除隐患,主动符合适用的民用航空相关法律、法规、规章、行政规范性文件、标准等要求的活动。其适用于"民航生产经营单位",包括中华人民共和国境内依法设立的公共航空运输企业、通用航空企业(包括无人机企业)、飞行训练单位、签派员训练单位、维修单位、维修培训机构、空中交通管理单位、民用机场(包括军民合用机场民用部分)、航空销售网络平台经营者、民用航空产品及零部件设计制造单位、油料单位、地面服务保障单位以及航空配餐企业等。

建立法定自查制度的法律依据是 2021 年修改后的《安全生产法》第 41 条。[2]

〔1〕 资料来源:http://www.caac.gov.cn/XXGK/XXGK/XZQL/SLQD/202111/t20211126_210320.html。

〔2〕《安全生产法》第 41 条第 1 款、2 款规定:"生产经营单位应当建立安全风险分级管控制度,按照安全风险分级采取相应的管控措施。生产经营单位应当建立健全并落实生产安全事故隐患排查治理制度,采取技术、管理措施,及时发现并消除事故隐患。事故隐患排查治理情况应当如实记录,并通过职工大会或者职工代表大会、信息公示栏等方式向从业人员通报。其中,重大事故隐患排查治理情况应当及时向负有安全生产监督管理职责的部门和职工大会或者职工代表大会报告。"

民航生产经营单位在生产经营过程中应该符合持续合规的要求，其自我检查和自身制度建设属于企业（单位）自律或者自我规制范畴。运用行政力量将企业的自查制度化，是对自我规制的规制，联结了企业自律与民航局的行业监管，将民航局的监管要求注入民航生产经营单位自身的管理活动中，体现了政府规制与企业自我规制的结合。根据《民航单位法定自查工作规范》，民航生产经营单位应当在法定自查制度中明确法定自查要求、机构设置和工作流程，并至少包含以下内容：(1)法定自查人员管理；(2)法定自查事项清单管理；(3)法定自查计划管理；(4)法定自查实施和闭环管理；(5)案卷整理；(6)数据分析与应用。民航生产经营单位可以新建法定自查制度，也可以利用已有制度，鼓励民航生产经营单位将法定自查工作制度同生产经营中其他相关工作制度，如SMS（民航安全管理体系）、SeMS（航空安保管理体系）、隐患排查治理、内审、安全审计、安保审计等统筹融合，避免重复建设。

法定自查属于企业行为，不同于行政检查。根据《安全生产法》，民航部门依照该法和其他有关法律、行政法规的规定，在其职责范围内对有关行业、领域的安全生产工作实施监督管理。据此，民航局对民航单位实施行政检查不仅是一项权力，而且是一项法定职责。因此，企业法定自查不能替代行政检查，企业安全生产主体责任不能替代政府安全监管责任。[1] 应该在考虑法定职责、检查能力、人员专业水平等基础上，准确界分法定自查和行政检查的范围和责任。民航局也指出，要正确区分行政检查与法定自查，鼓励企业全面深入发现自身存在的不合规问题，并采取有效措施积极改正，民航行政机关不得把企业的法定自查作为行政检查的前置检查，要求企业上报法定自查结果，作为行政检查的线索。[2] 2019年，民航局又发布《民航行业法定自查容错规范》（民航规〔2019〕72号），对于相对人具有法定自查的情形且符合规定条件的，依法给予从轻、减轻或者免予处理的裁量方式。

近年来，法定自查制度的实施取得了一定的效果。实施法定自查制度，要求企业对照监管事项库，对本单位是否符合行业监管要求进行自我检查、自我整改，提升了企业的合规性，强化了企业安全主体责任，提高了发现和消除隐患的能力，也在一定程度上理顺了监管者与被监管者的关系。[3] 民航局《关于推进精准监管工作的意见》提出，加大通用航空企业法定自查、局方不做行政检查的范围，采用自律和他律相结合、以自律为主的方式，依托法定自查、使用信用手段

---

〔1〕 参见沈瑁、孟祥鹏：《民航监管模式改革视角下法定自查工作的推进与创新》，载《民航管理》2020年第9期。

〔2〕 参见民航局《关于推进精准监管工作的意见》。

〔3〕 参见孙佳、张禹：《法定自查工作开展成效调研与分析》，载《民航管理》2019年第11期。

实施管理。因此,通用航空法定自查制度具有填补放松规制后的监管空隙、提升通用航空企业安全管理水平的作用。目前,法定自查与行政检查的边界、法定自查的制度建设要求与企业经营自主权的关系、通用航空企业与公共运输航空企业法定自查制度的差异等问题仍存在模糊地带,有待进一步研究。

第三节　行政处罚和行政强制

一、行政处罚

(一)民用航空行政处罚的基本制度

行政处罚是一类典型的行政行为,也是行政机关常用的事后监管手段。作为一种强制性、制裁性的规制工具,行政处罚在纠正违法行为,威慑潜在的违法者,维护行政秩序,保障公共安全等方面发挥着重要作用。我国于 1996 年制定了《行政处罚法》,[1]该法律对行政处罚的设定、实施、程序等作出了基本规定,旨在统一各部门法中行政处罚的设定与实施。2021 年《行政处罚法》进行了全面修改。《民用航空行政处罚实施办法》(CCAR-14-R1)[2]是规范行政处罚的民航规章,为配合新《行政处罚法》的实施,该规章于 2021 年进行了修正。以下主要依据《行政处罚法》和《民用航空行政处罚实施办法》,介绍民用航空行政处罚的基本制度。

1. 行政处罚的概念和种类

2021 年修改后的《行政处罚法》第 2 条规定,行政处罚是指行政机关依法对违反行政管理秩序的公民、法人或者其他组织,以减损权益或者增加义务的方式予以惩戒的行为。

《行政处罚法》规定了六类行政处罚:(1)警告、通报批评;(2)罚款、没收违法所得、没收非法财物;(3)暂扣许可证件、降低资质等级、吊销许可证件;(4)限制开展生产经营活动、责令停产停业、责令关闭、限制从业;(5)行政拘留;(6)法律、行政法规规定的其他行政处罚。

2. 行政处罚的设定

《行政处罚法》第 10～16 条规定了行政处罚的设定权限。就民航规章来

---

[1] 1996 年 3 月 17 日第八届全国人民代表大会第四次会议通过,根据 2009 年 8 月 27 日第十一届全国人民代表大会常务委员会第十次会议《关于修改部分法律的决定》第一次修正,根据 2017 年 9 月 1 日第十二届全国人民代表大会常务委员会第二十九次会议《关于修改〈中华人民共和国法官法〉等八部法律的决定》第二次修正,2021 年 1 月 22 日第十三届全国人民代表大会常务委员会第二十五次会议修订。

[2] 2003 年 4 月 8 日中国民航总局公布,根据 2021 年 9 月 6 日交通运输部《关于修改〈民用航空行政处罚实施办法〉的决定》修正。

说，涉及民用航空管理的规章规定行政处罚，应当在法律、行政法规规定的给予行政处罚的行为、种类、幅度范围内作出具体规定。尚未制定法律、行政法规的，涉及民用航空管理的规章对违反民用航空行政管理秩序的行为，可以设定警告、通报批评或者国务院规定限额内罚款的行政处罚。法律、行政法规、规章以外的其他文件，不得设定或者规定行政处罚；设定和规定行政处罚的条款一律无效。[1]

3. 行政处罚的实施主体

行政处罚由具有行政处罚权的行政机关在法定职权范围内实施。民航局、民航地区管理局具有实施行政处罚的主体资格，可以依照法律、行政法规、规章的规定，以自己的名义独立行使相应的行政处罚权。民航地区管理局设立的派出机构，可以依照法律、行政法规、规章的规定和民航地区管理局的授权，以该民航地区管理局的名义行使相应的行政处罚权。民航行政机关的内设职能部门，可以具体承办处罚事项，但不得以该内设职能部门的名义实施行政处罚。

法律、法规授权的具有管理公共事务职能的组织可以在法定授权范围内实施行政处罚。法律、法规授权的其他组织实施民用航空行政处罚的，接受授权的组织应当对其所作出的行政处罚行为的法律后果承担法律责任。

民航行政机关可以将行政处罚委托给其他组织实施，但应当符合下列条件：(1)委托的民航行政机关(以下简称委托机关)依法具有该项行政处罚权；(2)受委托组织符合《民用航空行政处罚实施办法》第 12 条规定的条件；(3)委托机关直接实施行政处罚在人员、装备、技术、空间方面确有困难，或者委托的行政处罚事项在时间、空间和管理对象方面具有广泛性、普遍性和经常性。受委托组织应当符合下列条件：(1)依法成立并具有管理民用航空公共事务职能；(2)与被委托的行政处罚事项无利害关系；(3)有熟悉《民用航空法》和相应民用航空行政法规、涉及民航管理的规章以及其他必需的法律、法规，熟悉相关民用航空业务、技术并取得中国民用航空监察员证的工作人员；(4)需要进行技术检查或者技术鉴定的，应当有条件进行相应的技术检查或者技术鉴定。

民航行政机关委托实施行政处罚的，应当出具书面委托书。委托机关和受委托组织应当将委托书向社会公布。受委托组织应当以委托机关的名义实施行政处罚。受委托组织应当依照法律、行政法规、涉及民航管理的规章所规定的行政处罚的条件、方式和程序实施行政处罚。受委托组织实施行政处罚，不得超越委托权限。受委托组织不得将委托事项再委托他人。委托机关对受委托组织实施的行政处罚行为实施监督，并对该行为的后果承担法律责任。

---

[1] 参见《民用航空行政处罚实施办法》第 5 条。

民航行政机关和受委托组织具体办理行政处罚的执法人员应当具备监察员资格。不具有监察员资格的其他工作人员或者专业人员，可以在监察员的带领下，协助检查和调查取证。

4. 行政处罚的程序

行政处罚的程序可以分为普通程序和简易程序。普通程序是行政处罚的基本程序，除立法有特别规定外，都应适用普通程序。普通程序的基本步骤为“立案—调查—决定—送达”。行政机关拟作出较大数额罚款，没收较大数额违法所得、没收较大价值非法财物，降低资质等级、吊销许可证件，责令停产停业、责令关闭、限制从业，其他较重的行政处罚决定，或者法律、法规、规章规定需要听证的，行政机关应当告知当事人有要求听证的权利，当事人要求听证的，行政机关应当组织听证。

简易程序是普通程序的简化，适用于违法事实确凿并有法定依据，对公民处以 200 元以下、对法人或者其他组织处以 3000 元以下罚款或者警告的行政处罚，可以由执法人员当场作出行政处罚决定。

（二）通用航空行政处罚的问题

《民用航空法》专门针对通用航空活动主体的罚则只有 3 个条款。第 203 条规定，未取得通用航空经营许可证而从事经营性通用航空的，国务院民用航空主管部门可以责令停止经营活动。第 211 条第 1 款规定，通用航空企业违反《民用航空法》规定，情节较重的，除依照《民用航空法》规定处罚外，国务院民用航空主管部门可以吊销其经营许可证。第 211 条第 2 款规定，从事非经营性通用航空未向国务院民用航空主管部门备案的，由国务院民用航空主管部门责令改正；逾期未改正的，处 3 万元以下罚款。这些罚则显然不能覆盖通用航空领域的所有违法行为，也不足以支撑民航行政机关履行职责。除《民用航空法》外，《安全生产法》也是民航机关实施行政处罚的重要依据，《通用航空飞行管制条例》等行政法规、《通用航空经营许可管理规定》等民航规章也创设了一些行政处罚。2021 年《行政处罚法》实施后，有必要对目前通用航空领域的行政处罚设定情况进行全面评估，特别是对信用管理、违法信息公布、企业信息公示等制度是否属于“通报批评”“限制从业”的行政处罚，应该形成有说服力的意见，消除可能的争议。[1] 对于符合行政处罚概念，即行政机关依法对违反行政管理秩序的公

〔1〕 国务院《关于进一步贯彻实施〈中华人民共和国行政处罚法〉的通知》（国发〔2021〕26 号）要求，对违反行政管理秩序的公民、法人或者其他组织，以减损权益或者增加义务的方式实施惩戒的，要依法设定行政处罚，不得以其他行政管理措施的名义变相设定，规避行政处罚设定的要求。对上位法设定的行政处罚作出具体规定的，不得通过增减违反行政管理秩序的行为和行政处罚种类、在法定幅度之外调整罚款上下限等方式层层加码或者“立法放水”。

民、法人或者其他组织，以减损权益或者增加义务的方式予以惩戒的行为，应该认定为行政处罚，由有权机关以法定方式设定，对于不符合设定条件，但具有行政处罚之实际效果的，应该及时清理。[1]

2021年《行政处罚法》纳入了行政执法公示制度，行政执法全过程记录制度，重大执法决定法制审核制度，扩大听证程序的适用范围，落实了行政执法人员持证上岗和资格管理制度要求，明确了法制审核范围，新增了"首违不罚"制度，增加了对行政处罚裁量基准的要求。2021年修改的《安全生产法》进一步强化和落实了生产经营单位的主体责任，强化安全预防措施，加大了处罚力度，丰富了安全监管的手段。上述法律修改对通用航空行政处罚的实施有直接影响，必须按照法律最新要求，加强执法人员培训，严格规范公正文明执法，注意保护通用航空企业和个人的合法权益。

在通用航空领域，特别是对通用航空飞行活动的管理，也存在一定程度的"以罚代管"问题，要认识到行政处罚本身不是目的，而是维护行政秩序、保障公共利益，促进通用航空事业健康发展的手段，应该遵循处罚法定、公正、公开、处罚与教育相结合、过罚相当等基本原则，规范行政裁量权的行使，实现个案正义。

二、行政强制

（一）行政强制措施

我国的行政强制，包括行政强制措施和行政强制执行。2011年制定的《行政强制法》是我国行政强制制度的基本法律。

《行政强制法》第2条第2款规定，行政强制措施，是指行政机关在行政管理过程中，为制止违法行为、防止证据损毁、避免危害发生、控制危险扩大等情形，依法对公民的人身自由实施暂时性限制，或者对公民、法人或者其他组织的财物实施暂时性控制的行为。行政强制措施的种类包括：限制公民人身自由；查封场所、设施或者财物；扣押财物；冻结存款、汇款；其他行政强制措施等。行政强制措施由法律设定。尚未制定法律，且属于国务院行政管理职权事项的，行政法规可以设定除限制公民人身自由冻结存款、汇款和应当由法律规定的行政强制措施以外的其他行政强制措施。尚未制定法律、行政法规，且属于地方性事务的，地方性法规可以设定查封场所、设施或者财物，扣押财物的行政强制措施。法律、法规以外的其他规范性文件不得设定行政强制措施。

在通用航空监管中，民航行政机关采取行政强制措施主要发生在行政检查过程中。《民用航空行政检查工作规则》（CCAR－13－R1）第五章规定了行政检查中的行政强制措施。民航行政机关在行政检查过程中针对发现的问题，依

[1] 参见贾圣真：《通用航空管理法律制度的完善》，载郝秀辉主编：《航空法评论》（第10辑），法律出版社2022年版，第30～43页。

照法律、行政法规规定行使相应的行政强制权。民航行政机关采取的行政强制措施,是指在行政管理过程中,为制止违法行为、防止证据损毁、避免危害发生、控制危险扩大等情形,依法对公民、法人或者其他组织的财物实施暂时性控制的行为。可见,我国民用航空行政检查中的行政强制措施仅限于对财物实施暂时性控制,限制公民人身自由的行政强制措施,只能由民航公安或地方公安机关实施。[1]

民用航空行政检查中的行政强制措施适用于以下几种情形:(1)对有根据认为不符合保障安全生产的国家标准或行业标准的设施、设备、器材以及违法生产、储存、使用、经营、运输的危险物品予以查封或扣押,对相关场所予以查封;(2)未依法取得安全生产的相关批准,擅自从事有关活动的,应当予以查封、取缔,并依法处理;(3)在证据可能灭失或者以后难以取得的情况下,对证据进行先行登记保存;(4)其他应当采取行政强制措施的情形。

实施行政强制措施应当遵守下列规定:(1)行政强制措施应当由两名以上监察员实施。(2)违法行为情节显著轻微或者没有明显社会危害的,可以不采取行政强制措施。(3)行政强制措施的实施应当经本单位法制职能部门进行法律审查同意后,报请本单位负责人批准。(4)情况紧急,需要当场实施行政强制措施的,监察员应当在24小时内向本单位负责人报告,并补办批准手续。本单位负责人认为不应当采取行政强制措施的,应当立即解除。

行政强制措施的实施程序:监察员出示监察员证件,通知当事人到场,告知当事人采取行政强制措施的理由、依据及当事人依法享有的权利、救济途径,送达民航行政强制措施决定书及相关清单,充分听取当事人的陈述和申辩,并制作民航实施行政强制措施现场笔录。

采取行政强制措施后,应当及时查清事实,在法律、行政法规规定的期限内作出处理决定。对于当事人没有违法行为,不再需要实施行政强制措施,以及期限已届满等情形要及时作出解除决定。对于先行登记保存的证据,应当在7日内及时作出处理决定。采取证据保全措施的,应避免造成当事人损失;无法完全避免损失的,应采取可能造成最小损失的方式。

(二)行政强制执行

《行政强制法》第2条第3款规定,行政强制执行,是指行政机关或者行政机关申请人民法院,对不履行行政决定的公民、法人或者其他组织,依法强制履行义务的行为。行政强制执行的方式包括:加处罚款或者滞纳金;划拨存款、汇款;拍卖或者依法处理查封、扣押的场所、设施或者财物;排除妨碍、恢复原状;代履

[1] 参见车彤等编著:《中国民航法治建设研究》,西南交通大学出版社2021年版,第100页。

行;其他强制执行方式等。

行政强制执行由法律设定。法律没有规定行政机关强制执行的,作出行政决定的行政机关应当申请人民法院强制执行。我国《民用航空法》没有对民航行政机关强制执行权的规定,因此,除非有特别法的规定,[1]相对人不履行民航行政机关作出的行政决定,行政机关应该申请法院强制执行。

第四节 其他事中事后监管手段

一、信用管理

近年来,国家大力推进社会信用体系建设,行政主体在行政管理过程中,越发倚重其所掌握的公共信用信息,将信用分类监管和联合奖惩作为市场监管和社会治理的重要手段。政府规制中的信用工具,可以概括为行政机关以及法律、法规授权的具有管理公共事务职能的组织,对在履行职责过程中产生或者掌握的公民、法人或其他组织公共信用信息,进行记录归集、评价分类、共享公开,通过分类管理和联合奖惩措施来发挥作用的规制工具。[2] 民用航空业是较早实施信用管理手段的行业,例如,对严重失信人限制乘坐民用航空器。2017年,民航局发布了《民航行业信用管理办法(试行)》(民航发〔2017〕136号),2021年,民航局结合中央对社会信用体系建设的新要求,发布了新的《民航行业信用管理办法》(民航规〔2021〕13号)。2021年《民航行业信用管理办法》删除了"黑名单"的相关表述,[3]限缩了失信行为范围,规范了惩戒措施的使用,加强了当事人权益的保护,并扩大了地区管理局的权限,提升了民用航空信用管理制度的法治化、规范化水平。

根据《民航行业信用管理办法》,民航局设立全国统一的信用记录,全面记录相对人的信用信息。信用信息包括基本信息和违法失信信息。基本信息,是指组织的名称、统一社会信用代码、有关人员的姓名和身份证件号码。违法失信

---

〔1〕 例如,《安全生产法》第70条规定:"负有安全生产监督管理职责的部门依法对存在重大事故隐患的生产经营单位作出停产停业、停止施工、停止使用相关设施或者设备的决定,生产经营单位应当依法执行,及时消除事故隐患。生产经营单位拒不执行,有发生生产安全事故的现实危险的,在保证安全的前提下,经本部门主要负责人批准,负有安全生产监督管理职责的部门可以采取通知有关单位停止供电、停止供应民用爆炸物品等措施,强制生产经营单位履行决定……"

〔2〕 参见王瑞雪:《政府规制中的信用工具研究》,载《中国法学》2017年第4期。

〔3〕 国务院办公厅《关于进一步完善失信约束制度构建诚信建设长效机制的指导意见》(国办发〔2020〕49号)明确规定,设列"黑名单"(严重失信主体名单)的领域必须以法律、法规或者党中央、国务院政策文件为依据。因民用航空领域没有"黑名单"的设列依据,因此《民航行业信用管理办法》修订后删除了"黑名单"的相关表述。民航系统不再记录严重失信主体,仅就失信行为进行记录。

信息，是指相对人违反相关法律、行政法规、规章规定或者依法应当记入信用记录的失信行为信息，分为一般失信行为信息和严重失信行为信息。民航行政机关依法使用民航行业信用信息，倡导诚信、惩戒失信；允许单位和个人使用民航行业信用信息，充分发挥信用管理在民航行业发展中的引导作用。

在通用航空放松规制的大背景下，信用信息记录和评价为通用航空分类监管、精准监管提供了信息基础，是强化事中事后监管能力的重要支撑。民航行政机关对信用记录中存在严重失信行为信息的相对人实施区别化的惩戒措施，办理行政许可的，依法从严审核，禁止适用告知承诺制；实施行政处罚的，依法从重处罚；对违法行为进行处理的，禁止适用法定自查容错机制；编制行政检查计划的，加大检查频次。[1]

2021 年，民航局发布了《通用航空企业诚信经营评价管理暂行办法》（民航规〔2021〕16 号），第一次通用航空企业诚信经营评价等级结果已经于 2022 年公布。2023 年 3 月，民航局修订了《通用航空企业诚信经营评价管理暂行办法》（民航规〔2023〕12 号），新办法于 2023 年 5 月 1 日起施行。根据该办法，诚信经营评价是指中国民用航空局依照统一的评价指标及评价方法，对通用航空企业在评价周期内的诚信经营情况进行综合评价，并开展评价、结果运用的行政管理行为。该办法适用于设立在中华人民共和国境内持有经营许可证且在评价周期内开展经营活动的通用航空企业，包括传统通用航空企业和部分无人机企业。诚信经营评价指标由企业违规经营、损害消费者合法权益、失信惩戒、社会责任四个部分组成。民航局或者受委托机构根据评价指标对通用航空企业的诚信经营情况进行评分。在评价周期内，评价基准分设定为 100 分。根据通用航空企业得分排序，企业诚信经营情况分为 A 级、B 级、C 级三个等级，划分比例按照全行业前 50%、50% ~90%、末位 10% 或扣分项中涉及“一票否决项目”确定。企业诚信经营评价结果将作为民航行政机关实施行业监管、政策适用、通用航空发展专项资金补贴发放等工作的重要参考。对诚信经营评价等级高的通用航空企业，民航各地区管理局可以调减检查频次或者豁免检查；对诚信经营评价等级低的可以调增检查频次。

2023 年 8 月，民航局发布了 2022 年度通用航空企业诚信经营评价等级结果。在参与评价的 508 家传统通用航空企业中，A 级企业 255 家、B 级企业 207 家、C 级企业 46 家；参与评价的 53 家无人机企业中，A 级企业 37 家、B 级企业 14 家；C 级企业 2 家。此外，还有 153 家传统通用航空企业在 2022 年无作业信息，其中 16 家企业在“信用中国”或“国家企业信用信息公示系统”中存在失信

〔1〕 参见《民航行业信用管理办法》第 17 条。

记录。[1]

信用管理在通用航空监管中的全面应用,对参与通用航空活动的企业和个人有很强的威慑力,能够有力督促相对人遵章守法,确保行政义务履行。但是,在通用航空信用体系建设的起步阶段,也存在行政权力滥用的风险。在未来,应该坚持在法治轨道上实施信用管理,严格规范失信行为认定依据、共享范围和信息公开范围,强化对相对人的程序性权利的保障,健全和完善信用修复机制,加强信息安全和隐私保护。

二、经济手段

民航局《关于全面规范运用行业监管手段的指导意见》所列举的行政机关的经济手段包括调整航班量、航班航线审批、新增维修能力、航空器引进、调整机场容量、分配时刻、新设分子公司、资金补贴等。这些规制工具都是针对市场主体的经济活动采取的措施,大体可以分为两类:一是以行政许可或行政审批的方式直接进行资源配置,由于民用航空领域政企关系的特殊性和一定程度的垄断性,政府一定程度上控制着航空公司的命脉;二是通过补贴等方式,引导市场主体的行为,以实现规制目标。通用航空领域的政府补贴有特殊的重要性,最为通用航空企业所关注,以下重点介绍和分析通用航空补贴制度。

政府补贴是政府引导和干预市场的一种常用的规制手段。在通用航空领域,补贴更是发挥着非常重要的作用。国内的通用航空企业盈利能力不强,中小企业面临运营费用高昂、作业分布不均衡、经济体量不足、通用航空设施不足和低空空域限制等情况,如果没有政府补贴,多数企业甚至会面临亏损。通用航空补贴的主要资金来源是通用航空发展专项资金。2010 年 12 月,经国务院同意,原民航机场管理建设费与民航基础设施建设基金合并为民航发展基金,通用航空发展专项资金是从民航发展基金中安排的,用于支持通用航空企业开展通用航空作业、通用航空飞行员培训,以及完善通用航空设施设备等方面的专项资金。根据民航局通用航空发展专项资金预算方案的公示,2021 年,用于 220 家通用航空企业的补贴预算共计 5.0375 亿元。其中,飞行作业补贴共计 4.7243 亿元,飞行员执照补贴共计 3132 万元。2022 年,总补贴金额达到 5.3904 亿元,其中飞行作业补贴共计 5.1072 亿元,飞行员执照补贴共计 2832 万元。在通用航空产业发展的关键阶段,政府补贴可以大大降低企业的运营成本,引导企业活动,支持行业发展。在经济形势对民航业造成冲击的情况下,政府补贴还可起到稳就业、稳经济、提供通用航空作业公共产品的重要作用。

目前,通用航空补贴的主要依据是《通用航空发展专项资金管理暂行办法》

---

[1] 参见《关于公布 2022 年度通用航空企业诚信经营评价等级的通知》,载中国民航局官方网站,http://www.caac.gov.cn/XXGK/XXGK/TZTG/202308/t20230804_220909.html。

(民航发〔2012〕111 号),主要补贴内容是飞行作业补贴和飞行员执照补贴。根据该办法,补贴方式是对通用航空运营企业给予直接的资金补贴,通用航空发展专项资金安排遵循加强引导、鼓励生产、突出重点、均衡发展和公开、公正、透明的原则。主要补贴内容是飞行作业补贴和飞行员执照补贴。接受补贴的飞行作业活动分为四类:一是服务于农林牧渔的飞行作业,包括农林飞机播种、空中施肥、空中喷洒植物生长调节剂、空中除草、防治农林业病虫害、草原灭鼠、防治卫生害虫、航空护林、渔业飞行、人工影响天气等;二是服务于工业的飞行作业,包括石油服务、电力作业、航空摄影、航空物探、海洋监测、气象探测、空中巡查等;三是服务于社会事业的飞行作业,包括医疗救护、科学实验、地质勘探、城市消防等;四是承担国家应急救援任务的应急救援飞行作业。按相关成本项目占总成本的比重计算确定补贴标准调整系数。为鼓励通用航空企业淘汰老旧航空器,并减少行业垄断,对使用新航空器的,补贴标准有所上浮。

为加快通用航空飞行员队伍建设,对在补贴年度内完成飞行员初始培训(不含改装培训和复训)且取得商照的通用航空企业(除公务机公司),按单个商照不超过 12 万元给予补贴。通用航空企业已获补贴的执照对应的飞行员,自补贴发放年度起从事通用航空飞行不得少于 5 年。

通用航空专项补贴实施多年以来,可以发现资金去向集中在农林牧渔领域,且单位作业补贴有增加的趋势,但全行业运营困难的总体局面仍未根本性改善。行业内对补贴政策的意见主要有:补贴标准不合理,农林作业补贴比重大,一些新兴业务反而不享受补贴;补贴政策体系不完整,仅限于通用航空企业,对机场空管等运营商未能纳入;补贴资金集中在运营规模较大的几家企业。例如,2018 年受补贴的前五家企业补贴占补贴资金总额的 40%,集中度远高于企业作业小时数的集中度;亟待建立动态调整机制,体现民航监管导向。[1]

除通用航空专项补贴外,机场补贴、支线航空补贴、研发补贴以及地方政府补贴等,也有可能为各类通用航空活动主体所享受。有必要全面梳理民用航空领域的政府补贴类型和政策依据,进行通盘考虑,优化通用航空补贴的实施过程和实际效果。一是梳理补贴资金来源、法律规范、政策依据,并集中公开,形成相对稳定、明确的民用航空补贴规范体系,做到补贴规则透明。二是按照国务院《优化营商环境条例》和民航局“两个框架”的思路,审查和修订补贴规则,确保通用航空企业享受补贴的权利平等、机会平等、规则平等,保障市场主体经营自主权,预防在补贴领域滥用行政权力排除、限制竞争的行为。三是优化行政补贴申请、审核、发放流程,做好信息公开,提升补贴绩效。在申请阶段,应为企业提

---

〔1〕 参见吕人力主编:《中国通用航空蓝皮书:中国通用航空业研究报告(2018)》,中国民航出版社 2017 年版,第 99～104 页。

供必要的说明和指导，为企业预留充足的时间；在审核阶段，应明确和细化审核标准，减少行政部门的裁量权，对不予补贴的，应该说明理由并听取申请人的意见；在发放阶段，应该按时发放资金，保障企业的信赖利益，不得随意变更。四是加强政府补贴实施效果的评估，及时修订相关规则，实现不同类型的补贴功能互补，形成“组合拳”，发挥财政资金的最大效用。[1]

三、信息规制

解决信息不对称是规制的正当性依据之一，信息规制即为相应的规制工具。政府通过提供信息，引导人们的决策与行动，试图实现规制目标。相比其他规制手段，信息规制工具的特点是干预强度更小。信息规制可以划分为两大类：强制信息披露以及控制错误或误导性信息。[2]

在信用管理过程中，伴随大量的信息规制手段的运用。除信用管理领域外，通用航空监管中的信息规制还存在以下主要形式。第一，通过政务公开和有关信息公开的要求，将行政处罚等行政执法信息向社会公开，从而发挥社会监督的作用。第二，针对通用航空企业的强制信息披露。《通用航空经营许可管理规定》第 26 条建立了通用航空企业年度报告制度，民航局依法公开企业年度报告报送情况。第三，对于合同信息的规制。通用航空企业基于自己的信息优势，在生产经营过程中存在欺诈等道德风险，因此，需要对民法上的意思自治原则进行一定限制，对消费者进行特别保护，尽量消除合同双方的信息差。这体现在对合同形式和内容的特别要求。《民用航空法》第 148 条规定，通用航空企业从事经营性通用航空活动，应当与用户订立书面合同，但是紧急情况下的救护或者救灾飞行除外。《通用航空经营许可管理规定》第 25 条规定，通用航空企业在和通用航空用户、消费者订立合同时，应当充分履行告知义务，全面、真实、准确地向通用航空用户、消费者告知其具备的经营资质、服务标准、投保各类保险以及相应保险金额等信息，保障通用航空用户、消费者的知情权和选择权。

---

〔1〕 参见贾圣真：《通用航空管理法律制度的完善》，载郝秀辉主编：《航空法评论》（第 10 辑），法律出版社 2022 年版，第 30～43 页。

〔2〕 参见［英］安东尼·奥格斯：《规制：法律形式与经济学理论》，骆梅英译，苏苗罕校，中国人民大学出版社 2008 年版，第 123 页。

第九章　无　人　机

第一节　概　　述

一、无人机的产生、发展和应用

像其他领域的航空活动一样，无人机的发明最早也是出于军事目的。真正意义上的第一架无人机应该是20世纪30年代英国的“蜂后”（Bee Queen）无人机，它是第一架可重复使用的无人驾驶飞行器。据说后来人们在英文中就习惯用“drone”来指称无人机。[1] 第二次世界大战之后，各国开始发展先进的军用无人机，并应用于越南战争、海湾战争、科索沃战争、中东战争以及阿富汗、利比亚、叙利亚的军事行动，在俄乌冲突中，无人机更是发挥了重要作用。随着航空技术、自动驾驶技术、微电子技术的不断发展，以及防空力量的不断加强，无人机的研制工作有了长足进展，尤其是在步入信息化时代后，无人机的研发和应用产生了质的变化，将朝着隐形化、微型化、集群作战、与有人机协同作战等不同的方向发展。无人机技术，势必成为未来战争的一种重要手段。

无人机的发展从20世纪六七十年代开始成为一个与新技术紧密相关的产业，军用无人机技术开始转移至民用，涉及高新技术的研发、制造到使用、管理及服务等诸多领域。21世纪以来，全球无人机行业发展加速，充分展现了民用无人机应用的广阔前景。近10年来，无人机在民用领域的使用范围越来越广，与传统的民用航空器相比较，无人机除应用于应急救援、环境监测、航拍测绘等多个领域外，还结合互联网，在物流等新领域发挥出独特的优势。目前，无人机应用涵盖了农业植保、工业巡检、警用执法、消防救援、婚纱摄影、包裹快递、边境巡逻、生物研究、天气预测、商业安保等广泛领域。[2] 据2018年的统计，全球无人机系统产业规模比20年前增长了30倍，年产值约150亿美元，未来10年，产值累计超过4000亿美元，将带动万亿美元级的产业配套拓展和创新服务市场。[3]

---

〔1〕 参见吴建端：《无人机及其规制》，法律出版社2019年版，第2页。

〔2〕 参见吴建端：《无人机及其规制》，法律出版社2019年版，第34～35页。

〔3〕 参见吕人力主编：《中国通用航空蓝皮书：中国通用航空业研究报告（2020）》，中国民航出版社2020年版，第304页。

中国在此轮无人机产业发展的浪潮中已经占据无人机制造和技术研发的先机。2013年,中国约有130家无人机制造商,到2019年年初这一数量已经达到约1200家,无人机供应量占全球市场的70%,其中知名的当属大疆公司。根据民航局发布的《2021年民航行业发展统计公报》,截至2021年年底,全行业无人机拥有者注册用户约达78.1万个,其中,个人用户约71.8万个,企业、事业、机关法人单位用户约6.3万个。全行业注册无人机共83.2万架,无人机有效驾驶员执照达到12.08万本。2021年,参与民航局无人机云交换系统的无人机飞行小时共有143.6万小时。截至2021年年底,获得通用航空经营许可证的无人机通用航空企业为12,663家,约是传统通用航空企业的20倍。中国无人机产业正处于高速发展的阶段,而且将在"十四五"期间进一步增长,预计到2025年,中国民用无人机行业的市场规模有望突破2100亿元,市场规模年均复合增长率达44%。[1]

随着无人机产业的快速发展和无人机的广泛应用,越来越多的民众可以接触到无人机,现有的有人航空管理模式很难适应其特点和发展情况,如何保障空防安全、社会安全、飞行安全,建构全新的无人机法律制度,已经成为监管部门与运行单位共同面临的挑战。

二、无人机的概念和分类

(一)无人机的法律概念辨析

如同英文中的"drone",中文中的"无人机"一词用于日常表述中通俗易懂,是大众和媒体都能理解和接受的概念,但是在法律上无人机的概念和地位,仍是一个需要辨析的问题。

传统航空器主要是通过航空器驾驶员来操作的,而无人驾驶航空器与传统的驾驶模式大相径庭,由航空器外的人员通过一定的系统进行操作。在现有的法律体系中,英文对传统飞机的正式表述是"aircraft",在国外众多国家的正式无人机法律文件中,英文表述多为"Unmanned Aircraft"(UA),中文无人机对应的表述应当为"无人驾驶航空器"。无人驾驶航空器加上操作的设施或者设备叫"Unmanned Aircraft System"(UAS),中文对应为"无人驾驶航空器系统"。

事实上,无人机的英文表述很多,如"Unmanned Aerial Vehicle(UAV)""Unmanned Aircraft(UA)""Unpiloted Aerial Vehicle(UAV)""Remotely Piloted Vehicle(RPV)""Remotely Piloted Aircraft(RPA)",或者叫"drone"。越来越多的国家倾向于将无人机正式法律用语称为"无人驾驶航空器"(Unmanned

---

[1] 参见前瞻产业研究院无人机研究小组:《我国无人机行业发展现状与前景分析》,载《军民两用技术与产品》2020年第7期。

Aircraft,UA)。[1]

目前,大部分国家和地区对无人机没有统一的定义。美国航空法将无人驾驶航空器定义为:无人类在航空器内或航空器上直接干预即可运行的航空器。将无人驾驶航空器系统(Unmanned Aircraft System,UAS)定义为:无人驾驶航空器及其安全和有效运行所需要的关联设施(包括数据链路和控制系统)。[2] 欧盟委员会(EU)第2019/945号授权条例对无人驾驶航空器(UA)的定义为:在机上没有驾驶员的情况下自主运行或设计为自主运行或遥控驾驶的任何航空器。对无人驾驶航空器系统的定义为:无人驾驶航空器及其遥控设备。[3]

我国《民用航空法》制定时,并未对无人机作出特别规定,2018年全国人大常委会对《民用航空法》做第五次修正,在第213条后增加一条,作为第214条:"国务院、中央军事委员会对无人驾驶航空器的管理另有规定的,从其规定。"[4] 这里采用了"无人驾驶航空器"概念,但是并没有对其作出定义。2023年公布的《无人驾驶航空器飞行管理暂行条例》[5] 第2条第2款规定:"本条例所称无人驾驶航空器,是指没有机载驾驶员、自备动力系统的航空器。"

民航局制定公布的一系列行政规定中包含了对无人机的定义,表9-1是目前民航局发布的各类文件中对无人机的定义。

表9-1 民航局行政规定中对无人机相关概念的定义

名称	文号	对无人机相关概念的定义
《轻小无人机运行规定(试行)》	AC-91-FS-2015-31	无人机:是由控制站管理(包括远程操纵或自主飞行)的航空器,也称远程驾驶航空器。 无人机系统:也称远程驾驶航空器系统,是指由无人机、相关控制站、所需的指令与控制数据链路以及批准的型号设计规定的任何其他部件组成的系统。
《民用无人驾驶航空器系统空中交通管理办法》	MD-TM-2016-004	民用无人驾驶航空器:没有机载驾驶员操作的民用航空器。 民用无人驾驶航空器系统:民用无人驾驶航空器及与其安全运行有关的组件,主要包括遥控站、数据链路等。

〔1〕 吴建端:《无人机及其规制》,法律出版社2019年版,第68~71页。

〔2〕 14 CFR 1.1 "Unmanned Aircraft","Unmanned Aircraft System".

〔3〕 参见中国民航局空管行业管理办公室发布的信息通告《国外无人驾驶航空器系统管理政策法规》(IB-TM-2020-001)。

〔4〕 参见全国人民代表大会常务委员会《关于修改〈中华人民共和国劳动法〉等七部法律的决定》,中华人民共和国主席令第24号。

〔5〕 2023年5月31日国务院、中央军委令第761号公布。

续表

名称	文号	对无人机相关概念的定义
《民用无人驾驶航空器实名制登记管理规定》	AP－45－AA－2017－03	民用无人驾驶航空器简称民用无人机。 民用无人机：是指没有机载驾驶员操纵、自备飞行控制系统，并从事非军事、警察和海关飞行任务的航空器。不包括航空模型、无人驾驶自由气球和系留气球。
《无人驾驶航空器系统作业飞行技术规范》	MH/T 1069－2018	无人驾驶航空器：由控制站管理（包括远程操纵或自主飞行）的航空器，也称为远程驾驶航空器或无人机。 无人驾驶航空器系统：由无人机、相关控制站、所需的指令与控制数据链路以及批准型号设计规定的任何其他部件组成的系统。
《民用无人机驾驶员管理规定》	AC－61－FS－2018－20R2	无人机：由控制站管理（包括远程操纵或自主飞行）的航空器。 无人机系统：无人机以及与其相关的遥控站（台）、任务载荷和控制链路等组成的系统。
《特定类无人机试运行管理规程（暂行）》	AC－92－2019－01	无人机：是指机上没有驾驶员进行操作的遥控航空器或自主航空器，不包括模型航空器。 无人机系统：是指无人机以及与其相关的遥控站（台）、任务载荷和控制链路等组成的系统。
《轻小型民用无人机飞行动态数据管理规定》	AC－93－TM－2019－01	无人驾驶航空器：机上没有驾驶员进行操控的航空器，包括遥控航空器、自主航空器和模型航空器。遥控航空器和自主航空器统一简称无人机。 无人机系统：无人机以及与其相关的遥控站（台）、任务载荷和控制链路等组成的系统。
《民用无人机产品适航审定管理程序（试行）》	民航适发〔2020〕9号	无人驾驶航空器：机上没有驾驶员进行操控的航空器，包括遥控航空器、自主航空器、模型航空器等。 无人机：无人驾驶航空器中的遥控航空器和自主航空器，不包括模型航空器。

由上述梳理可见，我国民用航空规范体系中对无人机概念的表述有“无人驾驶航空器”和“无人机”两种，而且定义各有不同，甚至有“无人驾驶航空器”和“无人机”在同一文件中并用的情况。这造成目前无人机相关法律文件的概念表述和适用范围不一的情况，未来需要统筹解决。

（二）无人机的分类

根据不同的标准，无人机的分类方式有很多。例如，在技术上，从无人机的结构角度，可分为直升机、固定翼机、多旋翼飞行器、飞艇、伞翼机、扑翼机等；按无人机的动力划分，可以分为普通电池、太阳能、氢燃料电池、燃料发动机、有线电缆等。在市场上，一种通行的分类标准是将无人机分为消费级无人机与工业级无人机两大品类。消费级无人机是直接面向普通消费者的无人机,它主要用于航拍、跟拍等娱乐场景,具有产品标准化、应用同质化特征。目前,消费级无人机的主要应用场景还是拍照,包括航拍和低空自拍,以娱乐为主。工业级无人机需求直接来源于具体行业,并且作业环境特殊,目前主要应用于农林植保、物流、安保巡防以及油气开采等领域。用户更注重无人机数据采集的精准化,以及在此基础上形成的资源分析与利用价值。工业级无人机在续航时间、载重量、安全可靠性等方面要求更高,并且还具有定制化的特点,可以根据使用领域的不同更换不同的模块。

由于无人机种类繁多、情况各异,无人机设计、生产及其运营环境呈现高度的多样性,因此,必须在分类的基础上,以安全为目标,进行有针对性的管理。一定程度上,无人机分类是对无人机进行法律规制的基础。无人机分类的不同,导致各国对无人机监管的思路和具体制度也有差异。[1] 国际民航组织提出,应主要基于安全风险对无人机进行分类,并以此为基础对管理、认证、运营和许可提出差异化要求。在对各类无人机进行监管时,国际民航组织建议各国先行授权那些运行风险较低的无人机进行飞行活动,同时,建议为了适应未来科技的发展在分类时应保持灵活性,风险较高的无人机只有在风险得到控制时才允许飞行。欧盟提出“开放类、特定类、认证类”这一分类框架,并一直坚持在框架内深化无人机的分类监管规则。美国在制定无人机飞行监管规则时,侧重依据用途进行分类,将无人机分为三大类别:公共运行(政府)、民用运行(非政府)和模型航空器运行(娱乐)。商用无人机应遵循民用运行(非政府)规则,这一用途的无人机需要通过美国联邦航空局网站进行逐个授权。[2]

总体来看,无人机监管需要考虑的标准主要有三个:重量、用途和运行空域。近年来,在中国的立法中,有以重量为主要标准进行分类的趋势。《无人驾驶航空器飞行管理暂行条例》将无人驾驶航空器分为微型、轻型、小型、中型、大型五类。微型无人驾驶航空器,是指空机重量小于 0.25 千克,最大飞行真高不超过 50 米,最大平飞速度不超过 40 千米/小时,无线电发射设备符合微功率短距离技术要求,全程可以随时人工介入操控的无人驾驶航空器。轻型无人驾驶航空器,是指空机重量不超过 4 千克且最大起飞重量不超过 7 千克,最大平飞速度不超过 100 千米/小时,具备符合空域管理要求的空域保持能力和可靠被监视能力,全程可以随时人工介入操控的无人驾驶航空器,但不包括微型无人驾驶航空器。小型无人驾驶航空器,是指空机重量不超过 15 千克且最大起飞重量不超过

---

〔1〕 参见栾爽:《民用无人机法律规制问题研究》,法律出版社 2019 年版,第 111 ~ 112 页。

〔2〕 参见王锡柱:《无人机分类监管:国际经验与中国路径》,载《北京航空航天大学学报(社会科学版)》2022 年第 2 期。

25 千克,具备符合空域管理要求的空域保持能力和可靠被监视能力,全程可以随时人工介入操控的无人驾驶航空器,但不包括微型、轻型无人驾驶航空器。中型无人驾驶航空器,是指最大起飞重量不超过 150 千克的无人驾驶航空器,但不包括微型、轻型、小型无人驾驶航空器。大型无人驾驶航空器,是指最大起飞重量超过 150 千克的无人驾驶航空器。可见,《无人驾驶航空器飞行管理暂行条例》主要根据重量对无人机进行分类,兼采飞行高度、飞行速度等性能指标。以合理分类为基础,在设计生产、操控人员要求、飞行空域划设、飞行活动规范等方面,既明确一体遵守的规则,又规定差异化的监管要求,以更好地适应实际情况。

第二节　无人机法律制度

一、无人机的法律地位

由于无人机技术的迅猛发展,各国民用航空法律制度在规制无人机时都面临一些问题和挑战,民用航空发达国家近年来正在逐步颁布或者修订本国民用航空法律法规,以应对无人机的发展和应用。我国民用无人机的管理工作起步较晚、立法滞后,在无人机立法方面同样面临很多问题。明确无人机的法律地位,是讨论无人机立法、明确现行法律制度对无人机可适用性的前提。

就应用领域来说,无人机可以用于军事活动、政府公共活动和民事活动,也就是说可以分别属于军用航空、国家航空和民用航空。至少在使用无人机从事民用航空活动的情形下,无人机的法律地位是个需要讨论的问题。民用无人机属于民用航空器的一种,应该受《民用航空法》的调整。但是,是将无人机归入通用航空的范畴,还是单独另行规范,过去很长一段时间未有定论,也就难以确定民用无人机自身的飞行性质、安全技术要求、生产许可、飞行中要求和限制条件等。我国的立法和政府规制措施目前的状态是:一方面,将无人机纳入通用航空范畴;另一方面,又对无人机作出特殊规定,或留待以后进行规定。

《民用航空法》第 145 条对通用航空的定义为:“通用航空,是指使用民用航空器从事公共航空运输以外的民用航空活动,包括从事工业、农业、林业、渔业和建筑业的作业飞行以及医疗卫生、抢险救灾、气象探测、海洋监测、科学实验、教育训练、文化体育等方面的飞行活动。”从目前无人机的应用领域来看,其基本属于通用航空范畴。在民航局发布的一系列官方文件中,也将无人机纳入通用航空范畴下。例如,通用航空业务框架模块描述中明确说明“含无人机”,《“十四五”通用航空发展专项规划》中包含无人机发展的目标和举措。在此定位之下,无人机法律制度应该属于通用航空法的一部分,本书前述各项通用航空法律制度,原则上对无人机均可适用。

但是,与传统通用航空活动相比,无人机极具特殊性,甚至可以说有质的不同,将通用航空法律规范套用到无人机领域,可能产生两方面后果:一是阻碍无人机的创新和应用,不利于无人机产业的发展;二是已有的法律规范在无人机领域根本不具备可适用性或者可操作性。因此,无人机规制必须坚持包容审慎的原则。我国民用航空法规体系在涉及无人机问题时,大多作出例外规定,或以授权条款的方式另行规定。例如,2018 年《民用航空法》修改时增加了第 214 条:"国务院、中央军事委员会对无人驾驶航空器的管理另有规定的,从其规定";2018 年修改的《民用航空器驾驶员合格审定规则》(CCAR-61-R5)补充了无人驾驶航空器驾驶员执照和等级内容,同时为避免规章内其他仅反映有人机特点的条款对无人机驾驶员的适用,仅列出适用性条款,具体规定另行制定;[1]《一般运行和飞行规则》(CCAR-91-R4)在适用范围上也排除了无人机的适用。[2] 这事实上为无人机监管和立法留出了一个不同于传统通用航空的法律空间。

2023 年制定的《无人驾驶航空器飞行管理暂行条例》第 58 条规定:"无人驾驶航空器飞行以及有关活动,本条例没有规定的,适用《中华人民共和国民用航空法》、《中华人民共和国飞行基本规则》、《通用航空飞行管制条例》以及有关法律、行政法规。"可见,该条例仍将无人机立法视为民用航空法、通用航空法的一部分。

就目前的阶段来说,将(民用)无人机纳入通用航空范畴、将无人机法律制度看作通用航空法的一部分,总体上符合我国对通用航空概念的界定和立法现状,并无太大问题。但是必须指出,随着无人机法律制度的发展,其规范对象必将侧重于无人驾驶航空器和民用无人驾驶航空器系统,即对"物"或"产品"的规制,而通用航空法律制度的规范重心是对通用航空"活动"的规制。而且随着无人机技术和应用领域的拓展,无人机的新业态极有可能突破现有的通用航空范畴,例如,采用无人机进行公共运输航空活动,在技术上并非难以实现。

二、我国的无人机立法概况

我国无人机立法起步较晚,至今也不成体系,存在大量的法律空白。在法律

---

[1] 《民用航空器驾驶员合格审定规则》第 61.13 条(e)规定:"对完成相应训练并符合所申请无人驾驶航空器驾驶员执照和等级要求的申请人颁发无人驾驶航空器驾驶员执照和相应的等级。除第 61.13 条、第 61.15 条、第 61.17 条、第 61.37 条、第 61.241 条、第 61.243 条、第 61.245 条和第 61.251 条外,本规则的其他条款不适用于无人驾驶航空器驾驶员执照和等级。"

[2] 《一般运行和飞行规则》第 91.3 条(a)规定:"在中华人民共和国境内实施运行的所有民用航空器(不包括系留气球、风筝、无人火箭、无人自由气球和民用无人驾驶航空器)应当遵守本规则中相应的飞行和运行规定……"

层面,除《民用航空法》第 214 条的授权性规定之外,没有对无人机的特别规定。

在行政法规层面,2023 年 5 月 31 日,国务院、中央军委公布了《无人驾驶航空器飞行管理暂行条例》,自 2024 年 1 月 1 日起施行。该条例贯彻总体国家安全观,统筹发展和安全,坚持底线思维和系统观念,以维护航空安全、公共安全、国家安全为核心,以完善无人驾驶航空器监管规则为重点,对无人驾驶航空器从设计生产到运行使用进行全链条管理,着力构建科学、规范、高效的无人驾驶航空器飞行及相关活动管理制度体系。该条例共 6 章 63 条,内容不仅包括飞行管理,还包括比较全面的无人机管理问题,其出台后成为我国无人机领域法律效力较高的专门性行政法规,为防范化解无人驾驶航空器安全风险、助推相关产业持续健康发展提供了法治保障。

在部门规章层面,2024 年 1 月 1 日,交通运输部公布了《民用无人驾驶航空器运行安全管理规则》(CCAR－92),〔1〕该规则是为实施《无人驾驶航空器飞行管理暂行条例》而制定的配套规章,全面规范了民用无人驾驶航空器的运行安全管理工作,主要内容包括无人驾驶航空器操控员和安全操控要求、登记、适航、空中交通、运行与经营管理要求,是我国无人机法规体系的重要组成部分。

近年来,由于无人机产业的发展以及“黑飞”造成的不安全事件频发,各地方政府加大了对无人机监管力度,纷纷出台地方性无人机管理规章或行政规定,地方政府及其部门也成为民用无人机法律规制的重要主体。例如,深圳市政府制定的《深圳市民用微轻型无人机管理暂行办法》(深圳市人民政府令第 316 号),海南省交通运输厅制定的《海南省民用无人机管理办法(暂行)》(琼交民航〔2020〕135 号)等。

在法律法规尚未到位的情况下,我国民用航空主管部门目前在无人机管理上采取“行业管理＋社会管理”的模式,正在积极构建完整的无人机行业管理体系。一是依靠技术,有效防范,积极支持企业通过电子围栏等技术手段,不断提升应对无人机干扰的能力;二是依靠制度,科学管控,按照松紧适度的管理思路,科学设定标准,避免因为管理过严而扼杀产业发展积极性;三是依靠系统,实名管理,建立无人驾驶航空器实名登记系统并实施实名登记,开展无人驾驶航空器操控人员培训和证照管理。〔2〕表 9－2 是近年来民航局发布的部分比较重要的无人机监管规定,其形式包括民航局文件、咨询通告(AC)、管理程序(AP)、管理文件(MD)、信息通告(IB)等。

---

〔1〕 交通运输部令 2024 年第 1 号。

〔2〕 参见吴建端:《无人机及其规制》,法律出版社 2019 年版,第 252 页。

表 9-2 民航局发布的部分比较重要的无人机监管规定

名称	发文日期	文号
《民航局关于印发〈民用无人驾驶航空法规标准体系构建指南 V1.0〉的通知》	2022 年 8 月 31 日	民航函〔2022〕610 号
《民用轻小型无人驾驶航空器物流配送试运行审定指南》	2022 年 8 月 29 日	IB-TM-2022-05
《民用微轻小型无人驾驶航空器系统运行识别概念(暂行)》	2022 年 3 月 11 日	AC-93-TM-2022-01
《基于无人机的民用航空飞行校验专用地空数据链系统通用技术应用指导意见(试行)》	2022 年 1 月 25 日	IB-TM-2022-001
《关于印发〈民用无人机产品适航审定管理程序(试行)〉和〈民用无人机系统适航审定项目风险评估指南(试行)〉的通知》	2020 年 5 月 26 日	民航适发〔2020〕9 号
《关于发布高风险货运固定翼无人机系统适航标准(试行)的通知》	2020 年 1 月 20 日	民航适发〔2020〕1 号
《轻小型民用无人机飞行动态数据管理规定》	2019 年 11 月 5 日	AC-93-TM-2019-01
《特定类无人机试运行管理规程(暂行)》	2019 年 2 月 1 日	AC-92-2019-01
《关于印发〈基于运行风险的无人机适航审定指导意见〉的通知》	2019 年 1 月 23 日	民航适发〔2019〕3 号
《民用无人机驾驶员管理规定》	2018 年 8 月 31 日	AC-61-FS-2018-20R2
《关于发布无人机适航管理路线图的通知》	2017 年 8 月 21 日	民航适函〔2017〕54 号
《民用无人驾驶航空器实名制登记管理规定》	2017 年 5 月 16 日	AP-45-AA-2017-03
《民用无人驾驶航空器系统空中交通管理办法》	2016 年 9 月 21 日	MD-TM-2016-004
《轻小无人机运行规定(试行)》	2015 年 12 月 29 日	AC-91-FS-2015-31

除行政规定外,民航局近年来加强了民用无人驾驶标准体系建设,制定公布了一批行业标准和技术标准规定。民航局公布的《民用无人驾驶航空法规标准体系构建指南 V1.0》中包含民用无人驾驶航空行业标准目录,共规划了 34 项标准。表 9-3 是近年来民航局发布的无人机领域的技术标准。

表 9-3　民航局发布的无人机技术标准

名称	发文日期	文号
《民用无人驾驶航空器系统分布式操作运行等级划分》	2022 年 9 月 1 日	MH/T 2013-2022
《城市场景轻小型无人驾驶航空器物流航线划设规范》	2022 年 8 月 1 日	MH/T 4054-2022
《民用无人驾驶航空器空中交通管理信息服务系统数据接口规范》	2022 年 7 月 4 日	MH/T 4053-2022
《城市场景物流电动多旋翼无人驾驶航空器(轻小型)系统技术要求》	2022 年 3 月 7 日	MH/T 6126-2022
《无人机系统控制和其它安全关键通信空地链路无线电设备》	2019 年 6 月 4 日	CTSO-C213
《无人驾驶航空器系统作业飞行技术规范》	2018 年 8 月 21 日	MH/T 1069-2018

三、无人机监管法律制度举要

从现有的民用无人机法律规范体系来看，对无人机的监管主要包括空域飞行管制、航空器适航审定、航空器操控员审核和航空作业等方面，涵盖了无人机本身的飞行条件、安全技术要求、生产许可和适航审定，无人机飞行的空域要求、飞行中的要求和限制条件，操控人员要求，企业生产经营许可、航空作业要求等。《无人驾驶航空器飞行管理暂行条例》对无人机监管体制作出了顶层设计，分为总则、民用无人驾驶航空器及操控员管理、空域和飞行活动管理、监督管理和应急处置、法律责任、附则等六章。下文以《无人驾驶航空器飞行管理暂行条例》的规定为基础，择其要者，对目前的无人机（无人驾驶航空器）监管法律制度做简要介绍。关于无人机监管的具体要求，详见《民用无人驾驶航空器运行安全管理规则》(CCAR-92)。

(一)监管体制

《无人驾驶航空器飞行管理暂行条例》的立法目的是规范无人驾驶航空器飞行及有关活动，促进无人驾驶航空器产业健康有序发展，维护航空安全、公共安全、国家安全。该条例规定，无人驾驶航空器飞行管理工作应当坚持和加强党的领导，坚持总体国家安全观，坚持安全第一、服务发展、分类管理、协同监管的原则。

国家空中交通管理领导机构统一领导全国无人驾驶航空器飞行管理工作，组织协调解决无人驾驶航空器管理工作中的重大问题。国务院民用航空、公安、工业和信息化、市场监督管理等部门按照职责分工负责全国无人驾驶航空器有关管理工作。县级以上地方人民政府及其有关部门按照职责分工负责本行政区域内无人驾驶航空器有关管理工作。各级空中交通管理机构按照职责分工负责本责任区内无人驾驶航空器飞行管理工作。

国家鼓励无人驾驶航空器科研创新及其成果的推广应用,促进无人驾驶航空器与大数据、人工智能等新技术融合创新。县级以上人民政府及其有关部门应当为无人驾驶航空器科研创新及其成果的推广应用提供支持。国家在确保安全的前提下积极创新空域供给和使用机制,完善无人驾驶航空器飞行配套基础设施和服务体系。

无人驾驶航空器有关行业协会应当通过制定、实施团体标准等方式加强行业自律,宣传无人驾驶航空器管理法律法规及有关知识,增强有关单位和人员依法开展无人驾驶航空器飞行以及有关活动的意识。

(二)民用无人驾驶航空器及操控员管理

1. 民用无人驾驶航空器管理

国务院标准化行政主管部门和国务院其他有关部门按照职责分工组织制定民用无人驾驶航空器系统的设计、生产和使用的国家标准、行业标准。

从事中型、大型民用无人驾驶航空器系统的设计、生产、进口、飞行和维修活动,应当依法向国务院民用航空主管部门申请取得适航许可。从事微型、轻型、小型民用无人驾驶航空器系统的设计、生产、进口、飞行、维修以及组装、拼装活动,无须取得适航许可,但相关产品应当符合产品质量法律法规的有关规定以及有关强制性国家标准。从事民用无人驾驶航空器系统的设计、生产、使用活动,应当符合国家有关实名登记激活、飞行区域限制、应急处置、网络信息安全等规定,并采取有效措施减少大气污染物和噪声排放。

民用无人驾驶航空器系统生产者应当按照国务院工业和信息化主管部门的规定为其生产的无人驾驶航空器设置唯一产品识别码。微型、轻型、小型民用无人驾驶航空器系统的生产者应当在无人驾驶航空器机体标注产品类型以及唯一产品识别码等信息,在产品外包装显著位置标明守法运行要求和风险警示。

民用无人驾驶航空器所有者应当依法进行实名登记,具体办法由国务院民用航空主管部门会同有关部门制定。涉及境外飞行的民用无人驾驶航空器,应当依法进行国籍登记。目前登记管理的具体依据为《民用无人驾驶航空器运行安全管理规则》C 章相关内容。

从物权法的角度,无人驾驶航空器是一种特殊的动产。我国《民用航空法》规定,民用航空器,是指除用于执行军事、海关、警察飞行任务外的航空器,并对民用航空器的国籍登记、权利登记、适航管理等作出了规定。《民法典》第 225 条规定,船舶、航空器和机动车等的物权的设立、变更、转让和消灭,未经登记,不得对抗善意第三人。这些物权变动需要登记的动产,登记的性质是否与不动产物权登记相同,并不明确,学界有观点认为是具有管理性质的登记,不具有物权登记效力。[1] 有学者认为民用无人机的注册登记不仅具有行政法律效力，同时也兼备民事法律效力。[2] 无人机登记制度是不是《民法典》第225条所指的"登记"，换言之，该制度的设立能否以《民法典》相关规定为依据，存在疑问。目前民航局建设的"无人驾驶航空器一体化综合监管服务平台"（网址为 https://uom.caac.gov.cn）不具备公示功能，而且制度设立的目的是对无人机实施管理和追溯，显然不具备维护民事交易安全的功能，因此，只能将目前的无人机登记制度理解为一种行政管理制度。

2. 行政许可与监管

无人机从事经营性活动，若参照通用航空来管理，应该适用《民用航空法》第147条第2款"从事经营性通用航空的，应当向国务院民用航空主管部门申请领取通用航空经营许可证"的规定。根据《通用航空经营许可管理规定》（CCAR－290－R3）第9条第2款"本规定所称民用航空器，包括民用有人驾驶航空器和民用无人驾驶航空器"的规定，要求无人机企业申请通用航空经营许可。

《无人驾驶航空器飞行管理暂行条例》对这一问题作出了专门规定。根据该条例规定，使用除微型以外的民用无人驾驶航空器从事飞行活动的单位应当具备下列条件，并向国务院民用航空主管部门或者地区民用航空管理机构申请取得民用无人驾驶航空器运营合格证：(1)有实施安全运营所需的管理机构、管理人员和符合该条例规定的操控人员；(2)有符合安全运营要求的无人驾驶航空器及有关设施、设备；(3)有实施安全运营所需的管理制度和操作规程，保证持续具备按照制度和规程实施安全运营的能力；(4)从事经营性活动的单位，还应当为营利法人。民用航空管理部门收到申请后，应当进行运营安全评估，根据评估结果依法作出许可或者不予许可的决定。予以许可的，颁发运营合格证；不予许可的，书面通知申请人并说明理由。使用最大起飞重量不超过150千克的农用无人驾驶航空器在农林牧渔区域上方的适飞空域内从事农林牧渔作业飞行活动（以下简称常规农用无人驾驶航空器作业飞行活动），无须取得运营合格证。取得运营合格证后从事经营性通用航空飞行活动，以及从事常规农用无人驾驶航空器作业飞行活动，无须取得通用航空经营许可证和运行合格证。因此，在《无人驾驶航空器飞行管理暂行条例》实施后，即排除《通用航空经营许可管理规定》的适用。从事经营性活动的无人机企业，只需要申请运营合格证，无须申请通用航空经营许可证和运行合格证，精简了许可种类，有助于减轻企业负担。

---

〔1〕 参见杨立新主编：《中华人民共和国民法典释义与案例评注·物权编》，中国法制出版社2020年版，第63页。

〔2〕 参见栾爽：《民用无人机法律规制问题研究》，法律出版社2019年版，第168～170页。

使用民用无人驾驶航空器从事经营性飞行活动，以及使用小型、中型、大型民用无人驾驶航空器从事非经营性飞行活动，应当依法投保责任保险。

微型、轻型、小型民用无人驾驶航空器系统投放市场后，发现存在缺陷的，其生产者、进口商应当停止生产、销售，召回缺陷产品，并通知有关经营者、使用者停止销售、使用。生产者、进口商未依法实施召回的，由国务院市场监督管理部门依法责令召回。

中型、大型民用无人驾驶航空器系统不能持续处于适航状态的，由国务院民用航空主管部门依照有关适航管理的规定处理。

对已经取得适航许可的民用无人驾驶航空器系统进行重大设计更改并拟将其用于飞行活动的，应当重新申请取得适航许可。对微型、轻型、小型民用无人驾驶航空器系统进行改装的，应当符合有关强制性国家标准。民用无人驾驶航空器系统的空域保持能力、可靠被监视能力、速度或者高度等出厂性能以及参数发生改变的，其所有者应当及时在无人驾驶航空器一体化综合监管服务平台更新性能、参数信息。改装民用无人驾驶航空器的，应当遵守改装后所属类别的管理规定。

生产、维修、使用民用无人驾驶航空器系统，应当遵守无线电管理法律法规以及国家有关规定。但是，民用无人驾驶航空器系统使用国家无线电管理机构确定的特定无线电频率，且有关无线电发射设备取得无线电发射设备型号核准的，无须取得无线电频率使用许可和无线电台执照。

3. 操控员执照

操控小型、中型、大型民用无人驾驶航空器飞行的人员应当具备下列条件，并向国务院民用航空主管部门申请取得相应民用无人驾驶航空器操控员执照：(1)具备完全民事行为能力；(2)接受安全操控培训，并经民用航空管理部门考核合格；(3)无可能影响民用无人驾驶航空器操控行为的疾病病史，无吸毒行为记录；(4)近5年内无因危害国家安全、公共安全或者侵犯公民人身权利、扰乱公共秩序的故意犯罪受到刑事处罚的记录。目前执照管理依据为民航局发布的《民用无人机驾驶员管理规定》。

从事常规农用无人驾驶航空器作业飞行活动的人员无须取得操控员执照，但应当由农用无人驾驶航空器系统生产者按照国务院民用航空、农业农村主管部门规定的内容进行培训和考核，合格后取得操作证书。

操控微型、轻型民用无人驾驶航空器飞行的人员，无须取得操控员执照，但应当熟练掌握有关机型操作方法，了解风险警示信息和有关管理制度。

无民事行为能力人只能操控微型民用无人驾驶航空器飞行，限制民事行为能力人只能操控微型、轻型民用无人驾驶航空器飞行。无民事行为能力人操控微型民用无人驾驶航空器飞行或者限制民事行为能力人操控轻型民用无人驾驶航空器飞行，应当由符合前款规定条件的完全民事行为能力人现场指导。

操控轻型民用无人驾驶航空器在无人驾驶航空器管制空域内飞行的人员，应当具有完全民事行为能力，并按照国务院民用航空主管部门的规定经培训合格。

（三）空域和飞行活动管理

1.空域管理

《无人驾驶航空器飞行管理暂行条例》将飞行活动分为隔离飞行和融合飞行，隔离飞行，是指无人驾驶航空器与有人驾驶航空器不同时在同一空域内的飞行；融合飞行，是指无人驾驶航空器与有人驾驶航空器同时在同一空域内的飞行。划设无人驾驶航空器飞行空域应当遵循统筹配置、安全高效原则，以隔离飞行为主，兼顾融合飞行需求，充分考虑飞行安全和公众利益。划设无人驾驶航空器飞行空域应当明确水平、垂直范围和使用时间。空中交通管理机构应当为无人驾驶航空器执行军事、警察、海关、应急管理飞行任务优先划设空域。

国家根据需要划设无人驾驶航空器管制空域（以下简称管制空域）。真高120米以上空域，空中禁区、空中限制区以及周边空域，军用航空超低空飞行空域，以及下列区域上方的空域应当划设为管制空域：（1）机场以及周边一定范围的区域；（2）国界线、实际控制线、边境线向我方一侧一定范围的区域；（3）军事禁区、军事管理区、监管场所等涉密单位以及周边一定范围的区域；（4）重要军工设施保护区域、核设施控制区域、易燃易爆等危险品的生产和仓储区域，以及可燃重要物资的大型仓储区域；（5）发电厂、变电站、加油（气）站、供水厂、公共交通枢纽、航电枢纽、重大水利设施、港口、高速公路、铁路电气化线路等公共基础设施以及周边一定范围的区域和饮用水水源保护区；（6）射电天文台、卫星测控（导航）站、航空无线电导航台、雷达站等需要电磁环境特殊保护的设施以及周边一定范围的区域；（7）重要革命纪念地、重要不可移动文物以及周边一定范围的区域；（8）国家空中交通管理领导机构规定的其他区域。

管制空域的具体范围由各级空中交通管理机构按照国家空中交通管理领导机构的规定确定，由设区的市级以上人民政府公布，民用航空管理部门和承担相应职责的单位发布航行情报。未经空中交通管理机构批准，不得在管制空域内实施无人驾驶航空器飞行活动。

管制空域范围以外的空域为微型、轻型、小型无人驾驶航空器的适飞空域。

遇有特殊情况，可以临时增加管制空域，由空中交通管理机构按照国家有关规定确定有关空域的水平、垂直范围和使用时间。保障国家重大活动以及其他大型活动的，在临时增加的管制空域生效24小时前，由设区的市级以上地方人民政府发布公告,民用航空管理部门和承担相应职责的单位发布航行情报。保障执行军事任务或者反恐维稳、抢险救灾、医疗救护等其他紧急任务的,在临时增加的管制空域生效30分钟前,由设区的市级以上地方人民政府发布紧急公告,民用航空管理部门和承担相应职责的单位发布航行情报。

按照国家空中交通管理领导机构的规定需要设置管制空域的地面警示标志的,设区的市级人民政府应当组织设置并加强日常巡查。

2. 飞行活动管理

无人驾驶航空器通常应当与有人驾驶航空器隔离飞行。属于下列情形之一的,经空中交通管理机构批准,可以进行融合飞行:(1)根据任务或者飞行课目需要,警察、海关、应急管理部门辖有的无人驾驶航空器与本部门、本单位使用的有人驾驶航空器在同一空域或者同一机场区域的飞行;(2)取得适航许可的大型无人驾驶航空器的飞行;(3)取得适航许可的中型无人驾驶航空器不超过真高300米的飞行;(4)小型无人驾驶航空器不超过真高300米的飞行;(5)轻型无人驾驶航空器在适飞空域上方不超过真高300米的飞行。

属于下列情形之一的,进行融合飞行无须经空中交通管理机构批准:(1)微型、轻型无人驾驶航空器在适飞空域内的飞行;(2)常规农用无人驾驶航空器作业飞行活动。

国家空中交通管理领导机构统筹建设无人驾驶航空器一体化综合监管服务平台,对全国无人驾驶航空器实施动态监管与服务。空中交通管理机构和民用航空、公安、工业和信息化等部门、单位按照职责分工采集无人驾驶航空器生产、登记、使用的有关信息,依托无人驾驶航空器一体化综合监管服务平台共享,并采取相应措施保障信息安全。

除微型以外的无人驾驶航空器实施飞行活动,操控人员应当确保无人驾驶航空器能够按照国家有关规定向无人驾驶航空器一体化综合监管服务平台报送识别信息。微型、轻型、小型无人驾驶航空器在飞行过程中应当广播式自动发送识别信息。

组织无人驾驶航空器飞行活动的单位或者个人应当遵守有关法律法规和规章制度,主动采取事故预防措施,对飞行安全承担主体责任。

通常情况下,组织无人驾驶航空器飞行活动的单位或者个人应当在拟飞行前1日12时前向空中交通管理机构提出飞行活动申请。空中交通管理机构应当在飞行前1日21时前作出批准或者不予批准的决定。按照国家空中交通管理领导机构的规定在固定空域内实施常态飞行活动的,可以提出长期飞行活动申请,经批准后实施,并应当在拟飞行前1日12时前将飞行计划报空中交通管理机构备案。

无人驾驶航空器飞行活动申请应当包括下列内容:(1)组织飞行活动的单位或者个人、操控人员信息以及有关资质证书;(2)无人驾驶航空器的类型、数量、主要性能指标和登记管理信息;(3)飞行任务性质和飞行方式,执行国家规定的特殊通用航空飞行任务的还应当提供有效的任务批准文件;(4)起飞、降落和备降机场(场地);(5)通信联络方法;(6)预计飞行开始、结束时刻;(7)飞行航线、高度、速度和空域范围,进出空域方法;(8)指挥控制链路无线电频率以及占用带宽;(9)通信、导航和被监视能力;(10)安装二次雷达应答机或者有关自动监视设备的,应当注明代码申请;(11)应急处置程序;(12)特殊飞行保障需求;(13)国家空中交通管理领导机构规定的与空域使用和飞行安全有关的其他必要信息。

无人驾驶航空器飞行活动申请按照下列权限批准:(1)在飞行管制分区内飞行的,由负责该飞行管制分区的空中交通管理机构批准;(2)超出飞行管制分区在飞行管制区内飞行的,由负责该飞行管制区的空中交通管理机构批准;(3)超出飞行管制区飞行的,由国家空中交通管理领导机构授权的空中交通管理机构批准。

使用无人驾驶航空器执行反恐维稳、抢险救灾、医疗救护等紧急任务的,应当在计划起飞30分钟前向空中交通管理机构提出飞行活动申请。空中交通管理机构应当在起飞10分钟前作出批准或者不予批准的决定。执行特别紧急任务的,使用单位可以随时提出飞行活动申请。

飞行活动已获得批准的单位或者个人组织无人驾驶航空器飞行活动的,应当在计划起飞1小时前向空中交通管理机构报告预计起飞时刻和准备情况,经空中交通管理机构确认后方可起飞。

组织无人驾驶航空器实施下列飞行活动,无须向空中交通管理机构提出飞行活动申请:(1)微型、轻型、小型无人驾驶航空器在适飞空域内的飞行活动。(2)常规农用无人驾驶航空器作业飞行活动。(3)警察、海关、应急管理部门辖有的无人驾驶航空器,在其驻地、地面(水面)训练场、靶场等上方不超过真高120米的空域内的飞行活动;但是,需在计划起飞1小时前经空中交通管理机构确认后方可起飞。(4)民用无人驾驶航空器在民用运输机场管制地带内执行巡检、勘察、校验等飞行任务;但是,需定期报空中交通管理机构备案,并在计划起飞1小时前经空中交通管理机构确认后方可起飞。前述四类飞行活动存在下列情形之一的,应当依照《无人驾驶航空器飞行管理暂行条例》第26条的规定提出飞行活动申请:(1)通过通信基站或者互联网进行无人驾驶航空器中继飞行;(2)运载危险品或者投放物品(常规农用无人驾驶航空器作业飞行活动除外);(3)飞越集会人群上空;(4)在移动的交通工具上操控无人驾驶航空器;(5)实施分布式操作或者集群飞行[1]。

微型、轻型无人驾驶航空器在适飞空域内飞行的,无须取得特殊通用航空飞行任务批准文件。

操控无人驾驶航空器实施飞行活动,应当遵守下列行为规范:(1)依法取得有关许可证书、证件,并在实施飞行活动时随身携带备查;(2)实施飞行活动前做好安全飞行准备,检查无人驾驶航空器状态,并及时更新电子围栏等信息;(3)实时掌握无人驾驶航空器飞行动态,实施需经批准的飞行活动应当与空中交通管理机构保持通信联络畅通,服从空中交通管理,飞行结束后及时报告;(4)按照国家空中交通管理领导机构的规定保持必要的安全间隔;(5)操控微型无人驾驶航空器的,应当保持视距内飞行;(6)操控小型无人驾驶航空器在适飞空域内飞行的,应当遵守国家空中交通管理领导机构关于限速、通信、导航等方面的规定;(7)在夜间或者低能见度气象条件下飞行的,应当开启灯光系统并确保其处于良好工作状态;(8)实施超视距飞行的,应当掌握飞行空域内其他航空器的飞行动态,采取避免相撞的措施;(9)受到酒精类饮料、麻醉剂或者其他药物影响时,不得操控无人驾驶航空器;(10)国家空中交通管理领导机构规定的其他飞行活动行为规范。

操控无人驾驶航空器实施飞行活动,应当遵守下列避让规则:(1)避让有人驾驶航空器、无动力装置的航空器以及地面、水上交通工具;(2)单架飞行避让集群飞行;(3)微型无人驾驶航空器避让其他无人驾驶航空器;(4)国家空中交通管理领导机构规定的其他避让规则。

禁止利用无人驾驶航空器实施下列行为:(1)违法拍摄军事设施、军工设施或者其他涉密场所;(2)扰乱机关、团体、企业、事业单位工作秩序或者公共场所秩序;(3)妨碍国家机关工作人员依法执行职务;(4)投放含有违反法律法规规定内容的宣传品或者其他物品;(5)危及公共设施、单位或者个人财产安全;(6)危及他人生命健康,非法采集信息,或者侵犯他人其他人身权益;(7)非法获取、泄露国家秘密,或者违法向境外提供数据信息;(8)法律法规禁止的其他行为。

使用民用无人驾驶航空器从事测绘活动的单位依法取得测绘资质证书后,方可从事测绘活动。外国无人驾驶航空器或者由外国人员操控的无人驾驶航空器不得在我国境内实施测绘、电波参数测试等飞行活动。

---

〔1〕 分布式操作,是指把无人驾驶航空器系统操作分解为多个子业务,部署在多个站点或者终端进行协同操作的模式。集群,是指采用具备多台无人驾驶航空器操控能力的同一系统或者平台,为了处理同一任务,以各无人驾驶航空器操控数据互联协同处理为特征,在同一时间内并行操控多台无人驾驶航空器以相对物理集中的方式进行飞行的无人驾驶航空器运行模式。参见《无人驾驶航空器飞行管理暂行条例》第62条。

模型航空器[1]应当在空中交通管理机构为航空飞行营地划定的空域内飞行,但国家空中交通管理领导机构另有规定的除外。

(四)监督管理和应急处置

国家空中交通管理领导机构应当组织有关部门、单位在无人驾驶航空器一体化综合监管服务平台上向社会公布审批事项、申请办理流程、受理单位、联系方式、举报受理方式等信息并及时更新。

任何单位或者个人发现违反《无人驾驶航空器飞行管理暂行条例》规定行为的,可以向空中交通管理机构、民用航空管理部门或者当地公安机关举报。收到举报的部门、单位应当及时依法作出处理;不属于本部门、本单位职责的,应当及时移送有权处理的部门、单位。

空中交通管理机构、民用航空管理部门以及县级以上公安机关应当制定有关无人驾驶航空器飞行安全管理的应急预案,定期演练,提高应急处置能力。县级以上地方人民政府应当将无人驾驶航空器安全应急管理纳入突发事件应急管理体系,健全信息互通、协同配合的应急处置工作机制。无人驾驶航空器系统的设计者、生产者,应当确保无人驾驶航空器具备紧急避让、降落等应急处置功能,避免或者减轻无人驾驶航空器发生事故时对生命财产的损害。使用无人驾驶航空器的单位或者个人应当按照有关规定,制定飞行紧急情况处置预案,落实风险防范措施,及时消除安全隐患。

无人驾驶航空器飞行发生异常情况时,组织飞行活动的单位或者个人应当及时处置,服从空中交通管理机构的指令;导致发生飞行安全问题的,组织飞行活动的单位或者个人还应当在无人驾驶航空器降落后24小时内向空中交通管理机构报告有关情况。

对空中不明情况和无人驾驶航空器违规飞行,公安机关在条件有利时可以对低空目标实施先期处置,并负责违规飞行无人驾驶航空器落地后的现场处置。有关军事机关、公安机关、国家安全机关等单位按职责分工组织查证处置,民用航空管理等其他有关部门应当予以配合。

无人驾驶航空器违反飞行管理规定、扰乱公共秩序或者危及公共安全的,空中交通管理机构、民用航空管理部门和公安机关可以依法采取必要技术防控、扣押有关物品、责令停止飞行、查封违法活动场所等紧急处置措施。

军队、警察以及按照国家反恐怖主义工作领导机构有关规定由公安机关授权的高风险反恐怖重点目标管理单位,可以依法配备无人驾驶航空器反制

[1] 模型航空器,也称航空模型,是指有尺寸和重量限制,不能载人,不具有高度保持和位置保持飞行功能的无人驾驶航空器,包括自由飞、线控、直接目视视距内人工不间断遥控、借助第一视角人工不间断遥控的模型航空器等。参见《无人驾驶航空器飞行管理暂行条例》第62条。

设备,[1]在公安机关或者有关军事机关的指导监督下从严控制设置和使用。无人驾驶航空器反制设备配备、设置、使用以及授权管理办法,由国务院工业和信息化、公安、国家安全、市场监督管理部门会同国务院有关部门、有关军事机关制定。任何单位或者个人不得非法拥有、使用无人驾驶航空器反制设备。

第三节 无人机法律制度的发展完善

一、我国无人机法律规制存在的问题

无人机的出现和广泛应用在创造巨大经济价值、满足人们消费娱乐需求的同时,也产生相当大的风险。无人机对空域和其他航空器、地面第三人的安全威胁、对社会秩序和公民隐私的侵害、对国家安全的威胁在世界各地屡有发生,甚至还有使用无人机蓄意犯罪和从事恐怖活动的情况。面对这一新生事物,世界各国的传统航空监管制度和法律体系都表现出规制的不适应性,如何保证运行安全并满足产业需求,是各国民用航空主管部门面临的共同难题。近年来,域外主要航空发达国家和地区针对无人机立法有许多新的进展。[2] 我国的无人机法律规制仍处于探索和起步阶段,长期面临顶层设计不足、规制主体不明确、立法效力层级低、相关规定滞后杂乱等问题。

《无人驾驶航空器飞行管理暂行条例》的出台,对我国无人机法律规制作出了顶层设计,缓解了法律制度供给不足的状况,确立了以飞行管理为中心的全链条管理制度。由于无人驾驶航空器管理总体上还是新问题,该条例使用了"暂行条例"的名称,如何做到科学有效管理还需要继续探索,在实践中不断完善。该条例出台后,我国无人机法律规制面临的主要问题将从立法层面转变为实施层面,从缺乏法律规定、参照有人驾驶航空器管理,转变为上下位法之间的一致性、符合性问题。

二、我国无人机法律制度的完善方向

2022 年,民航局发布了《民用无人驾驶航空法规标准体系构建指南 V1.0》,提出在《民用航空法》统领下,依据无人驾驶航空器管理有关法规,按照民航局对民用无人驾驶航空法规标准体系构建的总体思路,采用"1 + N + X"的管理模式。"1"即 1 部规章,"N"即 N 份规范性文件及政策文件,"X"即 X 份技术标

[1] 无人驾驶航空器反制设备,是指专门用于防控无人驾驶航空器违规飞行,具有干扰、截控、捕获、摧毁等功能的设备。参见《无人驾驶航空器飞行管理暂行条例》第 62 条。

[2] 参见王亚琼、王晓丹:《无人机立法的新趋势——比较法视野的展望》,载《南京航空航天大学学报(社会科学版)》2018 年第 2 期。

准。体系划分与民用无人驾驶航空活动管理链条及系统风险类别相匹配。为了与民航现有管理体系相衔接,该指南提出了“初始适航”、“运行”和“经营”三个方面分块结构,针对民用无人驾驶航空器系统的“运行”和“经营”,通过管理要素、风险类别和体例形式三个维度分层构建。针对该指南中不同的管理要素和风险类别,按照体例形式进行细分。管理要求的体例形式主要是规范性文件和政策文件等;技术要求的体例形式主要是国家标准、行业标准等技术标准。未来,无人机法律体系应该涵盖基础通用、[1]人员、民用无人驾驶航空器系统、空中交通管理、起降场、通信导航监视、环保、经营等内容。该指南是民航局对民用无人驾驶航空法规标准体系的系统性规划,明确了未来无人机规章以下的规范体系建设的总体思路。

《无人驾驶航空器飞行管理暂行条例》出台后,我国无人机法律制度有望形成以该条例为顶点,涵盖以“物”(包括无人驾驶航空器和无人驾驶航空器系统)为核心的产品监管制度、以“单位”(包括使用无人机从事经营性和非经营性活动的单位)为核心的市场监管制度、以“人”为核心的操控员管理制度、以“活动”为核心的空域和飞行活动管理制度等组成的比较完备的无人机法律制度体系。在未来,以实施《无人驾驶航空器飞行管理暂行条例》为契机,我国无人机法律制度可以从以下方面加以完善。

第一,明确规制主体,理顺监管体制。随着无人机产业的迅速发展,一度出现了国务院多个部门以及地方政府争先监管的情况,这造成无人机的管理制度和政策零散,各规制主体各行其是,不同立法和政策文件之间甚至有出入。《无人驾驶航空器飞行管理暂行条例》确立的无人机监管体制是国家空中交通管理领导机构统一领导全国无人驾驶航空器飞行管理工作,国务院相关部门、县级以上各级地方人民政府及其部门、各级空中交通管理机构按照职责分工负责的管理体制,涉及民用航空、公安、工业和信息化、市场监督管理等多个部门。该条例虽然提出了“协同监管”原则,但对各部门间的职责分工规定并不明确,无人机监管中涉及跨军民、跨央地、跨部门的协调事项还有待在工作中逐渐磨合,细化各自的权责边界,防止出现监管漏洞或权责不清、推诿扯皮等现象。

第二,加强平台建设,提升监管效能。《无人驾驶航空器飞行管理暂行条例》规定,国家空中交通管理领导机构统筹建设无人驾驶航空器一体化综合监管服务平台,对全国无人驾驶航空器实施动态监管与服务。监管服务平台是无人机监管的基础设施,对于实施全方位动态监管、提升监管力度以及便于相对人接受监管等都具有重要作用,应该统筹整合各方面力量,加快监管服务平台建

[1]　“基础通用”主要包括术语、符号、安全、风险评估、特定运行场景和其他六个部分,目的是建立统一的规范表述及方法。

设,提升监管的信息化、智能化水平,依托技术手段不断提升监管能力。在平台建设过程中,各有关部门单位应该按照职责分工采集生产、登记、使用信息,依托平台实现数据共享、保障信息安全,减少重复性工作。依托监管服务平台,加强政府信息公开,向社会公布审批事项、申请办理流程、受理单位、联系方式、举报受理方式等信息并及时更新。

第三,清理现行规定,跟进配套制度。《无人驾驶航空器飞行管理暂行条例》出台后,依据《民用航空法》授权,成为我国无人机管理领域具有最高效力的法律文件。之前中央和地方制定的关于无人机监管的立法和政策文件应该进行全面清理,及时修改或废止,确保上下位法之间保持一致。该条例要真正落实落地,离不开配套规章、办法、标准等更为具体、操作性更强的规定作支撑,需要抓紧出台相关配套规定,特别是该条例明确作出授权的规定。通过制定配套规定,落实该条例的精神,明确法律概念的内涵,细化监管主体的裁量权,增强规定的可操作性。

总之,随着我国无人机产业的蓬勃发展和无人机飞行活动的普遍化,无人机立法的重要性越来越凸显。目前无人机法律制度总体上仍属于通用航空法的一部分,但其中蕴含着不同于传统有人航空的全新问题,在监管框架上也渐趋独立。着眼于未来,随着无人机技术的进步和应用领域的不断拓展,围绕无人机监管可能发展出全新的法律制度体系,甚至脱离通用航空、通用航空法的概念,并对整个民用航空法律制度产生深刻影响。

参 考 文 献

著作：

1. Susan E. Dudley and Jerry Brito, *Regulation*: *A Primer* (*Second Edition*), Mercatus Center, George Mason University, 2012.

2. [英]托尼·普罗瑟:《政府监管的新视野:英国监管机构十大样本考察》,马英娟、张浩译,译林出版社 2020 年版。

3. [英]安东尼·奥格斯:《规制:法律形式与经济学理论》,骆梅英译,苏苗罕校,中国人民大学出版社 2008 年版。

4. [英]罗伯特·鲍德温、马丁·凯夫、马丁·洛奇编:《牛津规制手册》,宋华琳等译,上海三联书店 2017 年版。

5. [美]史蒂芬·布雷耶:《规制及其改革》,李洪雷、宋华琳、苏苗罕、钟瑞华译,宋华琳校,北京大学出版社 2022 年版。

6. [美]朱迪·弗里曼:《合作治理与新行政法》,毕洪海、陈标冲译,商务印书馆 2010 年版。

7. [美]伯纳德·施瓦茨:《行政法》,徐炳译,群众出版社 1986 年版。

8. [美]杰里·A. 艾肯伯格(Jerry A. Eichenberger):《美国通用航空法:法规解析与应用》(第 3 版),陈静娴译,航空工业出版社 2014 年版。

9. [美]理查德·J. 皮尔斯:《行政法》,苏苗罕译,中国人民大学出版社 2016 年版。

10.《当代中国》丛书编辑委员会编:《当代中国的民航事业》,当代中国出版社 2020 年版。

11. 马英娟:《政府监管机构研究》,北京大学出版社 2007 年版。

12. 王旭东、韩建昌:《大家的天空——航空文化与通用航空》,航空工业出版社 2014 年版。

13. 王秉玺主编:《中国通用航空 70 年》,电子科技大学出版社 2021 年版。

14. 王勇等编著:《中国民航史教程》,中国民航出版社 2019 年版。

15. 尤春媛:《民用航空行政法律规制研究》,法律出版社 2018 年版。

16. 车彤等编著:《中国民航法治建设研究》,西南交通大学出版社 2021 年版。

17. 中国航空工业史编修办公室编:《中国近代航空工业史(1909 - 1949)》,航空工业出版社 2013 年版。

18. 中国航空运输协会编:《中国通用航空年谱(1951 - 2021)》,中国民航出版社有限公司 2022 年版。

19. 平安银行交通金融事业部、中国城市临空经济研究中心编著:《经济新常态下的中国通用航空产业发展研究》,中国民航出版社 2015 年版。

20. 吕人力主编:《中国通用航空蓝皮书:中国通用航空业研究报告(2018)》,中国民航出版社 2017 年版。

21. 吕人力主编:《中国通用航空蓝皮书:中国通用航空业研究报告(2019)》,中国民航出版社 2019 年版。

22. 吕人力主编:《中国通用航空蓝皮书:中国通用航空业研究报告(2020)》,中国民航出版社 2020 年版。

23. 朱新力、唐明良等:《行政法基础理论改革的基本图谱:"合法性"与"最佳性"二维结构的展开路径》,法律出版社 2013 年版。

24. 华东地区通用航空产业促进立法研究课题组:《华东地区通用航空产业促进立法研究》,光明日报出版社 2020 年版。

25. 李玫:《西方政策网络理论研究》,人民出版社 2013 年版。

26. 杨立新主编:《中华人民共和国民法典释义与案例评注 · 物权编》,中国法制出版社 2020 年版。

27. 杨惠、郝秀辉:《航空法学原理与实例》(第 2 版),法律出版社 2017 年版。

28. 吴建端:《无人机及其规制》,法律出版社 2019 年版。

29. 应松年主编:《当代中国行政法》(第 2 卷),人民出版社 2018 年版。

30. 张文显主编:《法理学》(第 5 版),高等教育出版社、北京大学出版社 2018 年版。

31. 张亮编著:《供给侧结构性改革:"新常态"下中国通用航空产业发展战略研究》,中国民航出版社 2017 年版。

32. 林来梵:《宪法学讲义》(第 3 版),清华大学出版社 2018 年版。

33. 孟平主编:《中国通用航空 50 年》,中国民航出版社 2004 年版。

34. 赵鹏:《风险社会的行政法回应》,中国政法大学出版社 2018 年版。

35. 段礼乐:《市场规制工具研究》,清华大学出版社 2018 年版。

36. 栾爽:《民用无人机法律规制问题研究》,法律出版社 2019 年版。

37. 高志宏:《低空空域管理改革的法理研究》,法律出版社 2019 年版。

38. 高志宏:《通用航空发展路径法治化研究》,法律出版社 2018 年版。

39. 黄涛主编:《通用航空中高级管理人才培训教材》,北京航空航天大学出版社 2021 年版。

40. 章志远:《行政法学总论》(第 2 版),北京大学出版社 2022 年版。

41. 章剑生:《现代行政法专题》,清华大学出版社 2014 年版。

42. 章剑生:《现代行政法基本理论》(第 2 版)(上、下卷),法律出版社 2014 年版。

43. 黎军、高俊杰、周卫:《行业自治研究》,中国社会科学出版社 2018 年版。

报刊:

1. 习近平:《关于〈中共中央关于全面推进依法治国若干重大问题的决定〉的说明》,载《人民日报》2014 年 10 月 29 日,第 2 版。

2. 习近平:《坚定不移走中国特色社会主义法治道路　为全面建设社会主义现代化国家提供有力法治保障》,载《求是》2021 年第 5 期。

3. 于一、张凯:《中国区域通用航空发展评价指数研究》,载《中国民航大学学报》2014 年第 6 期。

4. 于一:《建一座通用机场是一种什么样的体验》,载《空运商务》2017 年第 8 期。

5. 王立志:《海峡两岸机场法律地位比较研究》,载《北京航空航天大学学报(社会科学版)》2013 年第 6 期。

6. 王亚琼、王晓丹:《无人机立法的新趋势——比较法视野的展望》,载《南京航空航天大学学报(社会科学版)》2018 年第 2 期。

7. 王敬波:《"放管服"改革与法治政府建设深度融合的路径分析》,载《中国行政管理》2021 年第 10 期。

8. 王瑞雪:《政府规制中的信用工具研究》,载《中国法学》2017 年第 4 期。

9. 王锡柱:《无人机分类监管:国际经验与中国路径》,载《北京航空航天大学学报(社会科学版)》2022 年第 2 期。

10. 王锡锌、章永乐:《专家、大众与知识的运用——行政规则制定过程的一个分析框架》,载《中国社会科学》2003 年第 3 期。

11. 王锡锌:《当代行政的"民主赤字"及其克服》,载《法商研究》2009 年第 1 期。

12. 王霞、韩莎莎:《中国通用航空区域发展水平综合测评》,载《中国民航大学学报》2012 年第 2 期。

13. 王霞、韩莎莎:《通用航空 60 年回顾与展望》,载《中国民用航空》2011 年第 12 期。

14. 朱新力、宋华琳:《现代行政法学的建构与政府规制研究的兴起》,载《法律科学(西北政法学院学报)》2005 年第 5 期。

15. 刘光才、刘美君:《我国低空空域开放的法律探讨》,载《中国民用航空》2009 年第 11 期。

16. 刘光才、赵洁:《通用航空市场准入法律制度重构研究》,载《北京航空航天大学学报(社会科学版)》2022 年第 5 期。

17. 刘剑文:《论领域法学:一种立足新兴交叉领域的法学研究范式》,载《政法论丛》2016 年第 5 期。

18. 刘贺:《关于〈民用机场管理条例〉中通用机场条款的思考》,载《北京航空航天大学学报(社会科学版)》2021 年第 6 期。

19. 孙伟社:《机场管理机构行政执法权研究》,载《民航管理》2016 年第 10 期。

20. 孙佳、张禹:《法定自查工作开展成效调研与分析》,载《民航管理》2019 年第 11 期。

21. 李文龙:《关于民航强国建设下通用航空飞行员培养提升对策分析》,载《才智》2017 年第 14 期。

22. 李亚凝:《无人机分类与法律规制——兼评〈无人驾驶航空器飞行管理暂行条例(征求意见稿)〉》,载《中国应用法学》2019 年第 6 期。

23. 李洪雷:《中国行政法(学)的发展趋势——兼评"新行政法"的兴起》,载《行政法学研究》2014 年第 1 期。

24. 李海鹏等:《通用航空救灾启示录(一)——从南方暴风雪灾到汶川大地震》,载《中国民用航空》2008 年第 6 期。

25. 杨万柳:《和谐视域中的中国民用航空法观照——以民航法律体系的完善为视角》,载《北京航空航天大学学报(社会科学版)》2011 年第 5 期。

26. 沈瑨、孟祥鹏:《民航监管模式改革视角下法定自查工作的推进与创新》,载《民航管理》2020 年第 9 期。

27. 宋华琳:《中国行政法学分论研究:体系、课题与立场》,载《安徽大学学报(哲学社会科学版)》2020 年第 3 期。

28. 宋华琳:《中国行政法学总论的体系化及其改革》,载《四川大学学报(哲学社会科学版)》2019 年第 5 期。

29. 宋华琳:《论技术标准的法律性质——从行政法规范体系角度的定位》,载《行政法学研究》2008 年第 3 期。

30. 宋华琳:《论政府规制中的合作治理》,载《政治与法律》2016 年第 8 期。

31. 宋华琳:《部门行政法与行政法总论的改革——以药品行政领域为例证》,载《当代法学》2010 年第 2 期。

32. 张兴祥:《政企分开的艰难探索——以中国民航机票价格规制为视角》,载胡建淼主编:《公法研究》(第5辑),浙江大学出版社2007年版。

33. 陈亨宝:《关于“通用航空”定义的商榷》,载《民航经济与技术》1994年第1期。

34. 周雷:《营业自由作为基本权利:规范变迁、宪法依据与保护范围》,载《中国法律评论》2020年第5期。

35. 胡临春等:《民用无人机法律规制研究》,载《民航管理》2022年第2期。

36. 胡浩、徐建伟:《中国航空自由化探索的机遇分析——基于后金融危机时代并购热潮的思考》,载《北京航空航天大学学报(社会科学版)》2014年第4期。

37. 段宏磊:《民航业反垄断执法的管制障碍及改革》,载《北京理工大学学报(社会科学版)》2015年第1期。

38. 前瞻产业研究院无人机研究小组:《我国无人机行业发展现状与前景分析》,载《军民两用技术与产品》2020年第7期。

39. 贾圣真:《行政任务视角下的行政组织法学理革新》,载《浙江学刊》2019年第1期。

40. 贾圣真:《论国务院行政规定的法效力》,载《当代法学》2016年第3期。

41. 贾圣真:《论国务院行政规定的效力位阶》,载《中南大学学报(社会科学版)》2016年第3期。

42. 贾圣真:《政府机构改革与法律环境的互动与协调》,载《行政法学研究》2021年第5期。

43. 贾圣真:《通用航空管理法律制度的完善》,载郝秀辉主编:《航空法评论》(第10辑),法律出版社2022年版。

44. 高远洋:《我国通用航空飞行员培养之道》,载《中国民用航空》2014年第4期。

45. 高志宏:《我国低空空域管理体制改革的历史变迁与未来取向》,载《海南大学学报(人文社会科学版)》2019年第1期。

46. 郭晓平:《我国通用机场建设管理现状及对策建议》,载《空运商务》2021年第8期。

47. 曹学明、刘海迅:《中美通用机场分类技术标准差异分析》,载《中国民用航空》2014年第2期。

48. 崔立勇、张光辉:《民用机场:“公共”“公益”差在哪?》,载《中国经济导报》2009年7月30日,B06版。

49. 董炯:《政府管制研究——美国行政法学发展新趋势评介》,载《行政法学研究》1998 年第 4 期。

50. 韩莎莎:《促进我国通用航空与经济协调发展的对策》,载《综合运输》2012 年第 11 期。

51. 燕福民:《美国〈通用航空振兴法〉研究及其启示》,载《吉林广播电视大学学报》2018 年第 10 期。

网站:

1. 中国民用航空局:http://www.caac.gov.cn/index.html。
2. 中国航空运输协会:https://www.cata.org.cn。
3. 中国民用航空局国际合作服务中心:http://www.icscc.org.cn。
4. 欧洲航空安全局(EASA):https://www.easa.europa.eu/en/home。
5. 美国联邦航空局(FAA):https://www.faa.gov。

后　记

没有想到，我写的第一本书竟然是一本通用航空法教程。

2017 年 7 月，我博士研究生毕业后入职中国民航大学法学院。学院一直强调法学教学和科研的民航行业特色，开设了大量航空法类课程，“通用航空法”就是法学专业 2016 年版本科生培养方案设置的一门专业限选课。2018 年秋季学期，本课程第一次开课，但是本来拟负责该课程的老师调到了别的学院，教学任务遂落到我这个新手的肩上。这门课以前没有开过，就我所见，就是全国其他法学院校以及民航类院校，似乎也没有把通用航空法作为一门独立的法学课程讲授的。当时，我手头除了一份教学大纲之外，没有任何教学资料，只有硬着头皮，从“通用航空”的概念开始，一步步探索这个完全陌生的领域，对零散、繁杂的法律规范进行梳理整合，并搬上课堂。经过 2018 年、2019 年、2020 年三轮授课，逐渐理清了课程体系和讲授思路，不断完善、调整教学内容，着手撰写了 6 万余字的讲义，课程内容比较充实了。在教学科研过程中，我逐渐认识到，中国通用航空事业具有巨大的发展潜力和广阔的发展空间，在全面推进依法治国的时代背景下，通用航空事业无疑要纳入法治化轨道。当前，通用航空法律制度还很不完善，学界对通用航空法律制度的关注和研究与实务需求存在巨大落差，通用航空法律人才的培养尤为欠缺，通用航空法是一块有待开垦的荒地。2021 年年底，学院领导希望我写一本通用航空法教程，我考虑随着授课内容的逐渐成熟、稳定，撰写一本完整、准确的通用航空法教程很有必要，于是鼓起勇气承担了这一任务。从 2022 年春动笔到 2022 年 12 月完稿，用了将近一年时间，几乎完全重写了原讲义内容。2023 年，因《立法法》和民用航空领域一些法规的修订，我对书稿再一次作了修改，以避免本书“刚出版即过时”。

因为民用航空领域法律规范的复杂性和高度专业化，我国民用航空法图书中存在的一个普遍问题是止步于对法律法规内容的罗列和浅表性介绍，而较少法律原理上的分析阐释，此类图书用于专业实务人才的培训则可，用于法学院校的教学研究则明显不足，这也是本书写作中想要着力克服的问题。本书以作者自身的知识背景和学术研究方向为基础，力图在系统、全面地介绍通用航空基本法律制度的同时，体现法学学科的特点，能反映通用航空法的内在联系、发展规律及法学专业特有的思考、分析问题的方式。近年来,通用航空法律制度变化很快,而且还在持续调整过程中,如何兼顾实定法的介绍与逻辑体系的建构,不至于使图书章节和课程体系因法律规定的变化而“坍塌”,是一个颇踌躇的问题。本书对通用航空法的逻辑主线和具体内容进行了一定编排取舍,至于是否成功,只能由读者评判。同时,由于作者学识能力有限,对行业实践情况了解不足,内容上的缺点和错误在所难免,祈盼学界和实务界同仁批评指正,我的邮箱是jiashengzhen1989@163.com。

本书的写作能够完成,首先应该感谢南开大学宋华琳教授。宋老师是我的硕士研究生导师,以研究政府规制、部门行政法而著称。宋老师将行政法、政府规制理论与具体的行政部门相结合的研究进路,不仅为本书写作提供了知识背景,而且具有方法论上的示范效应;如果不是在硕士研究生阶段比较多地接触了政府规制理论,参与药品等具体领域的研究,我应该没有勇气进入通用航空法这一“偏僻”领域,更不可能写成这样一本书。工作后,我几次和宋老师讨论通用航空法课程讲授体会和本书的写作思路,宋老师都给予我热情的鼓励和帮助,坚定了我写作的信心。我的博士研究生导师章剑生教授一直关心我的成长,得知本书写作情况后,还专门邮寄了航空法资料,在此谨致谢忱,今后唯有更加努力,以更有学术价值的作品报答师恩。

在此,还要感谢中国民航大学法学院将本书纳入学院出版计划并提供全额资助,感谢学院领导对通用航空法课程建设的支持和鞭策,感谢同事们——特别是宪法行政法教研室诸位老师在日常工作和生活中对我的支持和帮助。2022年秋季学期,我利用讲授通用航空法课程的机会,将书稿发给选课同学,同学们提出了许多有价值的意见建议,我指导的硕士研究生李普照、李向华、王陈通读了书稿并参与了本书的勘误、校对等编写工作,在此一并感谢。

最后,还要感谢我的家人。父母的关心、妻子的包容和照顾,使我感到生活的温暖,也更意识到自己的责任。谨以本书作为人生的一个标记,铭记过往的岁月。

贾圣真
2023年6月2日
于天津家中